集人文社科之思　刊专业学术之声

集 刊 名：新媒体公共传播
主办单位：郑州大学新闻与传播学院
郑州大学新媒体研究院

NEW MEDIA & PUBLIC COMMUNICATION, No.10



第10辑

集刊序列号：PIJ-2018-359
中国集刊网：www.jikan.com.cn/新媒体公共传播
集刊投约稿平台：www.iedol.cn

张淑华　邓元兵 ◎主编

# 新媒体公共传播

# NEW MEDIA & PUBLIC COMMUNICATION

（第10辑）

社会科学文献出版社
SOCIAL SCIENCES ACADEMIC PRESS (CHINA)

## ·聚焦新媒体· 【栏目主持人：张英培】



## ·城市传播· 【栏目主持人：邓元兵】



## ·政治传播· 【栏目主持人：秦静】



## ·文化传播· 【栏目主持人：郭晨】

## ·健康传播·【栏目主持人：谢晨静】

# “游戏化生存”：表征维度、异化失范与破解之道*

李明德　王子燊**

**摘　要**：网络社会的崛起让虚实空间的勾连与互嵌更加紧密，游戏元素也犹如空气般渗透于现实生活，游戏化的传播机制逐渐地从隐性走向显性，在“以人为本”理念的驱动下，表征并塑造着整个新媒体传播生态乃至社会发展的进程，描摹出一种全新的生存样态——“游戏化生存”。在游戏化社会来临之时，我们或许正从玩乐中走向“陷阱”，“人玩游戏”和“游戏玩人”变得更加难以区分。基于此，本文结合“游戏”与“媒介”的交织机制，抽绎“游戏化生存”现象的四重维度，并尝试寻求“游戏化生存”困境的破解之道。

**关键词**：网络社会　“游戏化生存”　媒介　游戏

《2023年中国游戏产业报告》中的数据显示，中国游戏用户规模达6.68亿人，用户基数进一步扩大，游戏市场实际销售收入突破3000亿元。[1]“游戏+”跨界赋能传媒、教育、文化、公益、医疗等多个领域，从技术性、科技性、文化性等维度不断“溢出”，动态满足着人们社会生活的根本需求。可以说，“游戏+”正在社会的全方位渗透中存续与增值、流转与衍变，成为人们共有的生活方式和社会存在状态。但游戏化社会的来临也携带着新的隐忧：我们也许正于玩乐中走向“陷阱”，掉入游戏所编织的“意义之网”；游戏化的生存方式使每一个个体得到更大程度上自主选择的权利，但也可能让其困入新的“包围圈”而不自知；借助新媒体，我们有更多建言献策、参与公共议题的可能，却也面临被“游戏化”消解

---

* 基金项目：本文系陕西省哲学社会科学研究专项“全媒体时代背景下网络舆论生态治理策略研究”（项目编号：2023HZ0520）的阶段性成果。

** 作者简介：李明德，西安交通大学新闻与新媒体学院教授，博士生导师；王子燊，西安交通大学新闻与新媒体学院硕士研究生。

的风险；我们的生活似乎在松弛和紧凑的边缘游走……媒介让“游戏化”的概念付诸实践、先行体验，但“游戏化”也让传统的媒介属性意涵稀释、流于概念崩盘。基于此，本文旨在从新时代坐标下释读“游戏”与“媒介”在功能结构上的耦合逻辑，从“媒介-人-社会”的关系中阐释并透析“游戏化生存”构建出的种种社会图景。

## 一 “游戏化生存”的概念与内涵

游戏化（gamification）本是游戏设计师对未来社会的构想，该理念最早萌芽于20世纪80年代，由英国电子游戏专家理查德·巴特尔（Richard Bartle）率先提出，其核心在于把非游戏性质的东西（或工作）变成游戏。[2]而“游戏化生存”可以说是在“游戏化”所带来的社会性变革下形成的一种生存样态。[3]早期的游戏理念与游戏机制仅限于朴素的玩乐属性与游戏场景本身，与现实连接较弱。进入网络传播时代，技术的加持使得虚拟与现实的界限越来越模糊，网络社会与现实社会逐渐融合交织，以往仅在游戏中出现的“游戏精神”和游戏行为渗透到现实世界的每一个角落，游戏的沉浸性、比赛性、愉悦性、规则性等内在属性介入网络个体、群体组织与社会之中。[4]个体、游戏与社会之间被技术所提供的多个“枢纽”连接在一起并相互镶嵌、渗透，极大地激起了人类的“游戏本能”，为“游戏化生存”现象的产生奠定了基础。

“如果说技术是器官的延伸，那么游戏便是社会自我的延伸，阐释和补偿日常生活的意义”[5]，正如席勒（Schiller）所论及的“只有当人游戏的时候，他才完全是人”[6]。“游戏化生存”现象的根本要素是“被游戏化的人”，即“游戏的人”，也即每一个被游戏化的“受者”，这意味着游戏化天然具备传播的基因，而关于传播与游戏之间的内在联系，斯蒂芬森（William Stephenson）提出了“传播是一种主观游戏”的观点，他认为游戏与传播是交融共生的，套用麦克卢汉（Marshall McLuhan）的语言结构便是“传播即游戏”。同时他指出，“接受者”在游戏媒介中可升格为“传播者”并可同时承担两种角色，借用传播进行自我认知、体验生命存在的愉悦与满足。[7]对于游戏的定义，胡伊青加（Johan Huizinga）认为"游戏行为是自发自愿的，是在特定的时空范畴内进行的；其规则是参与者自由接受的，但具有约束力，同时游戏又伴有一种紧张、愉悦的情感"[8]。而从传播的运行机制来看，传播是传受双方在相对隔离的空间中根据特定"规则"传递、接受信息，建立连接并产生情感体验的过程，而这一机制就体现出明显的场景性、规则性、交互性、体验性等游戏化特征。从传播主体出发，游戏化传播就是传播者将游戏的底层逻辑运用到非游戏的场景中构建"类游戏活动"与"类游戏体验"，通过媒介承载游戏要素进而实现游戏化传播的效果。游戏化传播不仅仅是信息的传递过程，更是意义建构与共享的关键机制，可构建并维系一个意义与秩序共存且可支配并容纳人类行为的世界。[9]网络传播语境下，"传者中心"逐渐被消解，向"受者中心"转移，游戏化传播这种聚焦于人的本能需求、倡导"以人为本"、回归人性的认知架构与传播思维将会日趋显性，很可能成为未来传播的基本范式。有学者甚至推断"个人-社会"关系的基本格局会因游戏而转变为"个人-游戏-社会"的关系格局，"游戏社会化"将会衍变为"社会游戏化"，新的感知维度和诠释框架将会产生，社会成员的组织形态、个体媒介参与以及群体的交往范式等生存内容也将被系统性地纳入"仪式性、比赛性、玩闹性活动"之中。[10]由此观之，网络世界也将在反思与超越中向"游戏世界"过渡。

## 二　"游戏化生存"现象的四重维度

### （一）媒介结构属性之维

从媒介结构层面出发，游戏化的媒介可以被看作一种"容器型媒介"[11]，即具备汇聚性和空间性的复合媒介——空间结构上有外延但又具有边界，能以"汇聚"方式卷入社会要素并按照特定逻辑编织重组，在根本上区别于输送信息流的闭合型媒介。其往往借由游戏架构转换为开放、迭代、协商的平台，如腾讯公司的WeGame平台在游戏分发与售卖的同时，与微信、QQ等社交平台也产生连接，通过跨平台资源整合形成“游戏+社交”的生态体系，这意味着现实社会的人物关系和物质资源也被纳入其中并支持着玩家多样化的“线上生存”。[12]从媒介属性层面观之，游戏化的嵌入正促使媒介形态向一种广泛渗透、无界融合的泛在媒介范式转型。例如，新闻媒介的生产流程日益呈现出与游戏开发相类似的迭代特征：初始内容发布后，经历持续的迭代更新与版本升级——这一过程紧密依托于对用户反馈的收集与分析，进而实现新闻报道反馈和修正机制的动态优化。游戏化使得新闻内容生产模式由传统的“专业独占”向“协商共构”的生产模式转变，新闻生产与消费的逻辑链条被重塑。此外，游戏化的媒介也可以实现跨媒介形态的叙事与互动体验融合。以网络文学、网络游戏、网络影视等为代表的泛娱乐内容为例，游戏化元素的融入使这些媒介形态之间的界限日益模糊：网络小说可以通过内置小游戏或互动章节，让读者在阅读过程中“参与”情节发展；在虚拟体验方面，网络影视可以通过交互式电影或虚拟现实（VR）体验使人们得以沉浸其中操演与构想。

游戏作为升维意义上的技术形式，既根植于现实又超越其界限，通过整合与建构将离散的形态聚拢，为玩家在虚实空间“穿行”提供路径。[13]更值得关注的是，游戏的底层逻辑决定了它可以充当技术集成的“万能容器”与关系的“凝聚核心”。具体而言，游戏的架构本质赋予了其技术吸纳平台的属性，任何能够增进玩家体验的技术元素均可通过适配与整合转化为游戏机制的一部分，从而丰富游戏的交互层次与表现维度；任何有助于增进玩家间交流与合作的社交模式均能在游戏的规则、框架下得以塑造与巩固，进而形成高度结构化的社群网络。也就是说，未来的游戏化媒介形态将继续趋向于一种全媒介、全功能的综合平台，即汇集所有媒介的基本属性与功能，借由高度的集成性与创新性实现存续。

### （二）社会组织形态之维

互联网的兴起赋予了媒介前所未有的个体化组织能力，标志着人类社会迈入真正意义上的去中心化组织阶段。游戏媒介具备了跨越传统社会结构与地域限制、构建基于弱连接原则的横向网络的能力，社会资源能在扁平的节点间高效自由流通，这使得游戏从媒介层面向社会层面迁移并系统性地纳入整个社会体系，整合更多、更密集的联结点织就的巨大网络，并逐渐消弭现实与虚拟、具身与化身、此地与彼处的界限。[14]同时，游戏化的过程可将原本在社会结构网络中呈现脱嵌状态的个体与组织重新嵌入，这个过程不仅可触发社会形态向游戏化维度的深刻转型，还可强化社会发展路径中的人性化导向，从而孕育出一种基于数字技术的多元共融、共治与共享的新型社会文明生态框架。基于这一框架，游戏作为一种典型的去中心化自治组织（Decentralized Autonomous Organization，DAO）的媒介形态，其内在逻辑在社会层面的运作中可有效构建跨越群体异质性的沟通桥梁与调适机制，激发个体与群体在公共议题上的协商活力与自治潜能。进而，一个依托于数字技术、以多方协同为核心的海星式自治网络得以搭建，一个普适性参与的多元主体共治平台得以产生。[15]这意味着用户可以高度自主地打造"化身"游走于各种场景或组织中，如同参与游戏般依照兴趣对所有内容和关系"召之即来、挥之即去"。据此而论，游戏化的社会组织网络具有高度的动态性与灵活性，个体依需即时聚合成稳固交流群体，目标达成则自然解散，复归网络散点。从公共参与层面来看，例如，封面新闻推出的3D互动游戏《大国工程我来建》，采用3D建模和互动游戏等技术对港珠澳大桥、天府国际机场、复兴号高铁等7个大国工程进行等比例还原，构建起可720°全方位感知大国工程的数字空间。本应是工程师群体从事的高级技术活动，却在游戏媒介的赋能下使得每一位玩家都可参与到大国工程建设的行列，每当玩家成功拼接成一个模型，就会获得对应的"工程师"称号，也可生成自己的专属海报分享至公众平台，与其他玩家展开新一轮的互动。在此过程中，"游戏化"将玩乐功能同提升智识的功能结合起来，玩家自我效能感与社会参与意识于其中显现。"游戏化"通过趣缘群体这一组织形式构建了一个跨越物理界限的虚拟共同体，在玩家的互动与协作中悄然孕育着亲社会情感纽带，个体在自主探讨社会公共议题过程中增强了其在公共话语空间中的可见性与影响力。这也昭示着"游戏"作为社会实践中的一股重要力量，其广泛应用与内化正逐步瓦解传统社会结构网络中固有的精英主义壁垒，使社会向更加平等、共享与人性化的方向演进。

### （三）个体媒介参与之维

李普曼（Walter Lippmann）将大众媒介所塑造的信息环境称为“拟态环境”，而游戏通过各类载体所蕴含的规则信息在玩家头脑中形成虚拟情境，然后在情境的约束下，玩家通过扮演不同的角色来完成游戏。[16]游戏是一种内在的、主观沉浸的行为，即玩家需通过介入游戏过程来获得快乐。这里的“快乐”可以理解为一种事后的意义赋予，外在难以观察，第三者无法感受。通过游戏，玩家可以进入现实之外的另一个“现实”，在这个场景中人们可以暂时脱离现实而成为新的“自我”，更大程度获得“掌控权”或“控制感”，进而自我主体性得以激发并根据自己的兴趣与其他玩家寻找“共同的意义”，宣泄被生活中的理“圈禁”的情感。当满足了需求、获取了快感、实现了目的，人们便又重新返回现实生活。例如，在《模拟人生》系列游戏中，玩家可以通过指尖“自订人生”，进入特定的虚拟空间体验各类社会角色、重组社会关系网络、占有社会资源，沉浸于一个充满无限可能的世界之中。这也印证了麦克卢汉所说的“游戏是我们心灵生活的戏剧模式……提供了一种超乎社会机器垄断暴政的一种解脱……传达日常生活的回声，使我们与常规惯例中的物质压力拉开距离”[17]。

此外，游戏化的平台也让人们的网络行为在不经意间“参与”或“被参与”，网络上的每一个操作都有可能成为每天甚至是时时刻刻举行的“比赛性活动”。例如“微博热搜”榜单实时更新、各类直播平台“榜一”的“争夺”、粉丝为明星爱豆打榜时的“各显神通”、歌曲或影视作品的热度排名……在强调社交性、互动性的网络社交平台上出现了大量带有符号化、游戏化性质的内容，点赞量、评论量与分享次数会以计值的形式呈现出来并成为曝光度、关注度、传播力的重要指标，每一次的网络行为都能够被量化并通过数据或排名体现出来，这在潜移默化中就形成了一种排名位次的“竞赛游戏”。对于参与其中的玩家而言，在这个"竞赛"的过程中他们收获了属于他们的特有的成就感和愉悦感，而对信息的驾驭和把控能力便外显为他们在平台所营造的游戏里的"经验和等级"。有了玩家的加入后，平台往往辅以规则的限定使得游戏形成完整的链条。游戏关卡是游戏设计者为了提升玩家参与度、投入度而设置的，这正如伯尔纳德·舒兹（Bernard Suits）所论及的："玩游戏意味着自愿去克服种种不必要的障碍。"[18]这句话包含两个方面的意涵：一方面是强调自愿；另一方面强调"克服障碍"。"克服障碍"对应到游戏当中就是玩家主动地通过一个个预设的"关卡"。网络传播语境下，信息倾向以"涓涓细流"的形式传递给受众，传播通常会营造悬念，使之凸显出一种"未完待续"的状态，通过"吊胃口"的方式来提升受众的投入度及忠诚度。例如，各直播平台"永无止境"的直播、电视节目的按季播出、短视频的片段剪辑、网络文章"相关阅读"的超链接跳转等。因此，在这个信息传递与接受的过程成为"闯关"的过程中，受众只有通过了特定的"关卡"才能抵达下道"关卡"。总而言之，这些社会现象共同指向了一个核心议题——游戏化的机制与理念正在不断扩散且被媒介参与的个体接受、认同、内化。

### （四）群体交往范式之维

游戏作为玩家"线上"的生活栖所，亦构筑着群体精神文化交流的互动场域。当虚拟游戏与现实生活交织时，"游戏对开放虚拟世界完成规则的闭环"，并通过模拟对现实生活进行预演和彩排。[19]一切游戏都是交际的媒介，游戏提供了一种区别于现实生活的、独特的交际场域，在这个场域中人们可以完成"线索隐退"下的社交连接重构。在游戏场景中玩家可以重塑个人形象进行表演，中介化的环境导致非语言符号的稀缺，玩家身份特质与肉体的表情、动作、声音等要素也因此被悬置了起来，这种游戏化的交往与面对面交流完全区别开来。对于建立新的连接，游戏化交往关系简单来说就是一种"玩完就散"的关系，即一种带有偶然性的社交关系，是一种浅层的社交连接。但对于连接重构，游戏提供了一种避免社交场景"坍塌"的选择路径。例如，在游戏好友界面看到许久没有联系的朋友在线，邀请共同游戏几局之后，两人之间的熟悉感又一点点建立了起来。这种中介化的“异步传播”给了双方调整的空间，避免了临场面对面交流时的尴尬场景。与此同时，游戏又通过虚拟身体的互动与行为共享赋予弱关系以亲密特征。[20]游戏这种中介化的形式，让人们有了新的“社交线索”稀疏的社交舞台，这种非面对面的形式让虚拟和现实得以融合，同时影响着现实的社会交往。在这种虚实结合的趋势下，以血缘、业缘、地缘为主导的社会交往形态被逐渐打破，“趣缘”成为一种新导向，跨文化、跨圈层交流得以实现。媒介平台将游戏情境与玩家情感连接起来，打造具有交互属性的“趣缘空间系统”[21]，“想象的共同体”也由此产生。不论是在虚拟世界还是在现实生活，游戏通常都是具有非功利性的，人们玩游戏大多是为了获得“快乐”，而并非必须获得“意义”。移动社交媒体中，每个用户都可以是“游戏玩家”，如在社交平台分享日常生活，借此来获取其他玩家的关注；在视频弹幕或评论区与他人互动，以寻求“志同道合”之人；通过观看平台视频、直播获得愉悦体验；与处于不同时空、不同身份的陌生人共同游戏；等等。以上沉浸式的“网络行为”往往是以玩家的兴趣为导向的主动参与的过程，在游戏过程中各趣缘社群构成了虚拟世界的“想象共同体”，而现实当中这些玩家的社会圈层很可能是区隔的，他们的交往可能是受阻的。

## 三　异化与失范：“游戏化生存”的问题及归因

承前所述，“游戏化”固然带来了新的传媒生态、生存样态，但“游戏化社会”的来临也可能衍生出诸多社会问题。透视游戏的“内核”我们会发现，游戏的“玩法”是人所制定的同时又约束着所有参与的人，因此究竟是“人玩游戏”还是“游戏玩人”变得更加难以区分。

### （一）偏移与失序：传播取向与传播关系的困境

凭借“分布式”技术架构，互联网天然具有去中心化特性，催生了信息传播的多样化与控制的复杂化，同时也重塑着信息传播生态。[22]当前的主流媒体传播实践中存在着"大水漫灌"失灵且"精准滴灌"不当的双重难题。网络节点化传播让信息量的无限激增变为可能，多样的媒介平台使得信息获取更具有"易得性"。传统的公共传播模式有着严肃、枯燥、冗长等特征，这种方式不易引起受众尤其是年轻群体的关注和参与。为了改变这一传播现状，许多官方媒体账号常常运用生动活泼的"网言网语"将严肃的政务内容进行通俗化、游戏化表达，例如"打 call""绝绝子""警察蜀黍""欧巴"等含有"娱乐因子"的网络流行词高频出现，但这类娱乐化的话语表述会让权威媒体的专业性、严肃性受到不同程度的误解、曲解、消解。与此同时，人们的"传播行为"与"实际意义"并不必然具有相关性。譬如，社交平台发布的内容并非全都是为了让他人"看见"并"付诸行动"，有时只是一种宣泄情绪的话语表达。此外，"点赞"也并非全是发自内心的赞赏，有时只是为了维系社交关系而"例行公事"，在某些情境下仅是一种"从众行为"或者表示内容"已阅"。技术的可供性与社交平台特性改变了我们受众的规模、构成、边界。[23]传者与受者的身份界限被打破、传受关系变得模糊，这也意味着接受者并非只能被动接受信息，相反，技术的赋权可以实现让抱着"玩乐"心态进行信息传播活动的"受者"成为新的传播主体，固定的事物变得"流动"起来，就如同游戏玩家在虚拟的游戏世界中可以处于支配地位，玩或不玩、与谁共玩、什么玩法、在何处玩，这些选择的决定权都掌握在游戏玩家的手中。媒介内容生产主体的游移致使传受双方互动关系发生嬗变，这一结果极易导致内容表征与建构的随意性、暧昧性。

### （二）卷入与操纵：游戏化的"控制系统"

游戏赋予玩家思维与行动的无界自由，玩家角色也从参与者跃升为创造者，对玩家而言，游戏是自主驾驭的"意志导向系统"或"控制系统"。[24]但游戏化的过程中，政治、资本、意识形态等要素同样也在游动，"卷入"其中的游戏玩家可能成为被操纵却不自知的"提线木偶"。在游戏中作为玩家的用户虽然可以自主选择、参与和想象，但也不可避免地被操纵与控制。一方面，游戏具有强吸引性、高沉浸性以及上瘾性，玩家容易掉入玩乐的“陷阱”；另一方面，游戏化的过程也在隐蔽地渗透着意识形态，进而实现一定的政治、经济目的。玩家虽然可以选择逃避到游戏世界中获得临时的自由，但是却不能确保现实世界当中的权力不会入侵到游戏中。个体被放置于一个全新且复杂的环境，看似每个人的自由都达到了前所未有的高度，但在大多数情况下每个人都不具备掌控自由的能力。玩家“卷入”传播者的游戏当中，一举一动都被“提线”操纵着，看似自主选择，却是按照游戏规程行动。以电子竞技为例，2021 年《英雄联盟》全球总决赛，中国电子竞技战队 EDG 对战韩国战队 DK，最终击败 DK，获得了总决赛的冠军。紧接着诸如新华网等官方媒体第一时间发布信息，宣告这一场“战役”的胜利，与此同时，微博、抖音等社交媒体与“EDG 夺冠”相关的词条纷纷登上热搜排行榜，微信朋友圈被庆祝夺冠的信息“刷屏”，电影院、直播平台转播赛事，高校校园中“旗帜飘飘”、呐喊不断，不管是否真正了解这场游戏赛事，铺天盖地的信息已产生“人人皆电竞”的效果。大数据算法的筛选和推送让信息的“流入”更加便捷，而这场赛事本身的流量与后续链式反应所带来巨大的经济效益，吸引着社会资本的介入。也就是说，不管是否为《英雄联盟》游戏玩家，不论是主动在“游”中满足“戏”的需求，或是在传播过程中“被游戏化”，人们都受到了不同程度的控制。

### （三）异化的玩乐：网络传播乱象的滋生

游戏化传播的过程是愉悦的，是具有玩乐属性的，这意味着参与传播游戏也可以获得快乐。网络传播环境下，大部分的传播游戏行为难以被追责，这为网络传播乱象的出现提供了“土壤”。技术的更新迭代让我们的网络实践由“只读”模式转变为“读写”模式。面对海量、复杂的信息，网络用户可以主动地、有选择地接触，并根据个人的喜好讨论、参与相关议题。这种讨论意味着用户脱离了浅层的关注，成为切身的参与者，达到了一种主观且积极投入的状态。当今网络用户热衷于戏剧性、冲突性、猎奇性的内容，热衷于在各个“信息点”中发掘更多的细节和精彩之处来获得情绪体验，而非简单地了解新闻真相。但是当内容与价值观产生冲突、情绪被挑拨、事实与预期不相符时，用户很容易产生不理智、过激的反应，形成"非理性的舆论共同体"[25]。谣言有两个显著的特点——重要性和模糊性，越是具有模糊性的、被掩盖的信息，越容易勾起人们的好奇心、关注度。网络具有"放大镜"功能，一个微乎其微的信息在网络节点链式传播下也会激起"惊涛骇浪"，刺激网民的神经。面对谣言信息，网民在"求真相"的过程中会对信息进行"解码"，根据各种渠道的"失序信息"进行主观臆断与定性甚至转发传播，因而会衍生出更多的所谓"真相"和"合理的想象"，舆论逾越合理的边界并大规模流动，这就为谣言的盛行和传播提供了助力，甚至推动舆论场走向极化与撕裂。谣言往往会激起价值观对立以及同情、焦虑、恐慌等情绪，网民迫切地去转发评论、进行暴戾化的情感宣泄，常常是为了获得心理上的满足，以此来体验"传播的快乐"。

### （四）以"自由"之名：隐蔽的劳动与剥削

互联网产业往往以"自由"与"娱乐"的名义占取人们的时间、精力和情感，工作与空闲、生产与消费之间的边界变得模糊，"玩乐"异化成为一种隐蔽的劳动生产方式，即数字劳动，也即"劳动"借"游戏"之名、利用"玩乐"属性耦合了资本主义的商业逻辑。进而言之，社交媒体平台成了"玩劳动"的"生产车间"，游戏被推至"台前"，劳动及剥削悄然隐于"幕后"。[26]当"玩工"通常是用户自发自愿的，并没有外界任何强制的要求，但在本质上他们依然是受剥削的，因此难以将其简单划归到传统工作或是游戏休闲的范畴。"羊了个羊"何以火爆朋友圈？因为机制简单且消磨时间，游戏又将玩家与所在省份挂钩，激发"地区荣誉感"与"胜负欲"，玩家会不自觉地为这款游戏付出昂贵的时间成本。此外，游戏设计师设置社交媒体好友排行榜来激发玩家的"竞赛欲"，让更多的玩家参与到游戏之中，进而达到社群传播的目的。这时候，每一位玩家均在无形中转化为游戏产品的推手，进行着"营销劳动"。同样，"玩乐"中隐蔽的"劳动"也发生在音乐社交平台。网易云音乐强调"音乐的力量"，而这个"力量"指的就是借用音乐唤醒情感的力量。用户在听音乐的过程中极易被感染、产生情感共鸣，而评论区的“搭建”让用户的生活经历、情感、对歌曲的艺术赏析等内容汇聚于此，“听歌看评论”应运而生，大量用户在成就感、共情感、体验感等因素的驱使下共同打造的评论区成为网易云音乐品牌营销的“着力点”，用户的行为自然而然演变成一种“情感劳动”。此外，虚拟游戏也已经被资本牢牢“捕获”，例如各大平台的游戏直播成为当前直播行业的一个重要营收部分，这些虚拟游戏及其周边的相关产业在近几年迅速崛起，网络游戏空间无疑成为数字化工作的场所、数字劳工的聚集地，“玩”游戏的内涵变得更加复杂，甚至出现反转——游戏开始由关乎快乐变为关乎利润。[27]

## 四　“游戏化生存”困境的破解之道

游戏化社会的到来使得人们的生存环境、思维模式、交往方式等多个方面都凸显出游戏化倾向，玩家难以真正实现“逃离”，但在面临压迫时可以选择调适，而非妥协和放弃，不过个体日常形式的抗争显然是微不足道的，破解游戏化生存的困境是一项“系统工程”，其根本在于宏观和微观的联动。

### （一）“以人为本”：游戏化社会的媒介导向与边界坚守

在信息传播关系链条中，能否顺利到达受众端并引起共鸣是评判媒介传播内容是否有效的重要指标。游戏化的互联网平台可以被看作提供给玩家玩乐的“棋盘”，借助游戏化机制与内容让玩家沉浸其中甚至逐渐“上瘾”，最终卷入其中的玩家在潜移默化中进入一种被动状态，成为游戏设计者摆布的“棋子”。网络社会中的传播并非由信息驱动，而是由交流或连接驱动，这里的交流突出参与和情感体验、意义与关系的共享。因而以“以人为本”为底层逻辑，以情感和关系认同为核心应对“游戏化社会”传受双方不对称的困境，或许是当前及未来传播实践的新导向。需要注意的是，媒介在追求游戏化变革、人格化探索的实践中通过"接地气"的表达、"软化"的形式打造出的"新包装"极易与原有的权威形象产生割裂。例如，通过"戏说"历史事件对历史人物进行特定的意义赋予，打造新的流量"卖点"；借助表情包或娱乐梗表征严肃政治人物及政治观点等等，这类现象都使得媒体权威形象与泛娱乐化形象产生内向性冲突，并在认知对抗中不断叠加。媒介的内容发布更加通俗化、彰显人文关怀本是一种合理的取向，但官方媒介机构严肃与玩乐语态的交替出现与受众原有的心理预期偏差较大，让他们一时难以接受。强调"以人为尺度"并不代表着完全被用户左右，媒介内容生产主体也应当考虑技术挪用过程性和时间性的有机统一，在实践中注重自身公共价值的发挥，建立专业组织形态。推而言之，要审视主体和内容两个向度并厘清"玩乐"的尺度与变革的边界，在以人文关怀为旨趣的专业内容生产与流量指标和实际效益之间不断协调，寻求最稳定的平衡点以及与受众共通的意义空间，避免脱离主轨道，避免被过度浅薄化的内容与娱乐化的形式所侵蚀或被"游戏化"所消解。

### （二）"能动性干预"与"自我调适"：网络乱象的多方协同治理

游戏关注的是人与生俱来的基本诉求的满足和非理性情绪的释放，其可令原本枯燥、乏善可陈的行为变得颇具魅力，使遵循既定指令、按部就班的操作变得让人兴味盎然，同时游戏重塑着个体对于行为与指令的感知与响应模式，但游戏的自主演进与运作常因领导核心与规范的缺失而导致自治效能较低，平台功能扭曲、治理无序的问题频发。这种"玩乐"在某种意义上对传媒专业生态造成了不可逆的打击。鉴于此，首先，官方应发挥"指南针"的作用，力求以"润物无声"的方式实现对用户行为的规范，并通过网络文化阵地建设完善网络乱象的管理体制机制，从顶层设计上为网络乱象的治理"赋能"。其次，媒介平台应紧扣信息走向，更新权威内容，阐明事实真相，避免恶性舆情事件的滋生，同时要化"智"为"治"，根据大政方针导向对网络信息传播进行能动性干预。例如，积极完善平台的算法分发机制，将价值理性与工具理性相融合，形成人机协同的把关模式，加强对虚假、不良信息的过滤，形成一道牢固的“智能防线”。最后，玩家作为游戏参与者与创造者，其媒介素养与舆论素养的提升也是当务之急，玩家要在“游戏”中力求理性中和，阻遏“感性舆论”，以更加清醒、理智的姿态介入网络舆论场，自觉从法治、道德层面对自我的网络传播行为进行规范与矫正，在“分布式”网状传播结构中做一个能够独立思考的传播者，在网络实践中进行自我调适与反向鞭策，令游戏回归休闲、玩乐，实现随心所欲而不逾矩，避免成为“傀儡性的存在物”。

### （三）“玩工”的抗争：寻求传播自由与平等

新的社会与技术环境下，数字资本的渗透让非物质劳动成为资本赚取网民剩余价值的途径，而互联网平台没有提供任何形式的劳动保障与成果分享机制，同时这种劳资关系可以随时解除。也就是说，“玩工”依然是未与雇主签订正式合同、缺乏劳动保障的不稳定劳动者。一个显著的现象是游戏模组（modifications，简称 mods）开发者群体（通常由游戏的玩家或粉丝组成）往往是根据个人的兴趣与创意对游戏内容进行有效拓展与深度加工，进而提升游戏的可玩性与吸引力。在这个过程中该群体分担了游戏公司在研发、运维及市场推广方面的成本负担，但游戏平台仍普遍倾向于将他们的行为视为一种非正式的、基于兴趣的娱乐活动，这忽视了这些行为作为创造性劳动的本质属性。这种认知偏差触及了知识产权、劳动价值论及数字时代创意经济模式的核心议题，从这个层面来看，在新经济与新业态不断发展下，将现实社会中的社会保障制度、劳资关系迁移到网络空间当中，对“玩工”等新劳动群体的劳动行为予以监督和规范，或许是未来“游戏化社会”需要关注的重要议题。此外，传播自由与平等的实现不能只依靠制度层面的保障，也需要玩家网络素养与认知水平的跃升，让信息“为我所用”，避免沉浸于虚拟空间，被各类媒介信息所诱导、操控。如若只是简单摒弃某一平台，没有真正认清平台商业运作机制，没有辨别出“游戏化”背后所存在的隐性劳动与剥削，玩家还会继续陷入另一个新的平台的控制和规训当中，失去与平台协商的可能，由此形成新的恶性循环，如此一来，更遑论平台会同玩家步入共创的趣缘空间。

## 结语

郑也夫曾预言道："当人类脱离物质贫乏的困境之后，游戏将会是归途。游戏可以给人们带来成就感、刺激体验，宣泄现实社会的压力，抵抗后现代人普遍的精神困境。"[28]正如郑也夫的预言，网络社会的崛起正使得虚拟空间与现实生活联系得日趋紧密，游戏元素犹如"空气"般处处渗透于现实生活，创造着与现实世界相似又相异的空间。[29]基于此，游戏化的传播机制也逐渐地从隐性走向显性，在"以人为本"理念的驱动下，深刻地影响着整个新媒体传播生态乃至社会发展的进程，塑造出一种全新的生存样态。从这一逻辑层面上来看，游戏将会作为一种泛在型媒介围绕社会生活的主轴转动，以"类游戏"的存在方式成为通往未来的新线索。但从长远角度看，目前我们还很难确定"游戏化生存"现象的长久走向，技术虽并未给出答案，但已勾勒出想象的轮廓。究竟要以何种姿态去面对"游戏化社会"，仍是我们接下来不得不做好的"选择题"。

### 参考文献

［1］覃澈．《2023年中国游戏产业报告》：收入首破三千亿，用户创新高［EB/OL］. https：//www. bjnews. com. cn/detail/1702618035129800. html.

［2］凯文·韦巴赫，丹·亨特．游戏化思维：改变未来商业的新力量［M］．周逵，王晓丹，译．杭州：浙江人民出版社，2014：13.

［3］Hamari J. Gamification［G］//Ritzer G. The Blackwell Encyclopedia of Sociology. New York：Blackwell Publishing，2007：1-3.

［4］喻国明，朱婧，张红晨．向"游戏"学习魅力传播的机理与范式——试论主流媒体游戏化传播的可行性与策略逻辑［J］．新闻爱好者，2021（11）：11-16.

［5］秦艺轩，郭晨．游戏化社会的趋势、逻辑与反思［J］．郑州大学学报（哲学社会科学版），2023，56（3）：117-120+114.

［6］朱光潜．西方美学史（下）［M］．北京：人民文学出版社，1964：450.

［7］柯泽．斯蒂芬逊传播游戏理论的思想史背景［J］．新闻大学，2017（3）：

107-113+121+151-152.

［8］胡伊青加．人：游戏者［M］．成穷，译．贵州：人民出版社，1998：34.

［9］胡翼青，吴欣慰．再论传播的“仪式观”：一种社会控制的视角［J］．河南社会科学，2015，23（5）：112-116+124.

［10］王水雄．从“游戏社会化”到“社会游戏化”：网络时代的游戏化社会来临［J］．探索与争鸣，2019（10）：148-156+160+2.

［11］胡翼青，张婧妍．作为媒介的城市：城市传播研究的第三种范式——基于物质性的视角［J］．福建师范大学学报（哲学社会科学版），2021（6）：144-157+172.

［12］何塞·范·迪克，孙少晶，陶禹舟．平台化逻辑与平台社会——对话前荷兰皇家艺术和科学院主席何塞·范·迪克［J］．国际新闻界，2021，43（9）：49-59.

［13］刘彧晗，喻国明．游戏作为DAO媒介：数字文明时代社会的“再组织”方式——兼论媒介与人类存在方式的演进［J］．新闻界，2022（12）：25-36.

［14］毛湛文，李泓江．“融合文化”如何影响和改造新闻业？——基于“新闻游戏”的分析及反思［J］．国际新闻界，2017，39（12）：53-73.

［15］喻国明，杨雅，等．游戏与元宇宙：数字时代的媒介升维与深度游戏化［M］．北京：中译出版社，2023：25.

［16］常启云，张路凯．媒介化的游戏——从传统到现代的儿童游戏场景变迁研究［J］．新闻爱好者，2020（10）：18-21.

［17］麦克卢汉．理解媒介——论人的延伸［M］．何道宽，译．北京：商务印书馆，2000：293-295.

［18］伯尔纳德·舒兹．蚱蜢：游戏、生命与乌托邦［M］．胡天玫，周育萍，译．台北：心灵工坊文化事业股份有限公司，2016：103.

［19］喻国明，苏健威．论游戏媒介驱动未来社会结构演化的基本逻辑［J］．新闻大学，2023（1）：39-50+120.

［20］刘海龙．传播中的身体问题与传播研究的未来［J］．国际新闻界，2018，40（2）：37-46.

［21］詹姆斯·保罗·吉．游戏改变学习：游戏素养、批判性思维与未来教育［M］．孙静，译．上海：华东师范大学出版社，2020：9.

［22］彭兰．“连接”的演进——互联网进化的基本逻辑［J］．国际新闻界，2013，35（12）：6-19.

［23］Litt E. Knock，Knock. Who's There? The Imagined Audience［J］. Journal of Broadcasting & Electronic Media，2012，56（3）.

［24］北京大学互联网发展研究中心．游戏学［M］．北京：中国人民大学出版社，2019：8.

［25］李明德．智媒时代的舆论素养及其养成［J］．青年记者，2022（18）：28-31.

［26］胡骞，吴鼎铭．“玩”何以成为劳动——以游戏（play）之名耦合资本主义

的商业逻辑［J］. 传媒观察，2020（8）：86-93.

［27］袁潇 . 数字劳工：移动游戏中青少年玩家的非物质劳动研究［J］. 当代传播，2020（5）：105-107.

［28］郑也夫 . 后物欲时代的来临［M］. 北京：中信出版社，2016：243.

［29］秦静，薛孟杰，邓元兵 . 游戏化传播对区域形象的建构研究［J］. 中国编辑，2022（12）：82-86.

# 规训与抵抗：高校学生群体数字交往中的人媒博弈

## ——基于校园社交软件Summer平台的研究*

褚金勇　强雪玲**

**摘　要**：在数字技术的加持下，高校学生群体的媒介交往呈现出新的样态。本文以Summer平台为研究对象，借助参与观察与深度访谈，探究高校学生群体线上亲密关系建构的媒介逻辑与人媒博弈。通过研究发现，媒介逻辑主导下的Summer平台为高校学生群体提供了高效、流动和快速的交往体验，也提供了一套践行亲密关系的行动指南与行为规范。但基于算法匹配的亲密关系仍存在诸多问题，用户能够感受到平台无处不在的规训力量，从而形成可见性权力与阶层结构的双重不平等。与此同时，用户面对平台规训也会采取一些隐蔽的策略与之周旋、抵抗，如有限度地自我披露，尽可能展现真实的自我。由此平台与用户的互动博弈共同塑造着数字时代亲密关系的复杂走向。

**关键词**：亲密关系　高校学生群体　Summer平台　规训　抵抗　人媒博弈

## 一　问题的提出

随着数字技术的迅速发展，人类社会生活正逐步迈向全面媒介化的新时代，婚恋交友也不例外，越来越多的单身青年加入线上交友大军，在虚拟空间中发展恋爱关系。调查数据显示，2022年6月中国互联网婚恋交友用户达

---

* 基金项目：本文系郑州大学人文社会科学优秀青年科研团队资助项目“阅读史视野下‘五四’青年的读报活动与志业选择研究”（项目编号：2023-QNTD-06）的阶段性成果。

** 作者简介：褚金勇，郑州大学新闻与传播学院特聘教授，博士生导师，博士后合作导师，郑州大学文化产业研究中心执行主任，研究方向为新闻史论；强雪玲，郑州大学新闻与传播学院硕士研究生，研究方向为新闻史论。

到 3346.9 万人。“95 后”对网络爱情的青睐尤为明显，57.7%的受访者表示曾用社交软件寻找伴侣，67.1%的受访者认为使用社交软件比熟人介绍等传统恋爱渠道更加有效[1]。在智能算法、DTIM、LBS 等技术的赋能下，平台会精准筛选符合一定标准的用户并呈现其特定信息，用户在规定的连接机制下即可匹配[2]，这种较为高效的交友形式正在逐步取代学校、熟人等传统的制度化中介，成为数字时代婚恋关系的新型“基础设施”。

随着高校学生群体在生理与心理层面的日趋成熟，他们渴望发展亲密关系，寻找志同道合的伙伴[3]，但在追寻“理想爱情”的过程中不免会遇到各种各样的困境：就现实环境而言，一些院校男女比例失衡，这将直接减少了学生之间发展亲密关系的潜在机会，加之部分人较为“社恐”，他们对亲密关系怀有憧憬，却难以主动迈出交往的第一步。在电子媒介重塑人类交往方式的背景下，网络接触度高、有着较强交友需求的高校学生群体也加入其中，在虚拟空间中寻求建立亲密关系的可能性。目前，市场中的交友平台层出不穷，Summer 作为北京大学、清华大学学生创业团队联合打造的一款校园社交 App，从最初的北京大学、清华大学逐步扩展到教育部批准的所有高校，拥有广泛的学生用户群体，具有一定的典型性与代表性。

线上平台并非传统恋爱交友的镜像，数字技术中介的嵌入使其成为一个流动化、碎片化、高度展演化的媒介景观，是介于“透明”和“遮蔽”之间的一种中介型社会关系[4]118，用户对亲密关系的认知与实践也在这种媒介环境中被重塑。这促使我们深思：平台交友给予个人怎样的体验与感知，又如何影响他们的交友实践？理论上能够扩大择偶范围、提高择偶效率的交友平台为何依旧导致亲密关系的建立困难重重？

## 二　文献回顾

### （一）亲密关系的数字转向

在界定亲密关系的范畴时，存在广义与狭义两种视角。广义层面上，它涵盖了与我们生命中情感联结深厚的个体所建立的紧密且友好的关系网络，亲子关系、友谊以及其他亲密关系都包含在内。而狭义的亲密关系特指两个人尤其是情侣或夫妻间的伴侣关系[5]。本文研究的是恋爱交友，采用狭义的概念。

随着数字技术的迅速发展，线上交友平台代替了“媒人”的角色，成为互联网时代下亲密关系建构的新型中介，众多单身青年尝试在虚拟时空中与陌生人建立联系，开启“云端恋爱”。与传统的亲密关系建立方式相比，线上交友呈现出诸多不同之处，主要体现在作为“中介”的媒介技术使亲密关系发展的各阶段——关系的形成、维系和终结都发生了显著变化[6]。在关系形成阶段，线上交友平台制造的情感体验具有流动性、选择性及性别化等特点，会对个体的亲密关系建构产生一定影响[4]117；在关系维系阶段，尤其对异地情侣来说，通过专注、便利、亲密的在线互动，以及双方的联合活动与共享任务，能够实现“数字亲密”式的交流与传播[7]；在关系终结阶段，双方会进行一定的数字分手仪式[8]。可见数字技术对亲密关系的深刻影响。

不少研究者对线上亲密关系所蕴含的社会文化意涵也展开了深入探讨与剖析。伊娃·易洛思（Eva Illouz）指出，约会网站内呈现的情感操演体现了“当代关系消极结构”的极端面向。平台通过展示用户的个人信息，将原本私密的自我转化为一种公开的展示与表演。它们借助消费主义的文化逻辑，不断煽动着个体追求自由选择与实现最佳匹配的欲望。亲密关系逐渐演化为一种单向度的自我表达与展示的自由[9]142。齐格蒙特·鲍曼（Zygmunt Bauman）在《液态之爱：论人际纽带的脆弱》中论及现代社会的流动性特征，指出“恋情”如同液态，展现出高度的易变性与不确定性[10]。此外，还有学者认为社会媒体中的亲密关系经历了从“我—你关系”到“我—它连接”的转变，亲密对象化作便捷操控的“工具节点”，轻易构建亦轻易瓦解[11]。亲密关系的理性化倾向明显。

### （二）用户与平台的互动博弈

数字时代，平台经济迅速崛起，叶秀敏认为，平台经济根植于互联网等现代信息技术，旨在通过平台向多元化的参与方提供个性化的服务，进而编织起多主体间的紧密关系网，共同创造价值，以实现多方利益的最大化[12]。方兴东等指出，平台经济是建立在网络技术与设施的基础上，以商业模式创新作为驱动力，多方主体共同参与的新型经济[13]91。同时，伴随着平台经济迅速崛起的，是网络平台不断扩张的超级权力。一直以来，技术长久被视为中立的存在，作为改造自然与社会的工具，与权力运作并无直接关系[14]。但这一观念忽视了技术的社会属性，技术依托工业资本生产展现其效用，理解技术需将其融入社会全貌中考量。

在网络社交的语境中，平台与用户间的权力分配呈现显著的不对称性，这源于双方对网络节点控制力和影响力的差异。首先，用户通过平台技术支持实现社交互动，其言行受平台预设规范制约，这些规范表面上以具体的协议文本形式呈现，实际上是以代码为技术规则来执行与控制的[13]92。其次，平台通过交友服务吸引海量用户，独占这些用户的历史及实时数据。这进一步强化了平台对用户的“锁定”效应，使得原本属于用户的私权利逐渐转移到网络平台手中[13]95。最后，更为关键的是，用户在平台上的社交互动行为被实时追踪并转化为消费行为数据，这些数据被平台开发为宝贵的数据资产，参与到了数字痕迹的增殖与交换的资本循环之中[15]。

安东尼奥·葛兰西（Antonio Gramsci）认为，权力的本质并非单向性的控制与剥夺，它源于某一支配集团赢得了社会各界的广泛认可[16]。在用户与平台展开的人媒博弈中，平台支配着用户，用户只能在平台给定范围内行使自己的权力。

综上，以往对亲密关系的研究，大多集中在媒介技术如何影响或形塑亲密关系，但缺少对具体的数字交往语境中用户如何与平台博弈，用户面对平台规训如何展开抵抗等方面的研究，而这些内容也是重要的研究面向。

## 三　研究问题与研究方法

### （一）研究问题

本文试图考察在Summer平台中，高校学生群体的亲密关系遵循何种内在逻辑与整体走向。具体而言，可细化为以下几个问题。

1. 媒介逻辑主导下的 Summer 平台对高校学生群体亲密关系的形塑机制是什么？

2. 在展开线上恋爱交友实践的过程中，高校学生群体何以感受到“平台规训”的力量，这种规训会对线上亲密关系产生何种影响？

3. 个体如何发挥主观能动性以抵抗平台规训，让技术更好地服务于自身，提升追求理想爱情的可能性？

### （二）研究方法

本文采用 App 漫游法与半结构式深度访谈法。个体的可供性认知是了解线上交友软件的关键要素[4]121。首先，App 漫游法倡导研究者在直接操作使用软件的过程中，深入探索技术机制的运作、用户的行为模式，从而揭示软件深层的技术逻辑及蕴含的文化意蕴。因此研究者注册成为 Summer 平台用户，定期使用 App，体验平台功能，而为了完整感知平台功能，研究者开通了会员，以付费用户身份进行了一段时间的体验，以从整体上把握 Summer 平台的匹配规则和各项功能。

其次，在基本了解 Summer 平台的基础上，研究者通过平台偶遇及滚雪球的方式在平台上征集用户进行访谈。征集的用户需满足以下条件：年龄为 18~26 周岁的在校学生，使用时长三个月以上且使用期间每周至少登录平台三次，明确了解 Summer 的功能设计与匹配机制，有在该平台上发展亲密关系的意愿或经历。访谈时间跨度为从 2023 年 11 月到 2024 年 4 月，最终共采访到 16 名用户，其中男性 8 名，女性 8 名，每名用户访谈时间为 40~60 分钟。为确保样本的多样性，选择了来自不同院校、不同专业的使用者进行访谈。本文采用匿名方式，按受访次序为访谈对象编号（见表 1）。

**表 1　受访者基本情况**

| 编号 | 性别 | 年龄（岁） | 院校 | 学历 | 使用时长 |
|---|---|---|---|---|---|
| S1 | 男 | 24 | 哈尔滨工业大学 | 硕士 | 八个月 |
| S2 | 女 | 22 | 山西大学 | 本科 | 一年左右 |
| S3 | 男 | 22 | 中国科学技术大学 | 硕士 | 六年 |

续表

| 编号 | 性别 | 年龄（岁） | 院校 | 学历 | 使用时长 |
|---|---|---|---|---|---|
| S4 | 男 | 26 | 北京理工大学 | 硕士 | 三年零五个月 |
| S5 | 女 | 19 | 四川民族学院 | 本科 | 五个月 |
| S6 | 男 | 21 | 福建师范大学 | 本科 | 两年左右 |
| S7 | 女 | 24 | 江苏大学 | 硕士 | 五年零四个月 |
| S8 | 女 | 22 | 中国人民大学 | 本科 | 四年零两个月 |
| S9 | 男 | 20 | 华北理工大学 | 本科 | 两年左右 |
| S10 | 女 | 23 | 华东师范大学 | 本科 | 三年零四个月 |
| S11 | 女 | 20 | 中山大学 | 本科 | 十个月左右 |
| S12 | 女 | 25 | 南开大学 | 硕士 | 三年零两个月 |
| S13 | 男 | 21 | 石家庄学院 | 本科 | 一年零五个月 |
| S14 | 男 | 20 | 东北大学 | 本科 | 两年左右 |
| S15 | 女 | 21 | 山东科技大学 | 本科 | 两年零五个月 |
| S16 | 男 | 26 | 天津大学 | 硕士 | 五年零三个月 |

## 四　媒介逻辑主导下的亲密关系实践：高效、流动与加速

“资本主义和技术的发展改变了人们相遇的模式——两个人能够相遇，从前被看作稀缺的缘分或者‘命运的安排’，如今却是冗余的信息资源。”[9]165这是伊娃·易洛思对媒介交友的时代脚注。数字时代，信息技术扮演着男女双方间“媒人”的角色，它构建了一个独特的“双边市场”，通过特定机制，助力人们搜寻与追求潜在的伴侣。亲密关系构建的核心体现在两方面：首先是潜在伴侣的精准筛选，其次则是新兴技术对互动方式产生的深远影响。这样的变革不仅拓宽了人们的交友途径，也丰富了浪漫关系的构建过程[17]。

### （一）“缘分自定”：算法匹配下的双向选择

Summer平台基于算法驱动的仿真双向匹配和协同筛选策略将传统意义

上的浪漫邂逅降格为处理数据的科学工作。它为用户提供了无限的潜在伴侣，并采用多维度指标对这些伴侣进行评估，如年龄、学校、专业、兴趣爱好等，完成“数字建档”，以增强用户的选择权与控制感。在“阅览档案”后，用户即可进行在线交友。该平台工作人员强调，首先要确定目标范围，“一定是一个范围，不是一个个体，这个范围可能包含多个条件，每个人的都不一样”。如“附近同学”“附近同乡”“本校专区”列表都是可供选择的目标范围。答题交友的模式可以帮助用户与目标范围内的个体建立联系，用户通过设置问题并查看对方的回答来进行双向选择，答题通过后，双方得以建立好友关系，展开自由对话。

在访谈和App漫游的基础上，本文将用户的常见问题进行粗浅归类，分为“个人情况”“爱情”“知识”“价值观”“生活”五类（见表2）。交友试卷能够让用户对一个人的性格、经历、受教育程度、人生价值观、恋爱观等有大致的了解，双方的相似性可以在一定程度上增强彼此间的吸引力和进一步交流的欲望。多数受访者认为答题交友的模式给交友增设了一定的门槛，可以在一定程度上避免无效社交。“通过这些题目，我可以对答题的人有更多的了解，比如他的性格、他的爱情观、他的见识，只有对方的回答和我自己的想法比较一致或者给我一种很真诚的感觉，我才会通过加好友。我觉得这个设置很好，能够帮助我筛选一些比较契合的人，提高交友的质量。”此外，Summer平台根据功能分类设置了多元的互动机制，如动态或黑板墙、语音房或兴趣小组等属于公共广场式的互动空间，而实时匹配、假装情侣、周末CP则是一对一的双人互动空间，用户在其中可以如“数字移民”般游走在流动的互动空间，邂逅属于自己的缘分。

**表2 Summer平台交友试卷的常见问题统计**

| 问题类型 | 具体问题 |
| --- | --- |
| 个人情况 | 你是什么样的性格？ |
| | 你闲暇时喜欢做些什么？ |
| | 你的身高、体重？ |

续表

| 问题类型 | 具体问题 |
|---|---|
| 爱情 | 你认为爱情最重要的是什么？ |
| | 你理想中的男朋友/女朋友是怎样的？ |
| | 有过几段恋爱经历，分手的原因？ |
| 知识 | 有界数必有什么？ |
| | 请输入普朗克常数的值 |
| | 酒不能与哪种药物同服？ |
| 价值观 | 你对女权主义有什么看法？你是一位女权主义者吗？ |
| | 你如何看待彩礼这种现象？ |
| | 你如何看待生育自由？ |
| 生活 | 心情不好，特别低落的时候会怎么发泄？ |
| | 最近在看的书或电影 |
| | 对未来的规划 |

### （二）“关系提速”： 流动约会下的加速社交

科技加速无可避免地重塑了生活实践和信息传播架构，并催生了新型生活方式[18]。线上交友平台作为媒介加速变革的产物，具有时空碎片化的特性，所形塑的亲密关系存在很大的流动性与不确定性。从时间上来看，相较于微信等使用时间较长的社交媒体，用户对交友平台的利用大多是基于碎片化的时间。在访谈中，受访者普遍认为登录 Summer 平台的时间不固定。“有时候想起来了就进去看一眼，或者很无聊、很孤独的时候就想找人聊聊天。”（S5）从空间上来看，Summer 平台中既包括兴趣小组、公开广场、语音房等公开化的多人互动空间，也包括算法匹配下的双人互动空间，例如“实时匹配”“假装情侣”“小游戏”等。碎片化社交形塑了诸多“流动的约会”[4]121，关系的建立与断开变得异常容易。换言之，这是一种即时连接、自由脱离且缺乏明确责任与持久约束的关系。

“这和我预想的恋爱不太一样，我想象中的校园恋爱应该是彼此真诚、专一的，是非常美好的，但在 Summer 中认识一个人非常容易，但当大量的潜在认识对象聚集到一个界面时，就会让很多人心猿意马，聊不来就换，反正还有下一个，慢慢地我也接受了这种观念，甚至有时候我会同时与多个人聊天，在这个过程中去筛选。”（S13）即便线上转移到线下后，情感依旧可能无法摆脱无疾而终的命运。“我跟她线上聊了几天，就约着线下见面了，见面后感觉不是自己喜欢的类型，回去之后也就没有再说过话，很自然地就断联了。”（S1）现代交通与通信的革新将个体从时空中“脱域”，实现了跨越物理界限的自由流动。在 Summer 平台中，用户们一次次地聚合，又一次次快速地分离，很多用户在高效筛选与低效转化的矛盾中情感预期递减，采取一种“等待缘分”的态度。

## 五 平台规训下的亲密关系变革：可见权力与阶层结构的双重不平等

在线交友平台在赋予用户自主权的同时，也悄然将其置于一种“全景监狱”之中，时刻加以规训，旨在塑造出顺从的个体。在用户使用 Summer 平台的过程中，它悄无声息地审视、教化用户，通过潜移默化的方式实现对个体行为的微妙操控。正如福柯所阐释的那样，这是一种新型的、隐匿于无形的治理权力，它使个体陷入一种不易察觉的服从状态，形成了自我规训的隐形枷锁[19]。

### （一）技术规训下的监视与裁决：导致可见权力不平等

规训的本质在于对个体的思想与灵魂的控制，通过思想驯化促使个体服从既定的指示，而规训权力实施的关键在于构建一套基于持续监视的强制机制[20]。Summer 平台正是以无所不在的监视技术和规范化裁决对高校学生群体用户的言行进行矫正，使其遵循平台既定的社交准则与互动模式。首先，监视技术主要通过引导用户主动“交代”自己的信息，如学生身份信息（学校、学历、年级、专业）、自身情感状态（单身或恋爱）、个人主页（照片墙、交友试卷）等来施行，形成一种参与式监视。此外，数字技术的发展也让用户成为新的监视者。会员制度在社群内部依据经济能力划分出流动的监视层级，使交友平台演化为“数字全景监狱”。付费会员犹如伫立于“数字之巅”的观测者，他们享有增强的透视力，能够掌握更高的可见性权力[21]148。如“周末CP优先匹配”“查看访客记录”“无限实时匹配次数”“高级自定义筛选”“隐身访问”“解锁更多学校”等。被看者是被探查的对象，而不是一个进行交流的主体，由此形成了一种可见性上的权力不平等。

其次，规范化裁决主要通过明确界定差异以及规定奖惩机制两方面来执行。平台会员制使得付费用户与免费用户之间存在明显的使用差异，如一位免费用户曾表示，因未曾向平台付费，在使用软件中感受到了明显的局限性。“我曾经尝试过Summer的脱单专区，给我推荐的都是本校同学，每天会推荐五个，你可以选择喜欢或不喜欢，如果都不喜欢就只能等第二天的推荐了。”（S7）可见，相较于后者，前者凭借更高的可见性优势，获得了更高的连接其他用户的能力，互动效率也更高，在线上追求情感体验时拥有更大的自主权。此外，当Summer平台监视到用户不服从规训时，就会进行一种“强制执行”。“下载这个软件就得按照它的要求一步一步操作，如果不上传学生信息，就没办法注册成为用户，也就不能使用。虽然一开始不太放心，但后来为了使用还是选择上传了自己的信息。”（S14）

### （二）“高颜值、高学历”的身份展演：加剧阶层结构不平等

欧文·戈夫曼（Erving Goffman）指出，社交互动初期，个体可轻易修改他人对待自己的互动行为模式，但随着互动深入，这些行为模式趋于固化，难以轻易调整。故而第一印象控制或者管理在互动中极为重要[22]。在Summer平台上，受访用户普遍倾向于展现自己积极向上、较为美好的一面，以此吸引更多注意力。通过文字符号（学历信息、兴趣小宇宙、动态）和图片符号（照片墙、动态照片）展开印象管理是一种较为常见的方式。其中，“高颜值、高学历”是较为受欢迎的人设。这种身份展演使原本需由男女双方共同创造的情感体验从双边性的亲密关系中脱嵌出来，异化为竞争游戏中用户个人对自我魅力的感知与自我呈现的需要[23]。表面上，媒介技术帮助个体实现了形象、身份的跨越，实质结果是用户在平台预设的功能框架内不自觉地处于被支配状态，由此

会衍生出一系列问题，如自我美化带来的信任危机会对亲密关系的建立构成挑战。

伊娃·易洛思曾将爱情危机归结于爱情的过度理性化、择偶标准的个体化和选择策略的普及化等因素[24]。Summer平台的初衷是带给高校学生群体一段美好、纯粹的校园恋爱，但在随处可见的各种高学历、高颜值人设下，越来越多的人在建立亲密关系之前会对对方进行一番数字化审视。“我是一个双非学校的学生，长相也一般，所以几乎也不太敢去加那些好学校的学生或者比较好看的人，平时也几乎不会去发动态，感觉在这个平台就是一个小透明。”（S6）长此以往，社会结构性不平等会加剧——高颜值、高学历越来越受追捧，而院校普通、颜值一般的人却无人问津，可能面临被这场由媒介驱动的社交热潮边缘化的境地。

## 六　“弱者的武器”：用户抵抗实践

美国学者詹姆斯·斯科特（James C. Scott）在阐释“赛达卡”村庄农民们的日常抵抗行为时使用了“弱者的武器”这一概念。同样地，米歇尔·德·赛托（Michel de Certeau）认为“抵制”是社会底层民众在日常生活实践中对抗压制性规训的一种内在动力。他指出，人们常常处于规训之下，但又时刻抵抗这种规训，导致他们“既不离开相应的势力范围，又能够恰到好处地逃避各类规训”[25]。这正是Summer平台中一些用户的生存状态，他们类似于假装服从的弱者，采取一些迂回、隐蔽及柔和的策略抵抗平台规训，以更好地利用技术追寻亲密关系。

### （一）隐私保护：有限自我披露与修改个人信息

Summer平台基于媒介技术及会员制度形塑了一种流动性的“液态全景监视”，这种监视具有单向性的特征，平台会员制仅向分级付费用户授予监视权限，而对普通用户施加技术性的可见性限制，使其无法访问或监测其他用户的社交数据，从而构建了一个基于付费差异的监视壁垒[21]149。这样一来，普通用户成为平台数据的单向供给者，这会引发他们自我隐私泄露的焦虑，进而采取有限自我披露、修改个人信息等策略，以抵抗这种不平等的监视。在访谈中，一位受访者坦言，为避免个人隐私泄露以及被熟人认出的尴尬，自己采取了修改部分个人信息的方法。“虽然学生认证是真的，但是主页里的具体信息，包括专业、年级、家乡都做了更改。这对我来说是一种自我保护策略，无论是我访问别人还是别人访问我，或者是进行一对一匹配，我都没有太大的心理负担，毕竟这个信息也不是完全真实的。”（S10）

在亲密关系发展过程中，陌生的双方要实现从弱关系到强关系的转化，必然伴随着自我披露程度不断加深，将彼此间的不确定性降低的过程。然而，出于对个人隐私的保护，一些用户会采取有限自我披露策略，令“全景监视”陷入“落空”的境地。“对于我来说，我是非常不想在这种交友平台中暴露太多的个人信息的，所以我个人主页中的交友试卷、照片墙都不太完善。但我会在平台中去浏览大家的动态，与对我比较感兴趣的人进行私聊，或者直接进行一对一匹配，如果后续双方聊得来，比较契合，我才会慢慢跟对方分享一些个人信息。”（S1）可见，用户自我披露的减少并非对平台交友持有一种消极与悲观的态度，相反，它是一种对技术规训的隐蔽抵抗。

### （二）真实呈现：反向筛选与灵魂共鸣的社交实践

“高颜值、高学历”的身份展演源于用户对建构理想自我的追求，其最终目的是收获一段美好的校园恋爱。然而在访谈中发现，理想化的个人形象并没能给用户带来“真挚的缘分”，反而带来了高校学生群体相互之间的数字化审视。甚至，这种展演有时可能会引发被骚扰的风险，其中以女性用户居多。“有时候我会在上面发一些照片，马上就有人来加我好友，有个别人一上来就非常冒犯，说一些让我很不舒服的话，我也毫不客气地直接回怼，然后举报或拉入黑名单。”（S15）基于此，一些用户开始转变策略，尽量在平台中呈现真实的自我，“真实的自我”主要包括两方面：一是真实的自我形象，二是真实的自我性格特质。“现在我更愿意去呈现真实的自己，比如有时候我会发自己学习的照片，通常形象都不太好，油油的头发、很随便的衣服，也不想去P，就直接发了。可能很注重外貌的人会直接划走，但愿意浏览并且和我成为好友的人相对来说还是比较真诚的。”（S7）在这里，真实的自我形象呈现成为用户进行反向筛选的一种手段。

此外，高校学生群体也更加注重对自我性格特质的展现，希望以此吸引到与自己同频或志同道合的人。以照片墙为例，一位受访者表示自己的照片墙没有放照片，主要是一些文字截图和对自己的介绍。“我想以这种方式告诉大家我是怎样的人，希望能够吸引到灵魂契合的人。”（S15）以往照片墙通常起到展示个人外在形象的作用，但一些用户在实际使用的过程中，赋予了其更为重大的“责任”，即展现个人的性格特质，对于“你是一个什么样的人”，对方可以从中寻找到“蛛丝马迹”。

## 结语

数字时代的信息技术正在深刻嵌入社会与文化生态中，重塑单身青年的恋爱与交友模式。传统的人际媒介导向、依赖个体资源交换的婚恋模式正逐步转型为网络媒介主导、依托平台算法精准匹配的新模式[26]，亲密关系建构迎来新的转向。

总体而言，Summer平台为高校学生提供了亲密关系建构的行动逻辑，但算法匹配下的缘分可能导致加速、流动的亲密关系。在这一过程中，平台技术与用户共谋形成“液态监视”，造成可见性权力不平等，会员用户拥有更大的可见性权力；平台功能则促使用户自我规训，追求理想化形象，导致信任危机。然而，用户亦采用周旋、隐蔽、抵制等策略应对规训，如修改信息、有限自我披露、展现真实自我等。数字时代的亲密关系在不断向前推进，其未来走向将是多元化、个性化与复杂化的。我们要看到其背后存在的问题，意识到线上交友平台如何影响到人们对待亲密关系的思维方式与行为模式，从而逐渐摆脱被操控的境地，让媒介平台真正成为建构亲密关系、追寻美好爱情的助推器。

## 参考文献


［1］刘子曦，马璐．从“云端爱情”到“严肃相亲”：互联网婚恋平台的数字空间管理与交往模式营造［J］．妇女研究论丛，2024（1）：61-74.

［2］张楠楠．完美游戏：理解“云相亲”青年的情感“麦当劳化”［J］．中国青年研究，2024（1）：86-93.

［3］周惠．大学生情侣间赠送礼物行为的心理学研究［D］．曲阜师范大学，2014：1.

［4］孙萍，李宜桐，于小童．“中介化爱情”之困：理解线上交友平台的媒介化与性别化［J］．妇女研究论丛，2023（1）：117-128.

［5］武亚杰．社交媒体使用对青年恋爱交往的影响研究［D］．郑州大学，2019：9.

［6］李华伟，徐开彬．信息渗透与权力博弈：社交媒介在青年亲密关系中的作用研究——基于关系发展的阶段理论［J］．中国青年研究，2022（6）：48-58+47.

［7］王蕾，叶钰湾．以“数字亲密”重构信任：技术具身下青年异地恋的媒介实践［J］．传媒观察，2024（3）：81-93.

［8］张琪．社交媒体平台中分手者的数字仪式研究［D］．上海外国语大学，2022：39.

［9］Illouz E. Cold Intimacies：The Making of Emotional Capitalism［M］．Cambridge：Polity Press，2007：142-167.

［10］齐格蒙特·鲍曼．液态之爱：论人际纽带的脆弱［M］．何定照，高瑟濡，译．台北：商周出版社，2008：5-6.

［11］田林楠．从“我—你关系”到“我—它连接”：社交媒体与亲密关系的转变［J］．中国网络传播研究，2021（2）：187-203.

［12］叶秀敏．平台经济的特点分析［J］．河北师范大学学报（哲学社会科学版），2016，39（2）：114-120.

［13］方兴东，严峰．网络平台“超级权力”的形成与治理［J］．人民论坛·学术前沿，2019（14）：90-101+111.

［14］刘永谋．机器与统治——马克思科学技术论的权力之维［J］．科学技术哲学研究，2012，29（1）：52-56.

［15］Gerlitz C.，Helmond A. The Like Economy：Social Buttons and the Data-intensive Web［J］．New Media & Society，2013，15（8）：1348-1365.

［16］安东尼奥·葛兰西．狱中札记［M］．葆煦，译．北京：人民出版社，1983：316.

［17］Gomez-Urrutia V.，Tello-Navarro F. Gender，Love and the Internet：Romantic Online Interactions in Chilean Young People［J］．Journal of Youth Studies，2021，24（6）：731-745.

［18］哈特穆特·罗萨．新异化的诞生：社会加速批判理论大纲［M］．郑作彧，译．上海：上海人民出版社，2018：39-40.

［19］张一兵．资本主义：全景敞视主义的治安—规训社会——福柯《规训与惩罚》解读［J］．中国高校社会科学，2013（7）：20-29+154-155.

［20］米歇尔·福柯．规训与惩罚：监狱的诞生［M］．刘北成，杨远婴，译．北京：生活·读书·新知三联书店，1999：193-194.

［21］高艺，吴梦瑶，陈旭，等．"可见性"何以成为生意？——交友类 App 会员制的监视可供性研究［J］．国际新闻界，2022，44（1）：137-155.

［22］王秉铎．社会心理学对第一印象的一些研究［J］．福建师范大学学报（哲学社会科学版），1987（4）：108-112.

［23］高艺．量化"喜欢"：交友平台中的感知异化与亲密流动［J］．中国网络传播研究，2022（2）：99-118+220.

［24］伊娃·易洛思．爱，为什么痛？［M］．叶嵘，译．上海：华东师范大学出版社，2015：431-453.

［25］Certeau Michel de. The Practice of Everyday Life［M］. Berkeley：University of California，1984：122-123.

［26］刘子曦，何姣姣．网络为媒：数字时代婚恋匹配的基础设施形态及运作逻辑［J］．浙江学刊，2023（5）：157-166.

# 短视频用户如何进行媒介抵抗？

## ——基于扎根理论的探索性研究*

张意梵　楚明钦**

**摘　要**：短视频作为新兴的媒介形式发展迅速，革新了信息的呈现与消费方式。然而，并非所有用户都对短视频持开放态度，短视频浪潮中不乏逆流而行的抵抗者。本文旨在对短视频用户的媒介抵抗行为进行整合性探讨，希冀为用户与媒介使用的关系提供思考。本文基于 Python 爬虫技术和扎根理论，对在小红书平台采集的3533条文本数据进行逐层编码，尝试构建短视频用户媒介抵抗行为模型。研究发现，媒介因素、用户体验与风险感知催生了短视频用户的媒介抵抗行为，并呈现出多种行为表征。媒介抵抗行为会为用户带来收益，异化结果表现为替代性媒介使用与抵抗中断。

**关键词**：媒介抵抗　短视频媒介　扎根理论

## 一　引言

技术的迭代带来了媒介形式的更新，我国短视频行业自 2011 年开始萌芽以来，其规模已急速扩大。根据中国互联网信息中心（CNNIC）发布的《第 53 次中国互联网络发展状况统计报告》，截至 2023 年 12 月，我国网络视频用户规模为 10.67 亿人，其中，短视频用户规模为 10.53 亿人，短视频成为对新网民最具吸引力的互联网应用。凭借着强大的算法机制与抓人眼球的内容特征，短视频将人们的内容摄取习惯从大众媒

* 基金项目：本文系郑州大学新闻与传播学学科专项课题（项目编号：21XKJS019）成果。

** 作者简介：张意梵，郑州大学新闻与传播学院传播学专业硕士研究生；楚明钦，郑州大学新闻与传播学院副教授，硕士生导师。

介渠道转向了碎片化的快餐式消费渠道。艾媒咨询发布的《中国短视频行业用户行为调查数据》显示，在中国网民浏览短视频频率中，82.5%的消费者经常刷短视频，只有0.4%的消费者从来不刷[1]。用户习惯于透过短视频的窗口获取信息，也将自己的生活进行展演，短视频满足了大众多样化的需求。

然而，尽管社交媒体越来越受欢迎且具有优势，但媒体使用的阴暗面也引起了关注[2]。从接触使用到陷入其中，短视频营造出的媒介世界将用户包裹起来，滋生了成瘾等问题性使用现象。用户作为能动性的使用主体，抵抗意愿在感知到负面影响之后被激发，媒介抵抗在数字化媒体时代得到了延续。抵抗研究将数字平台视为一个充斥抵抗力量的积极场域，个体基于认知水平与实践能力自发地采取对技术系统的干预性策略[3]。中国广视索福瑞媒介研究（CSM）的调查数据显示，用户对短视频内容真实性、深度性及隐私保障的评价降低[4]。在2023年，社交更活跃、使用黏性增强的用户占比均在36%左右，较2022年均下降超10个百分点。短视频用户的观看时长也有所缩减，日均观看超过1小时的用户占比相应下降，用户倾向高效、有价值的观看体验[5]。在此背景下，短视频用户的媒介抵抗行为如何发生、行为特征如何表现等一系列问题仍需探索。为了深入了解这种现象，本文将研究重点放置于短视频用户的媒介抵抗行为，以期促进对短视频使用以及人与媒介之间关系的反思。对短视频用户抵抗行为过程及影响机制等的探究，有助于更好地理解用户抵抗行为的根源和影响因素，也对于丰富特定媒介情境下用户信息行为研究范畴、理解行为特点、规避问题性使用行为等具有一定意义。

## 二　研究综述

### （一）使用带来不满足：短视频内藏隐忧

短视频是指以移动智能终端为传播载体，依托于移动社交平台及社交链条，播放时长在数秒到数分钟之间的视频内容产品[6]。伴随着4G技术发展，我国的短视频行业在2016年迎来快速增长期，抖音等短视频平台相继上线，为新媒体传播格局的多样态注入了新活力。《中国网络视听发展研究报告（2024）》的数据显示，处于“第一大互联网应用”地位的短视频应用的用户黏性在所有媒介形式中拔得头筹，人均单日使用时长为151分钟[7]。本文研究所指的短视频是较为广义的指代表达，无论是专门的短视频平台，还是其他平台的短视频内容使用者，其对短视频的感知、态度等都可被纳入讨论中。

根据使用与满足理论的假设，媒介接触使用后的结果分为需求满足与未满足两种，这将影响到以后的媒介选择使用行为。一方面，短视频作为易操作、易获得的新媒介形式传播开来后被大众所使用，丰富的内容展演与操作机制为用户带来了极致的沉浸感体验，甚至革新了大众的观看习惯，碎片、倍速式的观看逐渐取代了传统单线式的大众传播方式。另一方面，短视频使用或许会给用户带来短暂的瞬时性满足，但从长远来看，也会带来隐忧。在效率至上的情境中，短视频的加速逻辑带来观看主体、观看方式、观看意义异化的风险，导致个体的休闲意义被消解、艺术审美被扭曲、自我主体迷失和时间感知被重置[8]。短视频的问题性使用也成为许多学者关注的对象，个性化推荐功能更容易给观看者带来更高的奖励，导致类似成瘾的行为[9]。短视频成瘾是指个体无法有效控制自己的短视频使用行为，进而对个体产生负面影响。一项针对大学生的调查显示，短视频成瘾可以直接影响大学生的睡眠质量，还会通过提高焦虑水平间接影响大学生的睡眠质量[10]。短视频的过度使用还会引发人际关系[11]、心理健康[12]等方面的问题。从根本上看，短视频的呈现离不开资本的操纵，正如短视频应用的交互逻辑与底层算法看似给用户创造了“无限”的娱乐体验，但提供的控制选择却是“有限”的[13]。

### （二）媒介抵抗：用户主体性的探寻

媒介抵抗（media resistance），指个体有意识地限制自身媒介使用[14]。关于限制媒介使用的研究，主要涉及如下几个方面。一是基于权利属性的维度，认为媒介的不使用权或断连权是个体应该具有的权利，既是“一项主体实现数字疏离诉求并受之包容、理解、尊重的道德权利，又能作为一项国家法律体系所确立、规定的法律权利而存在”[15]，而这种权利往往被忽视，难以保障。在此时，断连成为用户在信息内爆中的新型需求，一种希冀基于间歇性中辍进行自我调停的“弃用满足”应运而生[16]。二是从文化的视角出发，将媒介抵抗置于抵抗文化的视野中，将其视为一种文化抵抗的观念和实践体系，数字媒体生态的复杂特征为当下文化抵抗行为提供了新的框架，使一种建立在个体选择基础上的逃避主义意识形态拥有了明确而积极的意涵[17]。三是对媒介抵抗的种类进行划分，根据主体抵抗的侧重点，对算法抵抗、特定应用抵抗或质性载体抵抗等进行分析讨论。如短视频用户通过间歇中辍、技术协商、双重摇摆等自发性行动在短视频的“刷”实践中进行调适，以自我技术之道抵抗数字技术的时间霸权[16]；手机使用者通过分解“三重勾连”的策略进行抵抗，试图让手机重回工具角色[18]。四是对媒介抵抗行为过程展开分析，如从人技互动的关系视角将从数字依赖到数字排毒的转向过程归结为“控制—反应—主动抵抗”的过程[19]。纵观媒介抵抗的相关研究，无论研究视角如何，皆是对人与媒介技术走向和谐的思考，消极的互联网新媒介使用是令人意外的和需要解决的问题[20]。媒介抵抗者的意识与行为实践，是在媒介社会中对自主性的呼唤与探寻。

综上所述，大量研究者对短视频这种与大众联系紧密的媒介形式进行了关注，对其可能带来的风险表示了担忧。部分研究对媒介用户的调适使用策略进行了梳理，但在短视频愈加嵌入生活的语境下，对短视频用户抵抗行为的关注仍然稀缺。本文尝试结合媒介抵抗视角，基于文本数据进一步理解短视频用户的媒介抵抗行为，以期更好地理解与分析短视频时代的用户行为。

## 三 研究设计

### （一）研究对象与研究方法

本文意在探究短视频用户的媒介抵抗行为，将研究对象锁定在社交平台小红书。社交平台对各种话题的意见表达为研究提供了宝贵资料，网络评论数据具有真实有效、覆盖范围广、样本多样性强的优点，已广泛应用于学术研究领域[21]。小红书是当下最受欢迎的在线生活化经验分享社区之一，现拥有3亿月活用户，用户在社区中针对某特定话题进行评论交流和内容生产，更容易表达出真实的情感和态度。

即使是同一种行为，不同行为主体的行为动因、情感态度、特征表现等也会呈现出差异性，难以被单一的理论囊括其中。由此，在研究方法的使用上，本文采取质性的手段，即基于经验资料建构理论的扎根理论方法进行探索性研究[22]，通过使用 Python 技术软件进行爬虫，抓取数据，根据研究问题，以“远离短视频、抵抗短视频、远离抖音、远离快手”等为关键词对相关话题下的笔记、评论等文本内容进行采集，共抓取到文本数据8152条，剔除表情符号、重复文本等无关文本数据后剩余3533条，随机选取3133条数据导入 Nvivo 14 软件中进行分析和逐步编码，经过清洗分类和逐级编码后，通过所得范畴来对短视频用户媒介抵抗行为进行梳理。

本文采用扎根的研究方法有几个原因。首先，扎根理论能够探寻“主体感知中的意义与其行为之间的相互关系”[23]。作为能动的用户，其对于短视频的媒介抵抗行为因人而异，具有较强的主观性，研究采用质性的方法更利于贴近媒介抵抗用户的真实心理与想法。其次，本文的研究依托为散落在社交媒体相应话题下的讨论文本，虽相较于量化分析常用的问卷收集数据显得较为零散与不规则，但人们在日常分享中的感受抒发往往最能体现真实情况。根据短视频抵抗用户的切实感受，借助探索性的研究方法对梳理得出的抵抗行为进行透析，以求能够更贴合地映照用户日常的短视频抵抗行为。最后，质性的手段可以与其他分析路径相互补充，以便我们更全面地了解用户的媒介行为。

### （二）研究过程

#### 1. 开放式编码

开放式编码是对原始资料语句所表达的主要含义逐条进行标签化、概念化和范畴化处理的过程[24]。在这一阶段本文严格遵循扎根理论编码原则，为深入剖析主体行为的形成与演化路径，紧贴文本资料本身进行标签提炼和编码，尤其针对用于描述某事件的生动、具有描述性的独特语句。此外，在进行初步概念提炼时，剔除表述简单、模糊不清或与主题不相关的语句，并对存在重复或类似内容的概念进行合并，标识和梳理出能够进行理论研究的概念属性。据此，最终抽取出95个初始概念，由于篇幅限制，部分开放式编码概念化过程示例如表1所示。在初始概念的基础上，进行开放式编码，根据概念之间存在的因果、相似等关系，梳理出感知入侵、自我效能下降、心绪感知、内容质量等24个基本范畴（见表2）。

**表1　部分开放式编码概念化过程示例**

| 初始概念 | 原始语句 |
|---|---|
| 专注力下降 | 短视频毁了我的专注力，现在看剧我都很难专注了，时不时地想玩个游戏刷个视频 |
| 语言表达能力下降 | 刷多了短视频说话都不连贯了。我之前就是这样，总觉得自己脑袋空空，想表达的东西总是词不达意 |
| 内容同质化 | 看来看去来来回回就是那么几个视频，而且都是差不多类型的 |
| 消耗时间和精力 | 短视频信息碎片化太严重了，而且普遍价值含量很低，大部分都是对自己无用的垃圾信息，这些信息接触过多之后会消耗我们大量的时间和精力。我以前也喜欢刷短视频，但是刷着刷着一下子三四个小时的时间就溜走了，关掉手机发现自己脑子一团浆糊，刷了很多视频，但是说不出个所以然 |
| 短视频形式无孔不入 | 现在主流的社交媒体几乎都有这个功能，以前都在比拼哪个平台的内容好，现在恐怕更要注重哪个软件能让用户最先点进去程序里的短视频模块，这样用户就会一直沉浸在这个程序里而无暇顾及其他程序了 |
| 感到焦虑 | 抖音真的越刷越焦虑，即使没有新内容，也一直重复机械性地刷。最后觉得自己好无聊，人生好没有意思 |
| 深陷其中难以戒断 | 我现在根本学不下去习，包括看长的视频我都没耐心，我很讨厌这样，但是老不自觉地又去看短视频，跟上瘾了一样 |
| 卸载软件 | 戒不掉就卸载，我之前也是这样，现在已经快一年没刷短视频了，就算看也是看有关学习之类的 |
| …… | …… |

**表 2　开放式编码结果**

| 基本范畴 | 内含的初始概念 |
| --- | --- |
| 信息控制 | 被动接受内容；短视频形式无孔不入；机械性使用 |
| 抵抗收益 | 戒断后提升专注力 |
| 替代性媒介 | 替代性媒介使用 |
| 抵抗中断 | 卸载后又安装 |
| 感知入侵 | 消耗时间和精力；强势入侵，剥夺生活；时间感知能力下降；削弱生活体验；影响工作；影响观念；摧毁幸福感知 |
| 自我效能下降 | 不利于发展；创造力想象力降低；记忆力下降；失去斗志；拖延，降低效率；思考能力下降；语言表达能力下降；阅读能力下降；专注力下降 |
| 自我把控 | 自我暗示规避；自我控制 |
| 阻断连接 | 切断空间联系；拒绝下载；创设其他环境；设备转移 |
| 活动转移 | 尝试观看长视频；绘画；看书；旅游；冥想；听音乐；写作；运动 |
| 技术手段 | 调节黑白显示；关闭个性化推荐；关闭消息通知；卸载软件；注销账号 |
| 难以抽身 | 工作需要难切断；社交联系难抽身；养火花难抽身；优惠功能难割舍；专业需要难以抽身 |
| 心绪感知 | 感到浮躁；感到焦虑；感到空虚；感到疲惫；情绪起伏；降低幸福感；内容影响心情情绪；使用后产生愧疚心理 |
| 健康感知 | 影响身体健康；影响睡眠；影响精神心理 |
| 内容质量 | 内容吵闹；内容价值低；内容同质化；碎片化信息、流于表面；厌恶 BGM（吵闹） |
| 媒介印象 | 低成本娱乐方式；毒性；即时满足易成瘾；难逃离算法；深陷其中难以戒断；生成信息茧房；软件负面形象；追求瞬时快乐；信息过载 |
| 媒介环境 | 广告营销严重；媒介环境感知；使用体验不佳 |
| 中性使用 | 仅使用特定功能；作为学习工具；筛选优质内容 |
| 落差感 | 与现实生活产生落差；自我落差 |
| 感知威胁 | 财产损失；使用存在风险；隐私风险 |
| 感知收益 | 冲破信息茧房；放松方式；学习方式；学习知识的方式 |
| 时间把控 | 限制使用时间 |
| 算法倦怠 | 厌倦软件算法 |
| 形式偏好 | 形式偏好图文；不适应短视频形式 |
| 消极抵抗 | 消极抵抗态度；消极接受 |

2. 主轴编码

主轴编码延续使用了开放式编码的结果，是对开放式编码结果的再次梳理和提炼，旨在将内含联系的范畴包含进更大的解释范畴中，识别出具有辨识度和代表性的主范畴。在主轴编码的过程中，需要更深层次剖析范畴之间的有机关联，同时结合批注、备忘录等回归原始材料，继续编码和寻找概念。本文通过对各个基本范畴间逻辑关系的进一步思考分析，将开放式编码的基本范畴最终归纳为6个主范畴，分别为媒介因素、用户体验、风险感知、抵抗阻力、抵抗行为和抵抗结果（见表3）。

**表3　主轴编码结果**

| 主范畴 | 基本范畴 | 主范畴 | 基本范畴 |
|---|---|---|---|
| 媒介因素 | 媒介环境 | 抵抗阻力 | 消极抵抗 |
| | 内容质量 | | 难以抽身 |
| 用户体验 | 感知威胁 | 抵抗行为 | 活动转移 |
| | 感知收益 | | 技术手段 |
| | 算法倦怠 | | 中性使用 |
| | 信息控制 | | 时间把控 |
| | 形式偏好 | | 阻断连接 |
| | 媒介印象 | | 自我把控 |
| 风险感知 | 感知入侵 | 抵抗结果 | 抵抗收益 |
| | 心绪感知 | | 替代性媒介 |
| | 落差感 | | 抵抗中断 |
| | 健康感知 | | |
| | 自我效能下降 | | |

3. 选择性编码

选择性编码是在主轴编码的基础上，将主范畴以一定的逻辑联系起来，生成一种完整的意义系统。选择性编码需要确定核心范畴，建立核心范畴与其他主范畴之间的联系，并阐明故事线，从而发展出新的理论框架[25]。核心范畴需将大多数的主范畴囊括在一个相对宽泛的理论框架范围之内，根据收集的文本数据及开放式编码和主轴编码结果，本文以“抵抗行为”作为核心范畴，并梳理出短视频用户媒介抵抗行为的故事线及其解释框架（见图1）。媒介因素、用户体验会作用于用户的风险感知，共同影响短视频用户产生媒介抵抗行为，此过程中可能存在抵抗阻力，抵抗行为会产生不同的抵抗结果。

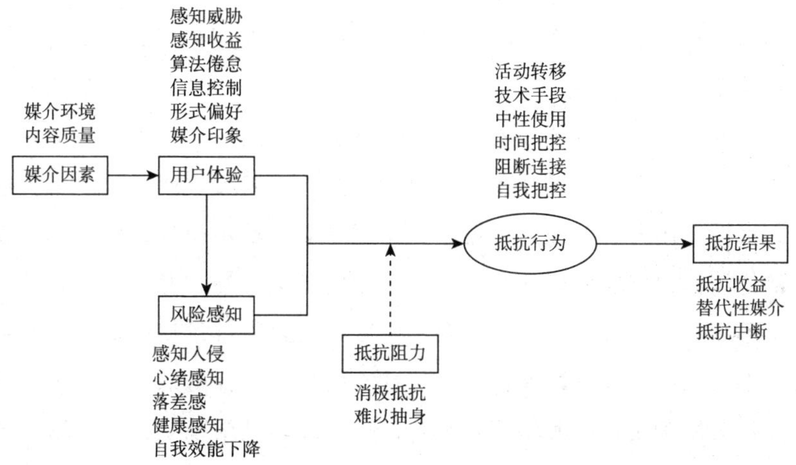


**图1　短视频用户媒介抵抗行为解释框架**

4. 饱和度检验

为保证研究的可靠性和准确性，对余下的400条文本数据进行饱和度分析，在编码过程中没有出现新的概念及范畴，分析结果符合现有的关系结构，因此可认为研究所得概念和范畴较为充足，理论饱和度已达要求。

## 四　模型阐释与研究发现

### （一）何以抵抗：用户体验与风险感知

1. 用户体验

媒介的底层逻辑与特性决定着用户的使用体验，媒介因素作为用户体验的重要前置因素，成为短视频用户行为的出发点。在媒介因素中，媒介环境与内容质量构成用户体验的直接来源。海量的内容池会给用户带来内容过载的感受，而感知信息过载对短视频应用的停止使用意向有直接影响[26]。媒介的娱乐功能被无限放大，同质化、低价值的视频内容充斥其中，让用户防不胜防。如BGM（背景音乐）作为短视频内容的重要组成部分，其千篇一律的洗脑式应用却会导致用户的厌烦，使用户对短视频内容产生抗拒。用户通过对内容使用进行思维加工，能够对短视频的媒介环境生成感知。对短视频中营销风气、交流氛围等的看穿和不满，也会对用户的使用感受产生影响。

媒介的大范围普及流行昭示它能够满足大众的多样化需求，集获取时事、娱乐消遣、学习知识等多种功能于一体的短视频俨然已成为一种超级媒介。根据使用与满足理论，媒介的使用能够带给用户满足感，而短视频用户的使用体验并非全然良好，甚至会激发负面感知。此时，媒介的使用带来了不满足。短视频内容的观看往往需要用户通过滑动屏幕切换和接收内容，隐藏在滑动下方的内容虽然是基于用户兴趣推送的，但永远是未知的。用户对内容选择的能动性被剥夺，只能被动接受系统投喂。这也导致用户只是基于惯性向下滑动，产生机械性使用行为，而并非关注视频内容本身。短视频的无孔不入让用户应接不暇，除了在社交平台上呈现之外，功用性软件如购物、支付、学习软件等也沦陷为短视频的阵地。用户被扑面而来的短视频所控制，难以逃脱。另外，在用户的使用经历中，财产损失、隐私问题等屡见不鲜，算法黑箱难以挣脱，短视频内含隐忧。根据媒介印象理论，媒介印象即用户在媒介的使用中生成的媒介评价，是对媒介能否满足自己的现实需求的评价[27]。短视频作为低成本的娱乐方式，是诱发人们追求瞬时快乐的产品，更有用户认为短视频具有“毒性”“易成瘾”的特点，让人难以戒断。此外，还有用户认为短视频不能满足自己对纯文字、图文等形式的偏好，抵抗使用便自然出现了。

2. 风险感知

在研究模型中，感知入侵、心绪感知、落差感、健康感知和自我效能下降五个方面共同构成了用户的风险感知。短视频强势入侵生活，“偷走”

了用户的时间和精力。瀑布流式的应用交互界面设计将原本手机页面的时钟信息加以隐藏，为人们创造出沉浸式的无时间观看体验[6]。用户在使用短视频中得到的心流体验作为一种精神奖励会诱使他们继续观看短视频，因此用户的使用可能发展为问题性使用[28]。在对短视频的沉溺之中，用户的自我效能暗含被吞噬的风险，文本数据中出现频次最高的是短视频使用对语言表达能力和专注力的负面影响，“我甚至觉得自己现在说话颠三倒四的，要表述一件复杂的事情，组织语言都要半天”，“每次刷视频看见很长的文案也看不下去了”。紧随其后的便是短视频对思考能力、想象力、创作力等的剥夺，“经常看短视频后你会发现你越来越懒得思考，越来越多被所谓的流量带着跑了”。除了造成能力下降，短视频对健康也造成了多方面的影响，除了对视力造成损害之外，用户还表达了其在使用过程中出现的生理性不适症状，如头晕、头疼，以及感知到身体素质的下降等。

短视频呈现逻辑中的“上瘾”策略，威胁了用户的精神主权[29]，用户所感知到的多种心绪波动直观反映了短视频对精神的冲击力量。碎片化的内容摄入看似不费心力，但用户却未感轻松，反而会出现焦虑、浮躁的情绪，认为短视频使用带来了疲惫和空虚，“每次刷短视频我都会觉得很空虚，可是还是忍不住刷，因为不刷还是觉得空虚，静不下心干别的”。基于社交媒体连接的便利性，用户越来越容易受到圈层或跨圈层群体中情绪的感染[30]，用户的情感也会随着短视频的呈现在分秒之间产生波动，“平时正常刷短视频，刷着刷着发现自己看着屏幕笑，短短几分钟情绪起起伏伏的，感觉自己像神经病”。此外，若用户的情绪感知脱离现实而依托于短视频，其对幸福的感知也将被虚拟世界裹挟。经过精心修饰的乌托邦场景或是展现出的美好形象遮蔽了实在世界，用户沉溺其中便会产生现实和自我方面的落差。用户对短视频应用的控制错觉，会使他们产生负面情绪[31]。有用户表示在使用后产生了愧疚感，“有时候我刷多了短视频，就会头晕难受，感觉做错了事情”。

### （二）抵抗行为：策略选择与抵抗阻力

短视频用户的媒介抵抗行为归因众多，也呈现出不同的策略与表征。

通过进行其他活动远离短视频侵扰是重要的策略之一，如用户通过阅读、运动、听音乐等活动形式既能将注意力从短视频中抽离，又能在有意义的活动中提升自我。还有用户表示通过拒绝下载、切断与智能设备的空间联系等方式从根本上阻断与短视频的连接，从而达到抵抗目的。现代技术的永久可用性致使用户难以自拔，用户同样也能够通过技术手段进行抵抗。卸载、注销等操作能够直接切断用户与短视频的连接，关闭个性化推荐体现出用户对内容掌控的尝试。另外，个体的行动由思维控制，树立正确的短视频消费思维，如控制时间、适度观看等，是用户从根本上对短视频负面影响进行的抵抗。断开连接不仅涉及不使用社交媒体，还包括用户根据个人需求使用社交媒体的策略方式[32]。短视频的强势崛起，意味着这种媒介形式定然对个人和社会发展存在价值。由此，转变使用思维和习惯，对其进行工具性的中性使用不失为一种发展性的抵抗策略，如有用户对其中的优质内容、知识性内容进行学习，将短视频作为学习工具；有用户利用短视频软件的内置功能，将其作为获取优惠的购物工具等。

此外，用户的抵抗行为还会受到阻力的反向制约。抵抗态度强弱是抵抗行为能否继续的关键，而现实是虽然一批用户能够意识到短视频的风险威胁，但受到环境、压力等因素的影响，其对自身进行有效抵抗不抱希望，“之前确实还能抵抗一下，疫情之后工作压力变大，打工人的学习能力也开始下降了，也可能只有我自己，我不想再学习了，真的累了”。消极悲观者们更多地认为短视频的洪流来势汹汹，难以挣脱，不如接受显得实际一些，“生活已经这么苦了，愿意看就看点吧”。同时，部分用户抵抗行为的发生还会受到工作需要、社交需要、专业需要等客观因素的制约，“我非常抗拒刷小视频、刷抖音等，可是我的工作离不开抖音、小红书，我必须每天刷刷刷”，“想卸抖音，但是我闺蜜朋友总是@我，又不得不看啊，这变成了我每天‘批阅奏折’的地方”，种种阻力的不可抗性注定了用户抵抗行动的破产和结果归宿。

### （三）抵抗结果：媒介抵抗的多重面向

应对（coping）理论的起点在于个体企图减轻自身压力或伤害的能动

姿态。短视频用户的媒介抵抗行为并非仅存在于某一节点的关键事件，而是其应对危机、迈向理想自我的持续发展过程。在这个过程中，前置因素的不尽一致决定了用户媒介抵抗效果的差异化特征。用户感知到风险并采取适当的修正策略，会对其理想自我的形成有所助推。当积极的媒介抵抗行为进展顺利，便会有利于自我的提升，以往感知到的负面影响也会逐渐得到修复。然而，负面影响的感知和采取抵抗行动前置环节并不能够保证预期结果的实现。技术成瘾与物质成瘾相似，都具有很高的复发率[33]。在媒介资源丰富的环境中，用户面临的诱惑往往比其刻意遮蔽掉的内容更为抓人，媒介的转移仅在咫尺之间。当用户通过卸载等手段切断与某一个或者几个短视频软件的联系后，新的社交软件会再次夺走其原有的注意力。用户的短视频抵抗只是发生了内容载体的使用变化，存在的问题却并没有得到解决，“没有抖音，还有微信视频号，今天刷了 4～5 个小时短视频了”，“我戒了，然后迷上了小红书……”。另外，媒介非使用可能是不自愿的或者不成功的，因此不能简单地从动机和意愿出发来理解[34]。由于用户个人原因，如意志力不坚定，加之短视频易沉迷的内容布局等，用户的抵抗行为会发生摇摆或是中断，如卸载软件后又安装、挣扎后又沉迷等。但令人欣慰的是，虽然短视频用户媒介抵抗的结果可能不尽如人意，但有部分抵抗者阐述了自己获得的抵抗收益，“卸载抖音后浑身都舒服了，眼不酸背不痛了，做事也有耐心了”，“慢慢戒断短视频之后，我对手机也没有那么依赖了，甚至可以做到一天只用 3 个小时的手机，注意力也变得更集中了”。

## 结语

媒介世界在技术文明的前进中愈发呈现出丰富多样的景色，媒介作为人的延伸，增强了个体感知外界的能力，而且这种能力伴随着数字革命得到了更进一步的提升。然而，人与媒介的关系却不总是和谐共进的，在接触、使用过程中，人对待媒介的态度也会随着使用感知而发生转变。福柯倡议人要通过自我改变自我，从而达成“自我治理”的生存美学，他将

“自我技术”视为人的主体性回归的必要手段[35]。媒介作为技术的产物客观存在，用户“自我技术”的发挥便成为调试二者关系的重要力量。就本文聚焦的短视频而言，当用户在使用过程中感知到威胁，原有的媒介使用行为便可能异化。从媒介接触使用到媒介抵抗，折射出人与媒介关系的动态演进。短视频用户的抵抗行为体现了媒介抵抗、不使用或拒绝使用在数字化媒体时代的一种延续。在未来，还可能出现替代短视频的其他媒介形式，如何同媒介保持良性的发展关系是恒久的课题。

本文以短视频用户的媒介抵抗行为为出发点，通过扎根的质性研究方法，对采集到的文本进行逐层编码后，尝试构建出用户对短视频进行媒介抵抗的行为框架并进行阐释，意在为人与技术媒介的关系，尤其是在共存之中的冲突提供思考。本文亦有不足，一方面，从所用文本数据来看，由于用户的媒介抵抗行为会因个人、社会等多种因素的影响而呈现不同的特点，因此有限的原始资料难以反映全貌，后续应继续扩充研究样本的选择范围，同时结合更多样的研究方法与理论加深对短视频抵抗行为的了解。另一方面，本文基于评论文本对用户抵抗行为进行探析，将研究视角更多集中在短视频用户的感知与行为上，缺少从结构性的宏观视角如社会背景、资本逻辑等角度对用户抵抗行为进行更深层次的观照。

## 参考文献

[1] 钱徕．艾媒咨询丨中国短视频行业用户行为调查数据［EB/OL］．https：//www.iimedia.cn/c1077/97043.html.

[2] Xie X. Z., Tsai N. C. The Effects of Negative Information-Related Incidents on Social Media Discontinuance Intention：Evidence from SEM and fsQCA［J］. Telematics and Informatics，2021，56.

[3] Karizat N., Delmonaco D., Eslami M., et al. Algorithmic Folk Theories and Identity：How TikTok Users Co-Produce Knowledge of Identity and Engage in Algorithmic Resistance［C］. Proceedings of the ACM on Human-Computer Interaction，2021，5（CSCW2）：1-44.

[4] CSM 重磅发布《2021年短视频用户价值研究报告》丨第二届中国广电媒体融合大会［EB/OL］．https：//www.csm.com.cn/Content/2021/10-15/1053494058.html.

[5] CSM 发布2023年短视频用户价值调研报告［EB/OL］．https：//lmtw.com/

mzw/content/detail/id/230465.

［6］常江，田浩．迷因理论视域下的短视频文化——基于抖音的个案研究［J］．新闻与写作，2018（12）：32-39.

［7］牛梦迪．我国网络视听用户规模超十亿［N］．光明日报，2024-3-28.

［8］陈世华，余思乔．走出效率至上的审美异化：短视频的加速逻辑与减速调适［J］．南京社会科学，2023（12）：93-103、129.

［9］Su C.，Zhou H.，Gong L.，et al. Viewing Personalized Video Clips Recommended by TikTok Activates Default Mode Network and Ventral Tegmental Area［J］. NeuroImage，2021，237：118-136.

［10］程阳，刘海燕．大学生短视频成瘾对睡眠质量的影响：有调节的中介效应［J］．中国健康心理学杂志，2024，32（2）：251-257.

［11］李霞，秦浩轩，曾美红，等．大学生短视频成瘾症状与人格的关系［J］．中国心理卫生杂志，2021，35（11）：925-928.

［12］张强，王翱航，张珏．大学生短视频社交媒体使用与心理健康相关行为的关系［J］．中国学校卫生，2023，44（4）：586-589.

［13］晏青，陈柯伶．可控与不可控之间：短视频成瘾的媒介可供性［J］．福建师范大学学报（哲学社会科学版），2023（1）：90-101+171-172.

［14］Woodstock L. Media Resistance：Opportunities for Practice the Ory and New Media Research［J］. International Journal of Communication，2014，8：1983-2001.

［15］陈雪薇，张鹏霞．“不在线是一种奢望”：断连的理论阐释与研究进展［J］．新闻与传播评论，2021，74（4）：39-48.

［16］刘丁香，万立良，彭韵．“抖音三分钟．人间两小时”：短视频消费中的时间失真与用户“保卫战”［J］．新闻与写作，2024（2）：86-98.

［17］常江．作为媒介抵抗文化的数字极简主义［J］．南京社会科学，2023（12）：83-92.

［18］马新瑶．“驯化回环”：手机抵抗者的“去驯化”实践［J］．新闻记者，2022（3）：70-85.

［19］胡明鑫．用户如何走向抵抗？——从数字依赖到数字排毒的人技互动关系［J］．新闻记者，2023（6）：86-100.

［20］刘松吟，刘德寰．去联接与非联接：微信朋友圈非使用的技术可供性与用户能动性［J］．新闻与写作，2022（5）：83-93.

［21］汪涛，周玲，周南，等．来源国形象是如何形成的？——基于美、印消费者评价和合理性理论视角的扎根研究［J］．管理世界，2012（3）：113-126.

［22］Glaser B. G.，Strauss A. L. The Discovery of Grounded Theory：Strategies for Qualitative Research［M］. New Brunswick：Aldine Transaction，1967.

［23］Aldiabat K. Clarification of the Blurred Boundaries between Grounded Theory and Ethnography：Differences and Similarities［J］. Turkish Online Journal of Qualitative Inquiry，

2011, 2 (3): 1-13.

［24］靳代平，王新新，姚鹏．品牌粉丝因何而狂热？——基于内部人视角的扎根研究［J］．管理世界，2016（9）：102-119.

［25］贾明霞，赵宇翔，朱庆华，等．双系统理论视角下用户数字囤积行为的形成机理与演化路径研究［J］．情报学报，2024，43（3）：339-356.

［26］Chung D., Chen Y., Meng Y. Perceived Information Overload and Intention to Discontinue Use of Short-Form Video: The Mediating Roles of Cognitive and Psychological Factors [J]. Behavioral Sciences, 2023, 13 (1): 50.

［27］Katz E., Haas H., Gurevitch M. On the Use of the Mass Media for Important Things [J]. American Sociological Review, 1973, 38 (2): 164-181.

［28］Huang Q., Hu M., Chen H. Exploring Stress and Problematic Use of Short-Form Video Applications among Middle-Aged Chinese Adults: The Mediating Roles of Duration of Use and Flow Experience [J]. International Journal of Environmental Research and Public Health, 2021, 19 (1): 132.

［29］王秀芝，杨晓燕．短视频是否是消费者实现精神富有的工具？［J］．新媒体公共传播，2023（2）：103-111+162.

［30］高方方，周海宁．媒介使用与价值观：一个媒介治理的视角［J］．新媒体公共传播，2023（2）：28-39+159.

［31］Cheng X., Su X., Yang B., et al. Understanding Users' Negative Emotions and Continuous Usage Intention in Short Video Platforms [J]. Electronic Commerce Research andApplications, 2023, 58 (C).

［32］Light B. Disconnecting with Social Networking Sites [M]. New York: Palgrave Macmillan, 2014: 151.

［33］Vaillant G. E. What Can Long-Term Follow-up Teach us about Relapse and Prevention of Relapse in Addiction? [J]. British Journal of Addiction, 1988, 83 (10): 1147-1157.

［34］Baumer E. P. S., Adams P., Khovanskaya V. D., et al. Limiting, Leaving, and (Re) Lapsing: An Exploration of Facebook Nonuse Practices and Experiences [C]. Proceedings of the SIGCHI Conference on Human Factors in Computing Systems, 2013: 3257-3266.

［35］米歇尔·福柯．主体性与真相［M］．张亘，译．上海：上海人民出版社，2018：3-32.

# 城市交通技术的媒介化过程及其治理

## ——基于共享单车深度文本的考察*

黄 骏**

**摘 要**：媒介化处理的是媒介与社会各个层面的“共变”关系，主张整体而历时地探究媒介之于社会文化多面向开展的根本影响。本文将共享单车看作一种技术媒介，探索共享单车媒介化的社会变革过程，通过对136篇深度报道和行业报告的文本分析，从历时性角度阐释了2016~2020年共享单车技术媒介化的四种过程：延伸了人的身体器官，包括腿脚、眼睛；替代了传统的短途交通工具；融合了移动传播技术和互联网资本；适应了网络逻辑。本文还从温纳的技术自主性出发，将失控治理作为第五种过程，考察官方机构借助可理解性、可塑性和低依赖性的指导思想，实现对共享单车的技术治理。

**关键词**：共享单车 城市交通 媒介化 技术自主性 失控治理

## 一 研究缘起

媒介化（mediatization）处理的是媒介与社会各个层面的“共变”关系，主张整体而历时地探究媒介之于社会文化多面向开展的根本影响。根据夏瓦（Stig Hjarvard）的定义，媒介化指以二元性为特征的社会过程，即媒介融入其他社会制度与文化领域的运作中，同时其自身也相应成为社会制度。[1]克罗茨（Friedrich Krotz）将媒介化看成历史性、不间断以及长时

* 基金项目：本文系中南民族大学引进人才项目“技术史视角下城市交通的媒介实践研究”（项目编号：YSZ22001）的阶段性成果。

** 作者简介：黄骏，中南民族大学文学与新闻传播学院副教授。

段发展的“元过程”（meta-process）。[2]欧洲“媒介化学派”虽然把握了传播与社会之间关系的新变革，但还是导向了一种技术乌托邦想象，成为以媒介为中心的社会本体论的考察。[3]

过往的媒介化研究强调了媒介对于日常生活的形塑作用，但忽略了国家和地方政府对于媒介技术的反制或治理维度，因为媒介技术在变革发展过程中也有可能发生失控的状况。随着数字化技术的不断深入，我们熟知的传播元素和过程被重新分配，媒介及媒介化概念的边界也在发生变化。正如延森（Klaus Bruhn Jensen）所提出的“作为嵌入式传播”的媒介化。其中，媒体和传播实践正在更进一步嵌入新的社会情境（contexts of action）中去，如“物联网”正通过将媒介分布并整合到多个对象和场景中，让单调乏味的日常生活变得更加容易。[4]值得注意的是，共享单车便是一例。

相比于旧式的“有桩”共享单车，2015 年末开始在中国兴起的共享单车属于“无桩”共享单车（dockless bike-sharing），其操作更为简单和方便，用户通过应用程序可以获知在哪里能找到自行车，然后他们可以通过扫描自行车上的二维码来解锁自行车。与基于有桩的传统公共自行车租赁系统不同，用户可以将自行车停在旅程结束的地方。共享单车代表了一种深度媒介化的趋势，正如赫普（Andreas Hepp）在描述深度媒介化时说的那样，如今的媒介环境已经转向为“多元媒介”（polymedia）特征以及媒介组合（media-manifold）属性。[5]依据上述观点，共享单车借助深度学习和深度的数据挖掘，形成了自行车本体、用户手机以及背后的共享单车平台彼此相互关联的媒介组合。

基于此，本文将共享单车看作一种技术媒介，探索共享单车媒介化的社会变革过程。文章将透过经验材料，围绕媒介化和失控治理的概念维度展开，以 136 篇深度报道和行业报告作为文本资料，从历时角度考察共享单车是如何影响当代中国的社会变革，以及国家与地方政府是如何治理共享单车，避免技术失控的。

## 二　理论背景

### （一）媒介化与日常生活

进入新千年以来，欧洲传播学者逐渐将研究视角从媒介理论（medium theory）转移到媒介化研究。媒介化取向不仅意味着媒介的决定性作用，还意味着媒介作为独立机构的地位，其提供了其他社会机构与参与者相互交流的渠道。[6]媒介化理论的产生源于广义的传播学研究，缺乏对宽泛的媒介影响以及社会空间内日常生活的传播行为的关注。直到2000年以后，媒介研究还是以文本分析、生产的政治经济学以及受众接收三种路径来考察媒体和传播研究。不过，这些路径都无法回答媒介为何重要的问题。

媒介研究学者逐渐将媒介化概念的重心更多转移到社会与文化的进程。在此背景下，“媒介化”逐渐成为欧洲传播学的关键词。“媒介化”大致经历了“标签”（label）、“敏感性概念”（sensitizing concept）、“范式”（paradigm）三个阶段的发展历程。[7]克罗茨将媒介化看成“元过程”。在瞬息万变的全球环境中，需要一个概念框架去解释媒体和传播发展的影响，类似于这种“元过程”还包括全球化、个性化以及日益重要的市场经济推动力。[2]

显然，这些“元过程”对于未来的生活形式和生活机会至关重要，同样它们对于作为个体的人也十分重要，其中包括：微观层面上的人、其行为和他们的感官过程；中观层面上的机构和组织的活动；以及宏观层面上的文化和社会的本质。媒介化与传播媒介及其自身发展的变化相关。舒尔茨（Winfried Schulz）则将媒介在社会变迁进程中所扮演的角色定义为：延伸（extension）、替代（substitution）、融合（amalgamation）和适应（accommodation）。[8]

媒介化理论最先应用到政治传播以及其他政治现象中。瑞典媒介研究学者阿斯普（Kent Asp）第一个提出政治生活的媒介化，即“在很大程度上，政治制度受到大众媒体对政治报道的影响”[9]。现如今，媒介化理论已经被运用到各种研究对象上，其中包括政治、战争、宗教、医学、科学、音乐、认同建构、健康、童年、戏剧、旅游、记忆、气候变化、政策制定、表演、消费、精神失常、死亡、亲密关系、人文地理以及教育等。[10]

### （二）传播与交通

在传播学理论产生的初期，传播与交通是一对相互交织的概念。传播是实现信息、思想和观念位移的交通形式，也可以说，当时传播是交通的一个子集。我国一般将传播学研究的开端确定为1978年。不过，有学者认为，这种说法忽略了20世纪初期国内社会学和新闻学对于传播的关注与研究。当时，国内将西方的“communication”一词翻译成“交通”，而传播只是“扩散”的含义。[11]之后，传播研究的偏向不仅遮蔽了交通之于交流的影响，也忽视了传播的诸多过程性因素，如地理、身体和基础设施等。[12]

许多传播学者在讨论传播发展历程中都提到过“交通”。凯瑞（James Carey）在其研究中借由杰斐逊的道路运输的例子，阐明了美国建国初期交通运输设施如何使权力集中于国家。[13]在电报产生以前，人类远距离的信息传输是借助交通工具运送信件、报纸和书籍来实现的。因此，当时的思想交通与物理交通是相互重合的。彼得斯（John Peters）在讨论“交流”一词时，认为其过去表达的是所有种类的物质传输或迁移，如今其表达的是跨时空的准物质连接。由于有了电，尽管有距离或表现形式的障碍，交流还是能够发生。[14]

除了分析电报产生前后传播与交通从一体到分化的过程以外，传播学者们还将传统的交通看作广义媒介的组成部分。舒德森（Michael Schudson）在谈到传播研究的历史取向时提到，“我们也可以将传播研究同地理学的研究对象结合起来。我们可以将铁路视为如电报一样的传播媒介；汽车类似于广播，飞机则像电视”[15]。彼得斯则从媒介研究的视角阐释道：“交流的机制当然包括身体姿态、言语、书写、印刷、邮件、电话、电报、照片、艺术手法及科学技术——包括思想感情能够从一人向另一人传递的一切方式。"[14]麦克卢汉在《理解媒介：论人的延伸》中将道路、轮子、自行车、飞机和汽车都划归为"媒介"的范畴，他认为在电报问世以前，"交通运输"（communication）一词广泛与桥梁、道路、海路、江河和运河等结合起来使用。媒介所关注的是一切形式的货物运输和信息传输，"一切技术都是神经与肉体系统速度的增加与力量的延伸"[16]。

如今，移动互联网传播占据主导地位，非物质信息逐渐代替物质信息，人与人之间的交流越来越倾向虚拟信息的传播方式，从而忽略了有形的物质实体在传播中的作用。"我们身处其间的社会与文化一如既往为林林总总的有形物质所形构，却不同过往地为种种并无实体却一样具备物质性质的事物所重构。"[17]基于传播物质性的维度，可以将交通看成一种作为运输设施与中介物的媒介，探究交通如何建构人的时空意识，形塑其日常生活的实践。比如，有研究关注现代交通工具与人们日常生活间的关系。例如，一系列关于高铁、地铁以及桥梁等交通运输设施的研究，通过分析"交通"与"传播"的共性与个性，探求这一类基础性媒介如何改变城市的意义以及城市的公共生活方式。[18]

综上所述，一方面，以往的媒介化研究多是在技术乐观主义的前提下，考察媒介在社会文化过程中所起到的历时性、整体性的作用，却忽略了在这一进程中可能出现的失真或失控的状况。另一方面，当下有关传播与交通的研究主要聚焦的是虚拟传播技术如何影响原有的交通运输，并没有过多关注共享单车、网约车以及无人驾驶等以物联网为主的新交通技术。

## 三　研究视角和资料来源

本文将共享单车视为一种新时代的技术媒介，围绕"媒介化"及"自主性技术"思考其在2016~2020年的社会衍化历程，同时兼顾共享单车在衍化中所呈现的进步与失控的矛盾关系。本文在媒介的四种变革过程（延伸、替代、融合、适应）基础之上，将失控治理作为第五种过程。失控技术这一概念对应温纳（Langdon Winner）提出的自主性技术观念，它指的是技术业已失去人类控制之意的观念和评论。[19]

为了全面理清共享单车社会衍化中地方政府、科技公司以及市民这三者之间的复杂勾连关系，本文对2016~2020年有关共享单车的深度文本进行分析。具体而言，以“共享单车”作为题目类目的搜索关键词，分别在中国商业报告库和巨灵财经资讯系统数据库搜索到文章232篇和521篇，搜索时间区间为2016年12月1日至2020年12月1日，通过初步阅读剔除掉1500字以下的消息、重复文章以及无关文章后，获得最终136篇深度报道和行业报告。

本文之所以将这五年的深度文本作为经验材料，主要是基于三方面的原因：第一，2016年至2020年这五年间涵盖了共享单车的整个衍化过程：从兴起到爆发增长再到乱象频出，以及后来的行业退潮，回归理性；第二，文本选取1500字以上有关共享单车的深度报道和行业报告，是因为这些文本涉及技术媒介化背后更深层次的多方博弈，这是简讯或短消息文本无法覆盖到的内容；第三，相比于只对共享单车用户或科技公司的访谈，基于深度报道和行业报告的文本分析能够全方位呈现共享单车背后不同机构或群体的立场、态度和观点，这可以弥补针对单一对象质化分析的不足。

## 四　共享单车的媒介化过程

### （一）延伸：腿脚、眼睛

在传统的媒介内容传播体系中，媒介技术扩展了人类交流能力的自然极限。人际传播在空间、时间和表达方式方面受到限制；媒介（媒体）起到桥接空间和时间距离的作用。媒介在扩展人类自然交流能力的同时，从人类学意义上表达了文化技术，或者用麦克卢汉的话来说，媒介是“人的延伸”。[8]相比于旧有的自行车，共享单车在使用方式上更加便捷，延伸了人的腿脚、眼睛等。

有外国学者曾回溯传统的共享单车研究，并将共享单车模式的优势概括为：灵活移动性、排放减少、个人花费减少、堵车减少、利于健康，以及支持多模态的公共交通连接，解决连接公共交通的“最后一公里”。[20]共享单车是物联网语境下交通设施和媒介技术深度融合的产物，它既具有传统自行车的特征，同时还有位置媒介的特色。它的出现不仅仅改变了人们的出行选择，还颠覆了个体认知与体验地方的方式，以智能手机为载体的移动终端成为连接人的眼睛、身体与外部世界的重要中介。[21]

在共享单车出现之前，城市居民往往只能通过走路的方式来解决从家到地铁站或公交站的路程问题。这一“最初/后一公里”难题不只影响了城市边缘市民与工作者享有城市快速公共交通所带来的具有高可达性的权利，也同时增加了公共交通客流的运输难度。

“‘最后一公里’是上班族们一直头疼的问题，从公交站或地铁站到工作单位，总剩下一至两公里路程。对于多数上班族而言，‘最后一公里’往往就是‘咬咬牙走路吧’，只能一边走一边吃早餐，走着的时候早餐也凉了，这并不是健康的选择。”[22]共享单车的出现，解决了该部分人的问题。

除了具有自行车延伸腿脚的功能外，共享单车技术还延伸了人们的眼睛，装载着 GPS 的共享单车不仅能方便用户寻车，还能帮助他们在骑行中寻路。“2016 年 4 月上线的摩拜单车采取物联网的方式为车身加装 GPS 芯片，这个芯片能够跟踪位置，并计算使用时间与行驶路程。用户借助手机扫描车身上的二维码后，人就可以与自行车‘绑定’了，用车结束后手动上锁，系统就能自动结账。这种技术上的‘无桩’，一举打破了传统的空间限制，使痛点不再疼痛。”[23]在使用共享单车时，使用者通过手机界面可以看到城市地图、骑行线路和用户位置等信息，并会根据用户实际位置的变化而移动。共享单车已不仅是作为一种交通工具在影响日常出行，而且可以被看作一种影响人们感知体验方式的视觉机器，其所带来的身体运动与视觉方式，是过去的交通工具所不具备的。[21]

共享单车的最大优势之一就是可以随时随地还车，想停就停，直接关锁。与有桩共享单车相比，新一代的共享单车添加了 GPS 智能锁，“摆脱了有桩的限制，能够实现数据联网、可以传输、可以事后分析”。[24]如果是自家的自行车，使用者必须为其配上一把锁和钥匙，在骑行结束后要自行上锁以防被偷窃。若是租赁自行车或使用有桩共享单车，使用者必须在规定的时间内归还到借车原点或寻找下一个有桩停车点。此外，智能手机的发展所带来的移动支付也使共享单车的自动扣费得以实现，这些技术所带来的“延伸”节省了用户的出行时间。

## （二）替代：出行方式的更迭

媒介对社会变革的影响的第二个方面是替代的过程，它指的是媒介部分或完全替代了社会活动和社会制度，从而改变了它们的特征。例如，视频和计算机游戏代替了人类的玩伴或实体玩具；互联网的金融服务模式代替了传统与银行柜员的互动模式。在媒介化过程中，不仅非媒介活动采用了媒介形式，而且新媒体也替代了传统的传播形式。例如，电视转播的奥运会或教皇的加冕和拜访等“媒介事件”承接并代替了国家或宗教节日的仪式和纪念功能；电话、电子邮件和短信替代了对话和写信；电视观看取代了家庭互动。这些示例同时说明替代和延伸可以并存。“媒介事件”通常会增强仪式的象征意义；打电话和发电子邮件可以加速私人交流；电视提供了话题，并因此刺激了家庭谈话。[8]

正如上文所说，共享单车延伸了腿脚的功能，通过随走随停的操作方式解决了“最后一公里”的难题。《2017年共享单车与城市发展白皮书》指出，共享单车改变了市民的交通出行，其中自行车出行比例相比于共享单车出现前翻了一番，达到11.6%；共享单车投放后，市民使用小汽车（私家车、网约车和出租车）的出行次数减少了55%，黑摩的出行次数减少了53%。在北京和上海，当出行距离少于5公里时，90%以上情况下，早晚高峰共享单车+公共交通的出行效率要高于小汽车出行。中国共享出行的应用领域逐渐多元化，而共享单车成为3公里以内短距离共享出行的首选。[25]

共享单车替代了市民在短距离出行中常用的一些交通工具，其中也包含公共交通。“特殊时期培育了新的用户市场，加速了新用户使用习惯的养成，疫情推动了低频用户向活跃用户转移，活跃用户转化为高频用户。复工过程中，相较于公交和地铁，单车的客流恢复速度更快，需求不断增加，市场在不断地复苏与增长。”[26]

共享单车对出行工具最直接的冲击是替代了传统的家用自行车，因为传统的自行车必须考虑停车和锁车的问题。与普通的自行车相比，共享单车有了较大的创新。“部分共享单车采用了 GPS 智能锁，用户可以通过手机预约用车，查询骑行轨迹和消耗的卡路里等信息。为了降低损耗和维修成本，有些单车使用了封闭式轴传动取代了传统的链条传动，杜绝了灰尘、降低了噪音、避免了掉链子和意外卷进衣服的尴尬。同样出于降低维修成本的目的，有些企业采取实心内胎加专业凯夫拉防爆层的设计，在免维护的基础上有效降低了骑行过程中的颠簸感。经过这些创新之后，原本已经几十甚至上百年没有太大变化的自行车，实现了科技创新的升级改造。”[27]

在共享单车作为新型自行车出现前，最具代表性的公共自行车是政府布局和企业承包的有桩公共自行车。有桩公共自行车依赖财政资金支持，受限于停车桩的空间布局，未能实现大规模的普及。而共享单车模式依靠互联网技术优势，不仅摆脱了传统停车桩的局限，同时也解决了支付和计费难题。[28]移动网络技术、移动支付方式与运营模式创新，大幅提升了用户使用的便捷性。

共享单车不只是替代了传统自行车和有桩公共自行车，它对于自行车行业的影响也是颠覆性的。无论是大中小型自行车厂家还是零配件供应商，都感受到“被互联网+”。大家都在重新审视老牌自行车厂家“被互联网+”后的新命运和新运道，以及互联网技术如何倒逼传统制造业转型与升级。最显著的结果是，“来自共享单车的订单雪片般飞来。不只是飞鸽，还有富士达、爱玛等大牌厂商，每一家的流水线上都流淌着不少颜色鲜艳的共享单车，生产线已经很久没有这样火热了”[29]。共享单车虽为大型自行车厂的转型带来了机遇，但对于中小企业来说则是毁灭性的打击。原本生产中低端通勤自行车的小厂家受到极大的影响，被迫将市场渠道向更下一级的三、四线市场下沉，或将产品线转型做童车类产品，越来越多的中低端自行车将面临被市场淘汰的命运。

### （三）融合：技术与资本

媒介活动不仅延伸和替代了非媒介活动，而且它们还将彼此融合在一起，媒介活动与非媒介活动之间的界限消散。媒介的使用已经融入了日常生活，渗透到经济、文化政治和公共生活等各个专业领域，媒介活动与非媒介活动日益呈现合并的状态。例如，我们可以在开车时听广播，在地铁里看报纸，边吃晚餐边看电视……随着媒介的使用成为私人和社会生活不可分割的组成部分，媒介对现实的定义与现实的社会定义融合在一起。[8]

就共享单车而言，它将传统自行车与移动传播技术深度融合在一起。共享单车使用模式中的“找、租、骑、还”与用户的手机高度绑定。其中，“找车”的过程是共享单车最为与众不同之处。由于车辆网络分布变动，使用者未必每次都可以在相同位置找寻到车辆，用户所在位置附近可能有很多待租车辆，也可能没有待租车辆。这种车辆网络的动态特性有一部分可归功于使用者的集体实践——前一位使用者的终点，乃下一位使用者的起点，由此持续循环。

共享单车将物联网技术与骑车这种非媒介活动联系在一起，借助单车内置的智能锁等传感器，形成手机—云端—单车的数据流闭环，实现对用户周围环境的全方位感知，并通过对位置信息和骑行路线的数据采集和分析，将手机、人与单车联结起来。此外，共享单车与移动支付的巧妙结合也大大节约了传统自行车租赁所消耗的人力成本。

从最早ofo和摩拜的齐头并进，到2018年有超过70家共享单车企业入行，再到如今美团、青桔和哈啰三足鼎立。整个共享单车行业经过了多轮融合与兼并，曾经有名气的ofo、小蓝、摩拜等则在竞争失败后退出历史舞台。

在2016年，共享单车还是耀眼的明星级项目，投资者络绎不绝；2017年，共享单车仍为“新四大发明”之一，单车公司发出宣言要进军欧美、走向世界。但短短两年时间，这个迅速崛起的行业便已经迅速陨落。2017年至2018年初，悟空单车、酷骑单车、小蓝单车等倒闭，共享泡沫破灭，共享单车企业陷入倒闭潮。不到一年时间里，超过50家雷同模式的公司相继死亡，曾是行业第一的摩拜单车在一场美团主导的收购中被短暂拯救，作为美团的负资产而存在；位居第二的 ofo 则没那么好运，因对市场规模、外部环境和自身能力的错判，其企业生命进入倒计时。《财经》曾这样形容共享单车变革的结果：整个共享单车行业几乎全军覆没——大潮退去，所有人都在裸泳。[30]

共享单车的行业困境，造成了一种资本领域的洗牌，拥抱互联网巨头成为共享单车平台逆势生长的契机。“以摩拜单车、哈啰单车为代表的共享单车平台在陆续获得互联网巨头的垂青之后，开始把自身看作是互联网巨头生态闭环的一个部分，并主动承担起了他们在流量获取和功能开发上的诸多作用。”[31] 2020 年 4 月，滴滴旗下独立品牌青桔单车获得超过 10 亿美元融资；哈啰出行则在 2019 年底完成新一轮融资，蚂蚁金服等老股东都有参与；美团自 2017 年耗资 27 亿美元收购摩拜单车后，用新的小黄车替换了旧单车，并将单车使用入口转换至美团 App。可以看出，经过行业内的混战以及互联网巨头的下场融资，共享单车行业从摩拜、ofo 双寡头时代进入哈啰单车、美团单车、青桔单车“三国杀”时代，行业不再单纯依靠烧钱补贴，而是逐渐回归理性，追求盈利。

### （四）适应：网络逻辑的正当化

传播媒介的存在本身就可以引发社会变革。在大众传播时代，媒体行业对国民经济的贡献很大，媒体为大批的人提供了工作和收入。不言而喻，各种经济参与者必须适应媒体的运作方式，这同样也适用于政治、体育、娱乐和其他社会领域的参与者或组织。以西方政治新闻报道为例，一方面，政治活动家要适应媒体系统的规则，试图增加宣传，同时也得接受失去自治权；另一方面，媒体也从这种交易中获益，因为它们使政治更具有新闻价值并方便格式化。[8]

如今的大众传播早已失去当时的影响力和关注度，移动互联网的兴起使纯粹接收信息的受众变成了生产型消费者的用户。以往的“媒体逻辑”逐渐转为人们依照网络化逻辑的操作信息方式来进行互动。网络化逻辑中最关键的是“联结”思想。从传播的视角看，以往媒介化的媒体逻辑背后是试图获得较好的传播效果，重点在于传播内容的传递与表达，因而本质上是一种以时间为主导、以效果为目标的单向逻辑。相对而言，网络化逻辑的目标不再只是赢得受众，而是帮助用户实现空间关系的联结，以及用户基于主动的需求成为节点而被网络囊括其中，因此，网络化逻辑可以算是基于日常生活的以空间面向为主导的多元实践逻辑。[32]

就共享单车而言，为了避免匿名网络所带来的无序，用户在使用共享单车前必须实名制注册。例如多地在推出共享单车管理意见时都将注册作为前提，用户在使用单车时，需进行实名制注册，并签订服务协议。企业对单车的价格要明码标价，在用户进行网上第三方支付时，要为其提供安全保密的支付服务。此外，单车企业不得将用户的个人信息非法泄露给第三方，保护好用户个人隐私。[33]实名制注册不仅对于企业而言能够方便管理、追根溯源，对于用户本身其实也是一种约束方式，通过信用体系来减少用户故意破坏和违规违停情况的发生。

与传统租赁行为类似，消费者的租用是要建立在支付押金或信用担保的前提下，而搭载物联网的共享单车则将押金和租费的支付以及个人信用担保等步骤转移到了线上，这也造成了早期共享单车押金收费的乱象。与滴滴等网约车盈利模式不同，共享单车更像电信运营商先建基础网络、再收入网费的模式，是重资本行业，押金的缴纳和使用尤其重要。根据《民法典》的规定，押金属于常见的“动产质权”，租赁服务收取押金的目的，在于对双方租赁合同起到一定的担保作用，“但在共享单车的模式中，用户押金的份数必然超过车辆的份数，当用户结束服务又不申请押金退还时，就会产生用户押金的资金风险，因为缺少足量的反担保物”[34]。

此外，共享单车平台也得适应网络化逻辑所带来的变化。用户在使用共享单车时可以随停随走，因此不同时间段共享单车在城市中的分配容易出现“潮汐现象”，上班时人们在CBD区域聚集，下班后又向城市居民区迁徙，由此会出现需要用车的地方没有车，而用车需求少的地方车辆过多的状况。因此，多数共享单车平台需花费大量人力来开展调度以优化车辆的区域分配。此外，用户用车后时常出现无序停放和占用公共道路等问题，这也给平台的运维造成困扰。

除了停放问题以外，车辆的损耗或者故意破坏行为也因为租用的网络化而无法被直接监督。过去的租车行为结束时，车行可以通过检查自行车的损耗程度来决定是否退还押金，但这在共享单车时代无法实现。共享单车不是私人财产，骑车的人可能并不会好好照看不属于自己的东西。在共享单车出现早期，它被停在城市的各个角落：花丛中、树上，甚至被扔到黄浦江里。另外，以前贴电线杆和墙面的牛皮癣广告也缠上了共享单车，“特别是随着单车的更新换代，为 GPS 锁充电的太阳能板装在车篮里，牛皮癣广告仿佛找到量身定制的场所，单车企业因此苦不堪言”[35]。

## 五 第五种过程：共享单车的失控治理

与以往的交通技术不同，地方政府部门依靠城市规划或空间治理无法解决共享单车所带来的所有问题。正如上文所言，其交通技术经历了延伸、替代、融合和适应这四大过程，形成了相互关联的媒介组合。埃吕尔（Jacques Ellul）和温纳都持有技术自主的观念——人丧失了对技术的控制，这与媒介（技术）乐观主义相悖。温纳认为，那些延伸了人类对世界的控制力的技术（如武器系统、高速公路、摩天大楼、能源供应以及通信网络），其自身却难以被控制。[19]共享单车在五年的衍化过程中也经历了从媒介技术的乌托邦到行业资本、押金、停放等问题上的无序与失控。

温纳的“自主性技术”观念泛指所有那些含有技术业已失去人类控制之意的观念和评论。按照埃吕尔的说法，“技术已成为自主的；它已经塑造了一个技术无孔不入的世界，这个世界遵从技术自身的规律，并已抛弃了所有的传统”[36]。随着技术创新速度的加快，预测某个特定创新的影响范围变得愈加困难。与社会技术系统日益增长的复杂性合在一起，这些变化使得人们越来越难以开展当代社会生活中某些最为基本的活动：规划、设计，以及功能上的协调合作。[19]

技术创新已经变得如此迅猛以至于它对现代社会所有残存的永恒性、持续性和安全性构成了威胁。技术必须被驯服，只有这样才能把加速推进的势头置于控制之下。[37]因此，国家与地方政府在共享单车行业变革过程中通过监管之手（regulatory hand）来避免行业的失控。因为在国家意识中，运用官方组织进行特定事项的监管被认为是颇有成效的治理手段。基于此，本文接下来将从温纳的三项指导原则来阐述官方机构对于交通技术的监管。

### （一）可理解性：理解共享单车的技术逻辑

作为基本原理，技术应被赋予一种规模和结构，使非专业人员能够直接理解。[19]前文已经提到，共享单车在传统自行车基础上实现了颠覆式创新，这也给技术的使用者——普通市民增加了理解的难度和时间。例如，轰动一时的退押金问题给共享单车行业带来信任危机，押金如何使用以及是否能按时退还等引起公众的广泛质疑。为了回应质疑，地方政府督促共享单车企业建立押金的管理制度和细则，逐步推出免押金模式。免押金模式会倒逼共享单车企业运用人工智能、物联网等技术提高运营有效性，加快中国信用体系建设进度，而共享出行信用体系的完善，会助推共享经济的规模化与高效化发展。

共享单车的共有资产属性，造就了“即停即走”的便利使用模式，但同时也带来了城市空间治理的难题。共享单车的乱停乱放不仅影响了市容市貌，还给城市机动车的正常运行带来了困扰。技术专家通过划定“智能推荐停车点”以及“红包车”等互动运维手段，从科技层面部分解决了停放失序的问题。[38]但要想真正实现有序停放，还有待于市民的广泛参与。对转型中的中国而言，复杂的社会问题和回应社会需求形成的趋势对现行国家治理逻辑产生了重要影响，如何让被视为“门外汉”的公众也进入治理体系，合理发挥其作为社会治理一环的作用同样是重要议题。[39]因此，地方管理部门应该做出积极引导，提高居民自身的诚信意识和守法意识，居民不但要文明用车，还要对身边失信行为加以劝阻，从而维护良好的社会秩序。

### （二）可塑性：技术与政策的约束

在温纳看来，技术应被构建得具有高度的可塑性和可变性。[19]从古至今，政府都肩负着大规模管理的艰巨任务，既有应用新技术的迫切需要，也有开发和应用新技术的人力和财力。从造纸术、火药、蒸汽机到复印机、计算机和互联网，再到物联网、大数据和云计算等，政府始终站在技术革命的前沿。[40]针对共享单车的乱象，国家与地方政府通过立法和出台政策等措施来重塑技术。正如温纳所指出的，“需要有一系列不断增多的法律、规则和管理人员，以使技术实践的效益最大化，同时限制其令人讨厌的弊病”。[19]

共享单车的可塑性，主要体现在地方政府的政策制度上。除了鼓励共享单车企业运用“电子围栏”“云管端”“微调度”等技术手段以外，相关部门还运用兼具强制性和合法性的政策工具，对技术治理的失控进行有意识和明确的引导和规制。例如。北京市交通委员会曾发布《北京市鼓励规范发展共享自行车的指导意见（试行）》，并编制了北京市交通标准化技术文件《自行车停放区设置技术导则》和《共享自行车系统技术与服务规范》（后文简称《规范》）。《规范》对车辆与车载智能终端、承租人客户端、企业运营平台、经营服务要求、政府监管与服务平台、信息系统安全要求及数据接口协议进行了规定，并对电子围栏、企业运营平台、政府监管与服务平台进行了技术定义和要求。[41]

### （三）低依赖性：对共享单车的“脱瘾”

温纳的第三种指导原则是低依赖性，即应按照技术倾向与促成的依赖程度来对之做出评价，那些造成了更大依赖性的技术被认为是较差的。[19] 2016~2018 年，共享单车的数量在各大城市经历了爆发式的增长。与此同时，街头共享单车的故障越来越多，一方面这些故障关系着骑行者的体验和安全；另一方面这些故障车占据了人行道或车行道，有关部门无奈地将其连同违规停放的无故障车辆集中在一起，又形成了“单车坟场”。因此，不少城市相继出台暂停投放共享单车的措施。共享自行车的发展规模要与市民短途出行需求、城市空间承载能力和道路资源与停放设施承载能力相匹配。共享自行车不能无序投放，要科学把握总量和投放节奏，防止盲目扩张。[42]

这种降低依赖性的失控治理原则，符合温纳提出的“认识论的卢德主义”，即在思想上时刻保持反技术的紧张，但行动上却不要像卢德主义者一样去砸机器、砸实验室，而是采取某些更温和的办法，比如对技术“脱瘾”，如坚决不用手机。除了强制性控制以外，政府也开始注重公共设施和公共空间的完善，将短途出行（以步行为主）和中长途出行（依靠公共交通、轨道交通等）作为根本出发点，而不是让共享单车成为主要的接驳工具。

## 结语

本文将共享单车看作一种交通技术媒介，借助媒介化学者舒尔茨的“四种社会过程”，研究了共享单车2016~2020年的媒介化趋势。具体而言，与旧有的自行车相比，共享单车在使用方式上更加便利，延伸了人的腿脚、眼睛，其“随时停走”的操作方式解决了“最后一公里”的难题，替代了市民短距离出行中的常用交通工具。此外，共享单车的发展造成了一种资本领域的洗牌，拥抱互联网巨头成为逆势生长的共识。共享单车也适应了网络逻辑，一方面用户要在支付押金或信用担保的前提下才能租车，另一方面平台也需要承担解决共享单车使用所带来的停车换车以及车辆损害问题的责任。

作为一种“人工物”，共享单车并不是完美无缺的，而是存在失序甚至是失控的可能。技术的作用并没有想象中那样理性、精确、强大和有效，技术万能的信念只是虚无缥缈的幻象，隐藏着走向反面的因子。[40]因此，国家和地方政府将可理解性、可塑性和低依赖性作为指导思想，针对共享单车的失控采取相应的技术治理手段。本文肯定了媒介化理论中媒介对于社会生活中观维度的影响，媒介化的目的在于探讨媒介和不同社会机制或文化现象间的结构性关系以及媒介如何影响人类的想象力、关系和互动。[1]但我们也要警惕媒介化固有的技术乐观主义倾向，不能忽略自主性技术所带来的失序或失控的问题，官方机构须在合适时机介入技术治理之中。

## 参考文献

[1] 施蒂格·夏瓦. 文化与社会的媒介化 [M]. 刘君，李鑫，漆俊邑译. 上海：复旦大学出版社，2018：21，15.

[2] Krotz F. The Meta-Process of Mediatization as a Conceptual Frame [J]. Global Media and Communication，2007，3 (3)：256-260.

[3] 戴宇辰. 走向媒介中心的社会本体论？——对欧洲“媒介化学派”的一个批判性考察 [J]. 新闻与传播研究，2016，23 (5)：47-57+127.

[4] 克劳斯·布鲁恩·延森. 界定性与敏感性：媒介化理论的两种概念化方式 [J]. 曾国华，季芳芳，译. 新闻与传播研究，2017，24 (1)：113-125+128.

[5] Hepp A. Deep Mediatization [M]. New York：Routledge，2020：5.

[6] Hjarvard S. The Mediatization of Society [J]. Nordicom Review，2008，29 (2)：102-131.

[7] 王琛元. 欧洲传播研究的“媒介化”转向：概念、路径与启示 [J]. 新闻与传播研究，2018，25 (5)：5-26+126.

[8] Schulz W. Reconstructing Mediatization as an Analytical Concept [J]. European Journal of Communication，2004，19 (1)：87-101.

[9] Asp K. Mediatization，Media Logic，Mediocracy [J]. Nordicom Information，1990 (4)：7-11.

[10] Deacon D.，Stanyer J. Mediatization：Key Concept or Conceptual Bandwagon? [J]. Media，Culture & Society，2014，36 (7)，1032-1044.

[11] 刘海龙. 中国传播研究的史前史 [J]. 新闻与传播研究，2014，21 (1)：21-36+126.

[12] 卞冬磊. 遗忘与重建：作为“传播”的“交通” [J]. 新闻大学，2021 (1)：36-47+118-119.

[13] 詹姆斯·凯瑞. 作为文化的传播——“媒介与社会”论文集 [M]. 丁未，译. 北京：华夏出版社，2005：5.

[14] 彼得斯. 交流的无奈：传播思想史 [M]. 何道宽，译. 北京：华夏出版社，2003：5. 175.

[15] 迈克尔·舒德森. 传播研究的历史取向——谈谈传播史的研究方法 [J]. 沈荟，邓建国，译. 新闻记者，2018 (4)：86-96.

[16] 麦克卢汉. 理解媒介：论人的延伸 [M]. 何道宽，译. 南京：译林出版社，2017：111.

[17] 章戈浩，张磊. 物是人非与睹物思人：媒体与文化分析的物质性转向 [J]. 全球传媒学刊，2019，6 (2)：103-115.

[18] 黄骏. 传播是观念的交通：查尔斯·库利被忽视的运输理论及其当代启示

［J］. 新闻与传播研究，2021，28（3）：57-74+127.

［19］兰登·温纳．自主性技术：作为政治思想主体的失控技术［M］. 杨海燕，译．北京：北京大学出版社，2014.

［20］Shaheen S.，Guzman S.，Zhang H. Bikesharing in Europe，the Americas，and Asia［J］. Transportation Research Record：Journal of the Transportation Research Board，2010，21（43）：159-167.

［21］胡璞．复合性视觉作为视觉机器的共享单车及其视觉性分析［D］. 华中科技大学，2018.

［22］吴阿娟，董向慧．天津市民热评共享单车［N］. 今晚报，2017-3-7（4）.

［23］刘志强，沈春琛．为何满街都是共享单车［N］. 人民日报，2017-2-20（19）.

［24］施智梁，宋玮，沈忱，等．共享单车风气潮落［EB/OL］. https：//www.mycaijing.com/article/detail/328119.

［25］北京清华同衡规划设计研究院，摩拜单车．2017年共享单车与城市发展白皮书［EB/OL］. https：//www.sohu.com/a/133672773_468661.

［26］赵碧．疫情下助力中国市民出行共享单车或将迎来新发展［N］. 中国产经新闻报，2020-4-11（2）.

［27］王牧天．从中国共享单车看互联网创新［N］. 学习时报，2017-7-3（A4）.

［28］屠晓杰．共享单车：发展共享经济 推动绿色出行［N］. 人民邮电报，2017-0-10（6）.

［29］焦立坤．共享单车是盛宴也是双刃剑［N］. 北京晨报，2017-3-13（B3）.

［30］马霖．共享单车大败局［EB/OL］. https：//magazine.caijing.com.cn/20190103/4552481.shtml.

［31］孟永辉．摩拜单车启动全国免押金，中国共享单车开启全新洗牌模式［EB/OL］. https：//cloud.tencent.com/developer/article/1173375.

［32］周翔，李镓．网络社会中的“媒介化”问题：理论、实践与展望［J］. 国际新闻界，2017（4）：137-154.

［33］戴璐岭．成都征求共享单车管理意见鼓励企业购买意外险［N］. 华西都市报，2017-1-10（2）.

［34］刘晓景，屈运栩．共享单车漩涡［EB/OL］. https：//mappv5.caixin.com/articlev5/6403/386403.html? noImg=0&tm=20170409134000.

［35］严丹．中国共享单车车篮贴满广告“牛皮癣”治理陷入困境［EB/OL］. https：//news.cnr.cn/native/gd/20170615/t20170615_523802260.shtml.

［36］Ellul J. The Technological Society［M］. New York：Vintage Books，1964：14.

［37］Toffler A. Future Shock［M］. New York：Bantam Books，1970：394.

［38］曹政．共享单车新政征求意见 要求用户实名制［N］. 北京日报，2017-5-23（6）.

［39］陈天祥，徐雅倩．技术自主性与国家形塑——国家与技术治理关系研究的政治脉络及其想象［J］．社会，2020（5）：137-168.

［40］韩志明．技术治理的四重幻象——城市治理中的信息技术及其反思［J］．探索与争鸣，2019（6）：48-58+157+161.

［41］郭婧婷，郝成．共享单车监管现最强利器 政府拟建信息平台聚集企业数据［EB/OL］．http：//www. cb. com. cn/index/show/jj/cv/cv1152604989.

［42］何可．北京拟出台指导意见控制共享自行车数量［N］．中国质量报，2017-5-4（2）.

· 政治传播 · 【栏目主持人：秦静】

# 自然灾害事件中政务微博的图像传播策略*

郑广嘉**

**摘　要**：政务微博是政府部门进行危机传播的主要载体，图像已成为危机传播的重要方式，在多元主体共同参与危机传播的当下，政务微博如何通过图像进行危机呈现，恢复或重建危机造成的秩序与价值坍塌，是本研究关注的重点。本文以2023年"12·18积石山地震事件"中363个政务微博图像作为研究样本，采用内容分析法，通过对图像议题、图像形式、图像元素、图像与文字关系进行分析，探究自然灾害事件中政务微博的图像传播策略。研究发现，在自然灾害事件中，政务微博依托图像联动阐释核心议题，通过凸显儿童主体与听觉符号进行情感动员，构建以信任为中心的图像框架，从而呈现危机并引导舆论。

**关键词**：自然灾害事件　政务微博　图像传播

## 一　研究缘起与研究现状

自然灾害事件的应急管理考验着政府部门的社会治理能力，对于事件进展和社会关切的及时回应，既能够缓解公众的恐慌与焦虑情绪，也能够提升政府公信力。自2009年出现至今，中国政务微博已历经十五年的发展，成为自然灾害事件中政府部门信息发布、舆论引导的重要阵地，也成为公众获取信息的重要渠道。其中，图像作为信息传播的重要方式，与文字信息共同构筑和表达意义。

当前，突发公共事件中图像传播的研究主要聚焦于图像对公众心理

---

* 基金项目：本文系辽宁省社会科学规划基金青年项目"基于大数据的政务短视频受众分析与政府信任研究"（项目编号：L19CXW001）的阶段性成果。

** 作者简介：郑广嘉，辽宁大学新闻与传播学院讲师。

的影响机制探析，包括以下几个方面。第一，图像影响公众对危机责任主体的态度。突发公共事件中，公众关注的政务微博大多是综合运用了多媒体信息，文字配以图片或视频的信息更能够引起公众的关注。[1]研究发现，图像具有传达信息、引导负面情绪的功能，危机责任主体使用削弱策略进行危机传播时，受害者图像信息形式能够有效降低公众的负面情绪。[2]第二，图像框架构成影响公众情绪，可以形成有效的情感动员。学者王超群探究了新媒体事件中，图像的悲剧、冲突等6种视觉框架对公众的悲伤、愤怒、厌恶等11种情感反应类型的激发。[3]学者王南杰发现，动态影像中的视觉叙事框架、色彩基调以及影像主体能够唤起公众情绪。[4]何颖等人则将研究聚焦于视频创作者的面部情绪对公众卷入的影响，发现视频创作者的面部消极情绪比积极情绪和中立情绪对公众的传染力度更强。[5]图像之所以形成情感动员，与语言的锚定、主体行为、场景与道具、刺点与展面的对比、意象的生产、原型的征用与激活密切相关。[6],[7]总体而言，学者们对于图像元素的分析，基本遵循了罗兰·巴尔特（Roland Barthes）的图像分层理论，从图像的言语、主体及视角、色彩、构图与景别、声音、意义等层面进行讨论。[8],[9],[10]

纵观近年发生的自然灾害事件，图像已成为政府部门信息发布的重要方式，在2023年“12·18积石山地震事件”中，政务微博发布的信息几乎都配有图像。基于此，本研究以2023年“12·18积石山地震事件”为例，拟探究两个问题：第一，在自然灾害事件中，政务微博建构的图像议题有何特征？第二，政务微博如何通过图像传播引导舆论？

## 二 样本搜集及编码单

吉莉恩·罗斯（Gillian Rose）在《观看的方法：如何解读视觉材料》中，详细论述了对视觉材料进行研究的方法，认为“按照（内容分析）编码类别之间的关系，有助于发展出更为精细的分析”[11]。本研究的图像样本主要来源于自然灾害发生地的政府官方微博和热门政务微博，前者反映了地方政府的危机传播策略，而后者更能体现政务微博对公众的影响及引导。样本搜集过程中，首先确定事件的舆情阶段，将样本搜集时间段确认为2023年12月19日至2023年12月25日。其次依托新浪微博平台，搜集“@甘肃发布”在该时间段的微博内容；同时以“甘肃地震”“积石山地震”为关键词，在“高级搜索”中搜索“热门”微博。共搜集到363个图像样本进行研究，其中“@甘肃发布”共发布101个图像，热门政务微博共发布262个图像。采用内容分析法，对搜集到的图像样本进行研究，围绕图像议题、图像形式、图像元素、图像与文字关系四个方面建立内容分析编码框（见表1）。对363个图像样本进行编码后，依托SPSS进行数据分析。

**表1　内容分析编码框**

<table>
<tr><td rowspan="2">图像议题</td><td>事实层面</td><td>灾情</td><td>一线救援</td><td>群众安置</td><td>社会救灾捐助</td><td>知识科普</td><td>谣言处理</td><td>悼念仪式</td></tr>
<tr><td>价值层面</td><td>人民至上</td><td>奉献精神</td><td>众志成城</td><td>军民团结</td><td></td><td></td><td></td></tr>
<tr><td rowspan="2">图像形式</td><td>视频</td><td>救援现场视频</td><td>情感动员视频</td><td>科普视频</td><td>公告视频</td><td></td><td></td><td></td></tr>
<tr><td>图片</td><td>救援现场照片</td><td>情感动员图片</td><td>科普图片</td><td>公告截图</td><td>说明图片</td><td>提示图片</td><td></td></tr>
<tr><td rowspan="3">图像元素</td><td>图像主体</td><td>国家/地方领导人</td><td>一线救援人员</td><td>灾区群众（儿童）</td><td>捐助企业/捐款群众</td><td>相关保障人员</td><td></td><td></td></tr>
<tr><td>图像信息</td><td>事实信息为主</td><td>情感信息为主</td><td>兼具事实与情感信息</td><td></td><td></td><td></td><td></td></tr>
<tr><td>听觉元素</td><td>同期声</td><td>背景音乐</td><td>兼具同期声与背景音乐</td><td></td><td></td><td></td><td></td></tr>
<tr><td rowspan="3">图像与文字关系</td><td rowspan="2">图文信息一致性</td><td rowspan="2">均以事实信息为主</td><td rowspan="2">均以情感信息为主</td><td rowspan="2">均兼具事实与情感信息</td><td>文字偏情感</td><td>文字偏事实</td><td rowspan="2"></td><td rowspan="2"></td></tr>
<tr><td>图像偏情感</td><td>图像偏事实</td></tr>
<tr><td>图文关系</td><td>提示</td><td>描述</td><td>补充</td><td>渲染</td><td></td><td></td><td></td></tr>
</table>

## 三　研究发现

本文对363个图像样本进行分析，探析自然灾害事件中政务微博的图像议题、图像形式、图像元素、图像与文字关系的基本分布，并对比自然灾害发生地的政务微博与公众关注的热门政务微博在上述方面的差异，以此更为直观地分析自然灾害事件中政务微博的图像传播策略。

### （一）聚焦一线救援与群众安置的事实议题，同类机构出现图像议题聚合效应

在2023年“12·18积石山地震事件”中，政务微博多转发主流新闻媒体报道。新闻媒体的报道议题多元，在地震发生初期，议题主要集中于灾情、救援指示及行动、灾区群众经历、社会捐助方式、避险自救科普等方面，中后期议题主要包括回应公众质疑、救援的暖心瞬间、社会捐助情况等。媒体镜头中的主体也从最初以一线救援人员为主转移到以灾区群众（儿童）为主。相较于媒体报道，政务微博的图像议题虽然多元，议题演变趋势与新闻媒体一致，但主要聚焦现场救援行动和群众安置情况。

在综合考量文字和图像内容的基础上，研究者将图像议题分为事实和价值两个层面。事实议题涵盖灾情（5.0%）、一线救援（22.8%）、群众安置（21.8%）、社会救灾捐助（2.8%）、知识科普（2.2%）、谣言处理（2.2%）、悼念仪式（6.1%）七大类。价值议题涵盖人民至上（8.5%）、奉献精神（9.9%）、众志成城（7.7%）、军民团结（11.0%）四大类（见图1）。

总体分布上，政务微博的事实议题占比高于价值议题。事实议题中，一线救援与群众安置的图像议题占比最高，这与习近平总书记对“12·18积石山地震事件”作出的全力开展搜救、妥善安置受灾群众的救援指示相呼应。价值层面的议题中，“军爱民、民拥军”的军民团结议题占比最高，尤其体现在热门政务微博中，反映出公众对此类议题的关注度较高。这一

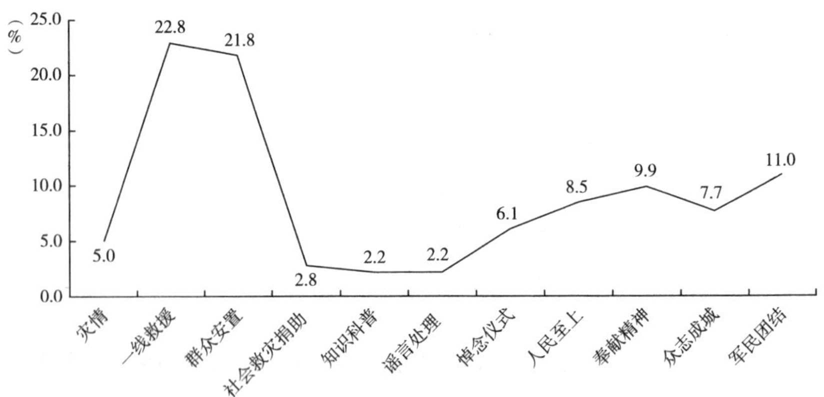


**图1　政务微博的图像议题分布**

议题中的图像多记录军民互动的温馨瞬间，通过日常琐事、生活细节展现军民一家亲。

此次事件中，同类机构发布的政务微博呈现图像议题聚合效应，如消防部门发布的图像，在价值议题中重合度较高，多转载同一图像，展现救援人员奉献精神、军民团结等，形成议题聚合，扩大图像议题的传播范围并发挥舆论引导的作用。在图像相同的政务微博中，大多数其文字信息也基本相同。但也有个别议题会在文字信息中展现不同的阐释视角，如在#玉树地震获救少年当兵驰援甘肃#这个话题下，有些政务微博更加注重议题的背景介绍，有些政务微博则直接引用采访对象的话语彰显军民情。

### （二）不同区域、不同事件阶段的图像议题均存在显著差异

对比“@甘肃发布”和热门政务微博建构的图像议题发现，二者存在显著差异（$p<0.001$）。首先，在“@甘肃发布”建构的图像议题中，群众安置的事实议题占比最高。因第二场新闻发布会明确12月19日下午3时救援工作基本结束，工作重点将转为伤员救治和受灾群众生活安置，“@甘肃发布”中群众安置的图像议题占比最高与政府工作重点相吻合，政务微博通过图像将政府承诺及时、持续传递给公众。其次，人民至

上的价值议题占比排第二位，这一议题的建构多依托文字信息予以展现，文字内容以国家领导人的救援指示为主。最后，一线救援议题占比排第三位。

在热门政务微博中，一线救援议题占比远超其他图像议题。一线救援议题中，多数图像呈现了一线救援的任务艰巨性以及救援人员的全力以赴，部分图像呈现了国家/地方领导人指挥救灾与群众安置现场。此外，还有少数图像呈现了前沿科技在救援中的应用。群众安置议题占比排第二位。军民团结的价值议题占比排第三位，这一图像议题不仅呈现了救援人员对受灾群众无微不至的照顾以及受灾群众向救援人员致谢的场景，也呈现了群众帮助救援人员搬运物资、灾区餐饮店为救援队伍提供免费爱心餐等场景，展现了军民团结的情谊（见表2）。

**表2 “@甘肃发布”与热门政务微博图像议题分布（占比较高的前三位）**

单位：%

| “@甘肃发布”占比较高的图像议题 | | 热门政务微博占比较高的图像议题 | |
|---|---|---|---|
| 群众安置 | 26.70 | 一线救援 | 25.20 |
| 人民至上 | 19.80 | 群众安置 | 19.80 |
| 一线救援 | 16.80 | 军民团结 | 14.50 |

卡方检验结果显示，不论是“@甘肃发布”还是热门政务微博，图像议题在事件不同发展阶段均呈现显著差异（$p<0.001$）。“@甘肃发布”在地震发生后的初期（12月19日至12月21日），更关注一线救援和灾情的事实议题、人民至上和奉献精神的价值议题。在此阶段，“@甘肃发布”持续更新地震造成的损失及救援情况信息，并通过发布党和国家领导人的救援指示信息，强调人民至上、生命至上的救援理念。救援人员的奉献精神主要通过生活场景呈现。事件中后期（12月22日至12月25日），群众安置成为“@甘肃发布”建构的主要图像议题，呈现了灾区群众（儿童）临时居住环境的安全性、子弟兵搭建“帐篷小学”给孩子们开课等内容。人民至上的价值议题占据较大比重，是微博图像的关键内容（见图2）。

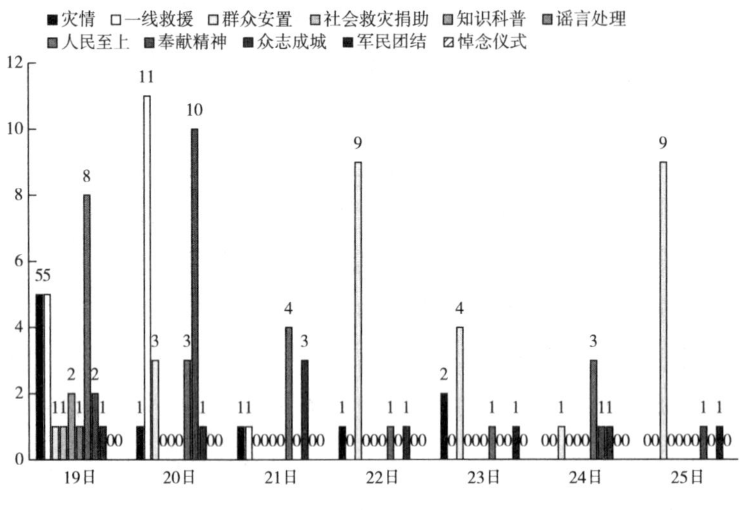


**图2 “@甘肃发布”图像议题分布**

热门政务微博建构的图像议题中，事件初期，一线救援议题最受关注；在事件中后期，群众安置及军民团结议题的比例大幅上升；有关悼念仪式的议题在地震发生后第七天成为最受关注的图像议题（见图3）。

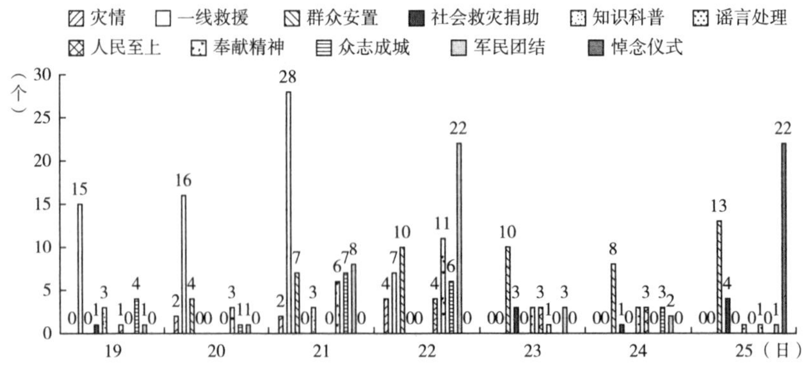


**图3 热门政务微博图像议题分布**

## （三）救援现场视频与照片为图像的主要形式，视频多配以背景音乐进行情感动员

政务微博的图像传播首先以视频为主，视频中的听觉元素多为背景音

乐；其次为照片形式；说明图片、提示图片、公告截图等形式在特定议题中会出现。

视频根据传播功能主要分为救援现场视频（$N=124$）、情感动员视频（$N=28$）和科普视频（$N=5$）三类。救援现场视频多展现救援工作的艰辛与救援人员的全力以赴，在事件初期，全国物资运往灾区的视频数量相对较多。这类视频尽管以记录现场救援的事实信息为主，但大多数视频配有激昂的背景音乐，在传播事实的基础上也具备了激发公众情绪的作用。情感动员视频多依托救援现场视频，再配上背景音乐剪辑而成，展现救援过程中的感人瞬间。从这类视频的评论来看，情感动员视频能够唤起公众对灾区群众（儿童）遭遇的同情之感，对救援人员的尊敬之情，对一方有难、八方支援的感动之情，以及民族自豪感。科普视频作为自然灾害事件中起指导性作用的信息载体，主要对灾害应对举措和自然灾害中的特殊现象进行阐释。此次地震事件中，科普视频主要包括动画和真人演示两种类型，告知公众地震发生时在不同场景下如何自救。

照片主要分为救援现场照片（$N=89$）与情感动员图片（$N=63$）两类。照片与视频的功能类似，但与视频不同的是，救援现场照片静态呈现，更具客观性，传递事实信息的功能更强，且全景照片更能展现救援环境的艰难。情感动员图片又分为两种形式：一种以救援实况照片为主，配以文字表达情感；另一种依托数字，将救援力量、救援速度以数字的形式呈现，通过客观的数字体现人民至上、众志成城的价值引领。

提示图片（$N=23$）与说明图片（$N=9$）多出现在灾情报告、救援指示等议题中。提示图片发挥提示公众关注信息的作用；说明图片主要包括地震烈度图、灾区地图等。公告视频与公告截图（$N=19$）多出现在谣言处理议题中。

### （四）一线救援人员与灾区群众（儿童）出现比例最高，国家/地方领导人在灾区政务微博中出现频率较高

在363个图像样本中，图像主体主要为一线救援人员、灾区群众

（儿童）、国家/地方领导人、捐助企业/捐款群众、相关保障人员。整体而言，单一主体呈现的图像样本比例较高，以一线救援人员和灾区群众（儿童）为主；多主体同时出现的图像样本中，一线救援人员与灾区群众（儿童）、国家/地方领导人与灾区群众（儿童）同时出现的图像样本比例较高。

首先，一线救援人员（46.0%）出现频率最高，图像对该主体的呈现以奋力救人的场景为主，进而体现了人民至上、生命至上的价值引领；以其日常生活场景为辅，主要体现了救援人员奉献精神的价值议题。

其次，灾区群众（儿童）（17.2%）出现的频率次之。一线救援人员和灾区群众（儿童）的互动场景受到了公众的关注，如#甘肃震区小男孩们向消防员敬礼#和#萌娃挂在消防员身上挨个帐篷找妈妈#，这类政务微博点赞、评论、转发数量均较高，这些图像侧面反映出军民团结的价值议题，也起到了舆论引导的作用，很多网友在这类图像下评论“有你们很安心”“最可爱的人遇到了最可爱的人”等，以此向救援军人致敬。

最后，“@甘肃发布”与热门政务微博中的图像主体存在显著差异（$p<0.001$）。“@甘肃发布”对国家/地方领导人（27.7%）的呈现比例最高，几乎都以照片的形式记录国家/地方领导人指挥救援与群众安置、与受灾群众交流的现场情况；一线救援人员（20.8%）次之。热门政务微博的图像更关注一线救援人员（55.7%）与灾区群众（儿童）（24.4%）（见图4）。

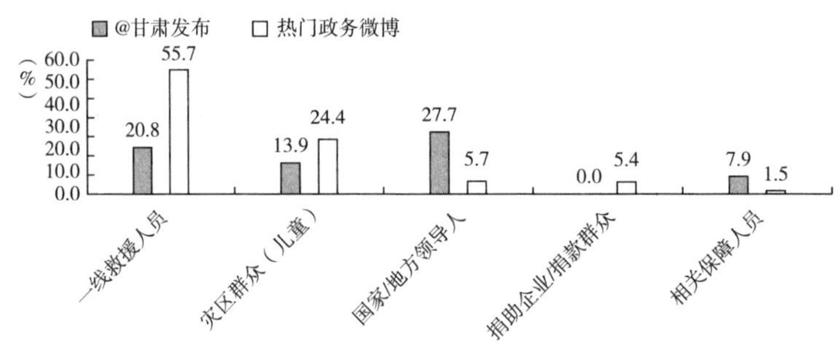


**图4 “@甘肃发布”与热门政务微博的图像主体分布对比**

### （五）图像意义的生成依赖文字锚定

图像与文字的关系主要分为并列和包含两类。第一类关系中的文字出现在图像之外，图文并列；第二类关系中的文字出现在图像内，作为图像的构成部分。图像与文字之间的作用关系基本分为提示、描述、补充、渲染关系几类。

第一，图像提示文字。发挥提示作用的图像，多为背景板配上以“最新消息”“权威发布”“快讯”等字样，主要功能是引起公众关注，提醒公众看文字信息。在提示图片中，如议题为灾情，涉及公布人员伤亡信息时，“@甘肃发布”会采用“最新消息”的黑白图片，此类图片在发挥提示作用的同时也蕴含了悼念之意，彰显了政务微博的人文关怀。

第二，图文相互描述。这类图文作用关系最普遍，多出现在事实层面的一线救援、群众安置议题，以及价值层面的众志成城、军民团结议题中。文字对图像的事实进行基本描述，图像以直观的方式展现文字所述，这类图文作用关系建构的图像意义最为明确。

第三，部分图像与文字之间为相互补充和渲染关系。这一类关系主要出现在一线救援的图像议题中，图像对灾区环境的呈现能够让公众更加体会到一线救援的艰辛与救援人员的全力以赴。渲染作用多存在于图像与其内部文字的关系上，如救援现场视频中的同期声字幕、情感动员图片中的说明文字等，而且往往在文字的映衬下，图像的更完整意义才得以建构。

不论图像与文字的关系如何，图像意义的生成都依赖于文字，但依赖程度有所区别。图文并列关系下，图像与文字相互印证，共同生成并加强图像意义。尤其对于情感动员视频而言，尽管图像中的背景音乐对于情绪唤起具有重要作用，但文字对图像意义的阐释与升华亦无法忽视。图文包含关系下，图像意义的生成更大程度上依赖于文字，这尤其体现在情感动员图片中，很多现场救援照片附上了“全力抢救”“情牵同胞”“暖心”等文字，体现了人民至上、军民团结的价值导向，以及一线救援人员奉献精神。

## 四 结论与思考

自然灾害事件中，图像作为政务微博进行危机传播的重要方式，发挥着传播事实信息、进行情感动员、构建价值认同的作用。基于胡百精提出的危机传播事实-价值理论模型[12]，研究者以2023年“12·18积石山地震事件”为例，总结了自然灾害事件中政务微博的图像传播策略：政务微博依托图像联动阐释核心议题，通过凸显儿童主体和听觉符号进行情感动员，构建以信任为中心的图像框架。

### （一）依托图像联动阐释核心议题

“12·18积石山地震事件”中，政务微博围绕核心议题，即一线救援和群众安置进行信息发布，及时回应了公众的真正关切。事实-价值理论模型中，事实之维的议题管理强调在危机传播中有效响应，而核心议题即为有效响应的实践策略，反映了危机传播主体对公众真实诉求的把握。

政务微博联动呈现核心议题主要通过两种方式。第一种是灾区所在地政府与其他地区政务微博之间的联动。首先，此次事件中，甘肃省政务微博、微信、抖音等多平台共同呈现了此次危机，政务微博“@甘肃发布”更偏重事实信息的传递，“甘肃公安”在抖音平台上的视频则更偏重情感信息的传播。这类平台的图像议题首先聚焦于人民至上的价值引领，通常以国家/地方领导人救援指示作为主要呈现点。其次，聚焦灾情和救援进展，地方政府直接掌握灾情和救援情况，持续更新信息符合快速、真实、充分告知的危机传播理念，是减少公众恐慌、从源头阻断谣言的最佳方式。最后，热度较高的政务微博多以情感信息传播为主，价值议题是图像重点。尽管一线救援等事实议题占比较高，但很多救援图像凸显了人民至上、奉献精神等价值理念。第二种是同类机构联动阐释，对同一图像进行同步或多角度解读。军民团结议题多采用这一方式，这种呈现方式使得某一议题快速扩散，或使公众特定情绪被激发。联动路径既在事实之维回应了公众对灾情本身的关注，同时也在价值之维增进了公众对救援理念与行动的认识。

### （二）通过凸显儿童主体和听觉符号进行情感动员

儿童作为诸多热点事件中的图像主角，象征希望、美好与活力。本次事件中，有儿童出现的图像热度均较高，评论也以积极情绪为主。儿童主体多出现在三类场景中：旁观家园重建，向救援子弟兵敬礼，在安置点学习。儿童作为图像主体的视频中，同期声运用较多，儿童的出现及稚嫩的声音既象征着重建家园的希望，也传递了救援及时与群众被妥善安置的事实，更直观地表达了民拥军的浓厚氛围。

听觉符号是图像激发情绪的关键因素，很多心理学研究已证明音乐和人的情绪之间的关系。“12·18积石山地震事件”中，大多数视频配有背景音乐，根据背景音乐强度不同，其情绪调动效果也有所差别，背景音乐强度越大，公众情绪被激发的可能性越高。

### （三）构建以信任为中心的图像框架

本研究涉及的图像议题，无论为事实议题还是价值议题，最终都指向了以信任为中心的图像框架。图像建构的信任包含政府机构信任、人民军队信任以及社会信任三重含义。信任框架的建立主要通过议题选择和主体选择两个环节完成。

首先，议题选择。研究表明，在地震应急响应阶段，政府能否及时有效开展救援活动将影响公众对政府的政治评价。[13]本次事件中，政务微博通过一线救援、群众安置以及人民至上等图像议题，及时、充分地向公众告知政府的全力救援举措，建构了公众对政府机构的信任。救援人员争分夺秒搜救、建造安置点的救援实况，以及展现军民互动温馨画面的图像，建构了公众对人民军队的信任。社会信任主要通过亲社会行为图像的呈现得以建构，如企业、群众捐款捐物图像。

其次，主体选择。政府机构与人民军队的信任框架，多通过多主体并存图像得以建构，原因在于多主体互动的图像更有助于展现信任关系。研究表明，公众对于机构善意的感知影响其机构信任程度[14]，而善意多体现在主体互动中。国家/地方领导人与灾区群众（儿童）同时出现的图像，展现了党和国家对人民的重视与关心，以此建构了政府机构信任。救援人员与灾区群众（儿童）同时出现的图像，展现了民众对救援人员的信任，体现了军民间的深厚情谊，以此建构了人民军队信任。社会信任框架多通过单一主体图像进行建构，但主体选择具有典型性。如社会救灾捐助议题下，很多图像通过监控记录展示做好事不留名的捐款者，以这些无私奉献的个体行为的图像呈现建构了社会信任框架。

本研究通过对“12·18积石山地震事件”政务微博图像进行分析，探析了政务微博图像在自然灾害类事件中的议题、形式、元素及与文字关系的具体表现，梳理了图像阐释核心议题、进行情感动员及构建信任框架的具体方式，总结了政务新媒体平台在危机传播中的图像策略。但也正如吉莉恩·罗斯所言，对于视觉材料的研究应包括三个地点：生产地点、影像自身地点、影像遭遇它的受众或使用者的地点。[11]本研究仅讨论了影像自身地点，未来研究还需对其他两个地点进行深入分析。

## 参考文献

[1] 姜景，王文韬．面向突发公共事件舆情的政务抖音研究——兼与政务微博的比较［J］．情报杂志，2020（1）：104.

[2] 史波，翟娜娜，毛鸿影．食品安全危机中社会媒体信息策略对受众态度的影响研究［J］．情报杂志，2014（10）：63.

[3] 王超群．情感激发与意象表达：新媒体事件图像传播的受众视觉框架研究［J］．国际新闻界，2019（1）：85-86.

[4] 王南杰．突发公共卫生事件中新闻短视频的视觉动员解析——战“疫”新闻图像研究之三［J］．新闻爱好者，2021（12）：89.

[5] 何颖，刘嘉琪，宋希东．健康危机舆情视频中视觉离散情绪对公众卷入的唤醒机制——基于VAR模型的实证研究［J］．情报探索，2024（4）：7.

[6] 王雪晔．图像与情感：情感动员实践中的图像框架及其视觉修辞分析［J］．南京社会科学，2019（5）：123-124.

[7] 刘庆，何飞．网络舆论中图像的情感动员机制研究［J］．西南民族大学学报（人文社会科学版），2021（11）：164.

[8] 吴来安．公共危机下新型主流媒体的广告图像传播——基于《人民日报》微

信公众号的探索性考察［J］. 新闻大学，2020（10）：34.

［9］王欢妮，钟艳 . 共意性情感动员：短视频报道中的图像修辞［J］. 东南传播，2023（11）：1.

［10］王龙 . 危机事件新闻报道的多模态批评话语分析——基于新华网《战疫的力量》拍摄视频［J］. 华北理工大学学报（社会科学版），2020（3）：32.

［11］吉莉恩·罗斯 . 观看的方法：如何解读视觉材料［M］. 肖伟胜，译 . 重庆：重庆大学出版社，2017：25，116.

［12］胡百精 . 危机传播管理对话范式（上）——模型建构［J］. 新闻与传播研究，2018（1）：26.

［13］曾扬，何增科 . 特大地震与政治信任：一项准实验研究［J］. 中国应急管理科学，2023（6）：73.

［14］李晓倩 . 理解公共治理中的公众自愿遵从：一个整体性交互式行为模型［J］. 中国行政管理，2023（10）：105.

# 教育网络舆情热度的触发因素与机制

## ——基于多案例的定性比较分析*

秦 静 胡冰清**

**摘 要**：教育网络舆情是教育领域舆论生态的晴雨表和报警器，对其触发因素和机制的研究，有助于提升教育网络舆情监测与治理的有效性。基于行动者网络理论，本文对56起教育舆情事件进行定性比较分析。研究发现，社交媒体曝光是引爆教育网络舆情的充分条件；政府干预、叠加效应易引发高热度教育网络舆情，形成压力型、复杂型触发机制。热点教育舆情的类型倾向要求针对不同性质教育舆情事件进行差异化、精准化监测和研判；要基于全过程思维，建立系统化教育舆情应对机制。

**关键词**：教育网络舆情 舆情热度 触发因素

## 一 研究缘起

教育涉及千家万户，惠及子孙后代，教育舆情是社会舆情的重要组成部分[1]，事关学校网络安全和学生网络意识形态建设。对教育网络舆情触发因素和机制的研究，有助于提升教育网络舆情监测与治理的科学性与有效性，为推动高质量教育发展和教育政策实施营造良好的

---

* 基金项目：本文系郑州大学教育教学改革研究与实践项目（项目编号：2024ZZUJGXM125）、郑州大学研究生课程思政示范课程建设项目（项目编号：ZZUYJS2024KC05）、2025年度河南省教育科学规划课题（项目编号：2025YB0014）的阶段性成果。

** 作者简介：秦静，郑州大学新闻与传播学院副教授、硕士生导师，新华通讯社-郑州大学穆青研究中心研究员；胡冰清，香港城市大学社会及行为科学系应用社会学专业硕士研究生。

舆论环境。

当前，作为全国教育人口第一大省，河南省正处于由教育大省向教育强省跨越的重要阶段，因教育政策、教育公平等问题引发的社会矛盾、争端极易引发社会的广泛关注，使得相关事件由局部问题扩展为整体问题，使热点问题发酵成负面网络舆情。本研究基于行动者网络理论，通过定性比较分析法，对2017~2023年56起河南省教育舆情事件进行考察，探究教育网络舆情热度的触发因素与生成路径，以期厘清教育网络舆情演化机制，提高教育网络舆情监测与治理效果。

## 二　理论基础与文献回顾

20世纪80年代，以法国社会学家拉图尔（Bruno Latour）和卡龙（Michel Callon）等为核心的巴黎学派提出行动者网络理论。该理论认为，社会是由许多异质性事物联系构成的复杂网络[2]，包括行动者（actor）、转译（translation）和网络（network）三个核心概念。其中，行动者既可以指行为人，也可以指非人的存在或力量，不同的行动者通过转译相互作用和组合，进而形成网络。拉图尔认为，任何行动者都是转义者（mediator），信息、条件在行动者这里都会发生转化。[3]行动者主要强调自身的网络节点意义，转义者强调行动者能动的转译作用，也就是“造成差异”的作用。转义者会转译、修改甚至扭曲本应表达的意义或元素。[4]

行动者网络理论为网络舆情演化机制和舆情治理研究提供了分析框架。在网络舆情事件中，行动者是网络环境中的主体，转义者是重要的传播节点。媒体通过议程设置推动舆情热度增长，促使其他行动者发挥角色作用，建立起行动者网络，成为重要的转义者。[5]网络舆论场正是由网民、媒体、政府等多元行动者共同构成的复杂系统[6]，媒体议程、事件属性、主体驱动、监管部门介入等因素，可能影响网络舆情爆发阈限，进而影响舆情传播。

教育舆情是教育现实的晴雨表和报警器，对教育网络舆情触发因素与机制的研究有助于相关部门积极把握舆情动态，科学应对教育舆情危机。[7]在教育舆情事件中，网民、意见领袖、媒体、政府以及事件本身等行为体通过转译、修改甚至扭曲等方式发挥构建网络的能动作用。本研究基于行动者网络理论，将教育网络舆情热度作为结果变量，将事件客体维度、参与者主体维度、转义者载体维度作为解释变量，并结合前人研究[8]，增加干预者维度解释变量，构建教育网络舆情热度模型。因以往研究主要聚焦高校网络舆情特征与传播规律，较少关注其他教育阶段网络舆情的生成与传播，本研究对教育舆情事件所涉及的教育阶段进行了详细划分，教育阶段与事件类型共同构成事件客体属性。本研究所构建的教育网络舆情热度模型包含四个维度六项衡量指标：事件客体维度包括事件类型和教育阶段，参与者主体维度包括意见领袖传播力和公众持续关注度，转义者维度包括首曝媒体类型，干预者维度包括政府干预。

## 三　研究设计

### （一）研究方法

定性比较分析法是由美国著名社会学家查尔斯·C. 拉金（Charles C. Ragin）基于集合理论所发展出来的研究方法，旨在揭示多个前因因素间的复杂关系对结果的影响。[9]定性比较分析法整合了定量研究与定性研究优势，重视跨案例的多重并发因果关系研究[10]，用非线性的条件组合形式呈现复杂因果关系，适用于对教育网络舆情热度触发因素与机制的研究。本研究基于2017~2023年影响较大的140起河南省教育舆情事件，借助SPSS软件对教育网络舆情热度进行标准化分析，综合舆情发生时间、舆情事件类型和舆情热度指数等指标，最终筛选出56起教育舆情事件作为分析对象，并根据QCA四值分析法进行编码。

## （二）变量设置与赋值

1. 结果变量

教育网络舆情热度。教育网络舆情热度 =（标准化网络新闻搜索量+标准化网络社区搜索量+标准化微博搜索量+标准化微信公众号搜索量+标准化视频搜索量）+1。

2. 解释变量

（1）事件客体维度包括事件类型和教育阶段两项衡量指标。综合已有研究和本研究案例集，将事件类型划分为校园管理、师德师风、校园安全、教育公平、教育政策五类，教育阶段涉及高等教育、高中教育、基础教育、学前教育四个阶段。借鉴以往研究经验，将占比最高的校园管理类舆情事件编码为 1，其他依次为师德师风类舆情事件编码为 0.67、校园安全类舆情事件编码为 0.33、教育公平类舆情事件编码为 0、教育政策类舆情事件编码为 0。同理，将高等教育阶段编码为 1，高中教育阶段编码为 0.67，基础教育阶段编码为 0.33，学前教育阶段编码为 0。

（2）参与者主体维度包括意见领袖传播力和公众持续关注度两项衡量指标。意见领袖和公众是教育网络舆情传播的重要参与者，意见领袖的参与效果通过意见领袖主导传播力体现。本研究将有意见领袖参与编码为 1，无意见领袖参与编码为 0。公众对事件的持续关注度也表明舆情的持续情况，根据上海交通大学舆情研究实验室主编的《舆情蓝皮书：中国社会舆情与危机管理报告》历年网络舆情案例，分析总结出网络舆情传播规律，将舆情持续时间在一周以上标记为公众持续关注度高，编码为 1；将舆情持续时间在一周以内标记为公众持续关注度低，编码为 0。

（3）转义者维度：重点关注作为转义者的首曝媒体在教育网络舆情传播中的影响，将社交媒体编码为 1，其他媒体编码为 0。

（4）干预者维度：重点关注教育舆情事件中的政府干预情况。政府部门对于教育舆情事件的干预和处理影响教育舆情发展进程。本研究将政府干预编码为 1，政府未干预编码为 0（见表 1）。

表1 赋值规则

| 变量类别 | 变量名称 | | 变量赋值 |
|---|---|---|---|
| 结果变量 | 教育网络舆情热度 | | 舆情热度排名1~14为1，排名15~28为0.67，排名29~42为0.33，排名43~56为0 |
| 解释变量 | 事件客体维度 | a. 事件类型 | 校园管理类舆情事件为1，师德师风类舆情事件为0.67，校园安全类舆情事件为0.33，教育公平类舆情事件为0，教育政策类舆情事件为0 |
| | | b. 教育阶段 | 高等教育阶段为1，高中教育阶段为0.67，基础教育阶段为0.33，学前教育阶段为0 |
| | 参与者主体维度 | c. 意见领袖传播力 | 有意见领袖参与为1，无意见领袖参与为0 |
| | | d. 公众持续关注度 | 公众持续关注度高为1，公众持续关注度低为0 |
| | 转义者维度 | e. 首曝媒体类型 | 社交媒体为1，其他媒体为0 |
| | 干预者维度 | f. 政府干预 | 政府干预为1，政府未干预为0 |

## 四 结果分析

在对解释变量与结果变量编码的基础上，本研究构建适用于定性比较分析的真值表，运用fs/QCA3.0软件进行单因素必要性分析与组合因素路径分析。

### （一）社交媒体曝光是引爆教育网络舆情的充分条件

在定性比较分析中，一致性（consistency）和覆盖率（coverage）是衡量解释变量必要性程度和解释力度的关键指标。一致性是指分析的所有案例在多大程度上共享了导致结果发生的某个给定条件或条件组合；覆盖率是指这些给定条件或条件组合在多大程度上解释了结果的出现。一致性和覆盖率指标的计算公式如下所示：

$$\text{consistency}\ (X_i \leq Y_i) = \sum [\min (X_i, Y_i)] / \sum (X_i)$$

$$\text{coverage}\ (X_i \leq Y_i) = \sum [\min (X_i, Y_i)] / \sum (Y_i)$$

本研究首先对所涉及四个维度六项衡量指标进行一致性和覆盖率检测，旨在识别出各个解释变量单独作用时的解释力度。当一致性大于 0.8 时，说明解释变量 $X$ 是结果变量 $Y$ 的充分条件；一致性大于 0.9 时，说明 $X$ 是 $Y$ 的必要条件。覆盖率介于 0 和 1 之间，表示 $X$ 可以在多大程度可以保证是 $Y$ 的唯一解释路径，数值越接近 1 表示 $X$ 越是接近于 $Y$ 的唯一解释。将真值表导入分析软件后得到如下结果。

单因素检测结果显示，六个解释变量的一致性均小于 0.9，说明没有解释变量为高教育网络舆情热度的必要条件；首曝媒体类型的一致性约为 0.85（>0.8），因此该解释变量可以被视为高教育网络舆情热度的充分条件，即社交媒体曝光是引爆教育网络舆论场的充分条件。其他解释变量的一致性均未超过 0.8，说明教育舆情事件中的多种影响因素并非作为必要条件和充分条件来直接影响教育网络舆情热度，而是以多因素组合的形式发挥作用，通过一定的因果路径来影响教育网络舆情传播。也就是说，需要对解释变量的不同条件组合进行分析，以此考察教育网络舆情热度的多元触发机制（见表 2）。

**表 2　单因素检测结果**

| 变量 | 一致性（consistency） | 覆盖率（coverage） |
|---|---|---|
| 教育阶段 | 0.772857 | 0.511463 |
| 事件类型 | 0.618571 | 0.485562 |
| 意见领袖传播力 | 0.582857 | 0.709565 |
| 首曝媒体类型 | 0.845357 | 0.503617 |
| 政府干预 | 0.750357 | 0.656563 |
| 公众持续关注度 | 0.714643 | 0.741111 |

### （二）政府干预、叠加效应易引发高热度教育网络舆情

本研究进一步将真值表输入软件进行运算，得到复杂解、一般解、简单解三种解决方案。其中，复杂解的整体一致性数值最高，具有较高的整体必要性解释力。本研究选取复杂解进行组合因素作用路径分析，案例阈

值设置为默认值1，一致性阈值设置为默认值0.8，最终得出五条高热度教育网络舆情的原因组合路径。如表3所示，所有原因组合路径的原始覆盖率都高于净覆盖率，说明存在符合多重因果路径的支持案例。五条原因组合路径的整体覆盖率为0.62，说明解释变量及各组合路径对于教育网络舆情热度触发机制具有较高的解释力。

**表3　高热度教育网络舆情组态分析**

| 解释变量 | 组态解 | | | | |
|---|---|---|---|---|---|
| | H1 | H2 | H3 | H4 | H5 |
| 教育阶段 | | | □ | □ | △ |
| 事件类型 | ⊗ | | ⊗ | ⊗ | △ |
| 意见领袖传播力 | | ● | □ | ● | ● |
| 首曝媒体类型 | △ | △ | | | ● |
| 政府干预 | △ | ● | △ | ● | △ |
| 公众持续关注度 | ● | ● | ● | ● | |
| 原始覆盖率（raw coverage，RC） | 0.31 | 0.33 | 0.08 | 0.17 | 0.17 |
| 净覆盖率（unique coverage） | 0.08 | 0.08 | 0.02 | 0.06 | 0.06 |
| 一致性（consistency） | 0.81 | 0.85 | 0.88 | 0.87 | 1 |
| 整体覆盖率（solution coverage） | 0.62 | | | | |
| 整体一致性（solution consistency） | 0.88 | | | | |

注：●表示核心条件存在，△表示边缘条件存在，⊗表示核心条件不存在，□表示边缘条件不存在，空格表示前因条件可有可无。

研究发现，政府干预是引发高热度教育网络舆情的关键因素，每条原因组合路径中都包含政府干预，充分证明政府干预对于教育网络舆情热度触发所起到的重要作用。进一步对原因组合路径结果进行合并简化，得到以下三种路径。

1. 路径1：意见领袖×社交媒体×政府干预×公众持续关注度

在五条高热度教育网络舆情的原因组合路径中，该路径的原始覆盖率最高，达到0.33，表明这是引爆教育网络舆论场最常见的路径，适用于各种类型和各个教育阶段的教育舆情事件，事件客体维度在该路径中不显著。该路径强调除事件客体维度之外的其他三个维度四项衡量指标的叠加效应，意见领袖的传播力、社交媒体驱动、政府的干预程度以及公众对教育舆情事件的持续关注度，都是教育网络舆情热度生成的重要因素，共同构成教育网络舆情触发机制。

2. 路径2：校园安全/教育公平/教育政策×政府干预×公众持续关注度×（基础教育/学前教育+社交媒体）

对原因组合路径结果进行合并简化发现，校园安全、教育公平和教育政策类舆情事件若引发政府干预以及公众持续关注，容易成为舆情热点，尤其是发生在基础教育阶段和学前教育阶段的校园安全、教育公平和教育政策类舆情事件，更容易刺痛人们的敏感神经，引起社会广泛关注。如“全面放开生育”政策、“双减”政策等的出台和实施，直接影响社会家庭结构和教育资源需求的转变，引发公众对优质教育资源分布、择校难等话题的讨论。

3. 路径3：高等教育/高中教育×校园管理/师德师风×意见领袖×社交媒体×政府干预

高等教育阶段和高中教育阶段是教育舆情的高发阶段，该路径显示，发生在高等教育阶段和高中教育阶段的校园管理类和师德师风类舆情事件，在社交媒体驱动、意见领袖参与和政府干预的共同作用下，极易引爆舆论，成为舆情热点。高等教育和高中教育阶段是青少年身心发展、自我认知形成和价值观塑造的关键时期，教师的不当言行可能会对学生的思想、人格和学术发展造成深远影响。近年来，微博、抖音、微信等社交媒体平台成为公众爆料和维权的重要渠道[11]，一旦爆发学术不端、权力滥用等师德师风和校园管理问题，很容易引发媒体的连续报道、意见领袖的关注转发和政府监管部门的介入调查，形成舆论风暴。

## 五 结论与思考

### （一）热点教育舆情普遍存在压力型、复杂型触发机制

研究发现，热点教育舆情普遍存在压力型、复杂型触发机制。相较

于单一因素影响，热点教育舆情普遍呈现出多种影响因素叠加组合引爆舆论场的特征，社交媒体曝光、意见领袖传播、政府干预以及公众持续关注是最常见的组合路径。并且，每条高热度教育网络舆情的原因组合路径中都包含政府干预。其中，地方政府是热点教育舆情的主要干预主体，尤其在负面教育舆情事件爆发后，政府越早干预，公众对政府回应的满意度越高，政府和教育部门的充分介入能够有效缓解公众对事件的负面情绪。当前，政府干预的主要方式为接受媒体采访，然而这样的被动干预方式可能导致回应不及时、辟谣缺位、形式主义等问题，使得负面舆情进一步扩散，影响政府公信力。因此，需要政府部门高度重视舆情事件，及时响应，借助多种传播渠道和媒体平台，持续跟进舆情进展，主动应对。

### （二）跨社交媒体平台联动，推动教育舆情多层级传播

热点教育舆情的首曝媒体主要为社交媒体，社交媒体在引爆和传播教育舆情中起着决定性作用。其中，微博是最主要的首曝媒体，是教育舆情引爆和话题扩散的主阵地。微博大V、意见领袖的关注转发，微博热点话题推送机制和话题标签设置等，推动了教育舆情持续发酵和传播。以抖音为代表的短视频平台在近年的教育舆情引爆中也发挥了重要作用，短视频以直观的视觉冲击引发公众的情感共鸣[12]，短视频上的热门视频会被公众分享到微博、微信等平台，跨社交媒体平台联动进一步推动教育舆情多层级传播。从舆情事件类型上来看，教育政策类舆情事件，例如高考改革、教育资源分配等话题，在微博、抖音等公共平台引发公众讨论，并受到主流媒体和政府部门关注。师德师风类舆情事件常在微博、抖音短视频等平台被直接曝光，引爆实时舆情。跨社交媒体平台联动，推动教育舆情的多平台、多阶段、多层级传播。私域和公域边界的模糊加剧私域冲突公开化的风险，平台间信息迁移也可能引发谣言滋生、群体极化等问题。政府部门和平台需要加强和引导媒介议程设置，提高官方信息传播质量和效果，构建理性、健康的网络舆论环境。

### （三）要基于热点教育舆情的类型倾向进行差异化、精准化监测和研判

校园管理是热点教育舆情的主要诱因之一，在高等教育阶段占比最高，高校管理不到位、规章制度设计不合理、政策措施不得当等问题，常引发舆情，反映出高校在基础设施建设、制度建设和人性化管理等方面存在的问题。校园安全类舆情事件在基础教育阶段的占比最高，也是引发热点教育舆情的重要因素。近年来，校园安全问题引发的负面教育舆情事件时有发生，主要涉及校园食品安全、校园暴力、学生心理健康等议题，这需要引起教育部门的高度重视。无论是单因素必要性分析，还是原因组合路径分析，都表明事件类型和教育阶段对教育舆情有重要影响。尤其是高热度负面教育舆情事件，可能导致涉事主体长期被贴上负面标签。热点教育舆情呈现的类型倾向，对教育网络舆情监测工作提出了更高的要求，教育部门应持续完善教育舆情监测和预警机制，重视教育政策、制度出台前期的民意调查，兼顾公平性原则[13]，完善公众评价监督机制，针对不同性质教育舆情事件，进行差异化、精准化监测和研判。

### （四）要基于全过程思维，建立系统化教育舆情应对机制

教育网络舆情作为教育领域舆论生态的晴雨表和报警器，与当前教育发展状况息息相关，事关学校网络安全和学生网络意识形态建设。教育部门必须深刻把握教育舆情发展规律，基于全过程思维，建立系统化教育舆情应对机制，提升网络舆情敏感度和应对能力，把握网络空间的主导权和话语权。具体应对措施如下。

（1）数字平台建设是学校信息化建设的重要组成部分[14]，有助于提升教育部门网络舆情治理工作效率，加强各部门间的联动合作，形成教育舆情处置合力。当舆情处于小范围议论时期，教育部门应借助大数据网络舆情监测系统进行监测[15]，及时遏制谣言及不良信息传播。

（2）当舆情进一步发酵，微博大 V、营销号、公众号、官方媒体介入时，教育部门应把握好时机，借助多平台发声，占据舆论主流。意见领袖不仅是教育舆情的“扩散器”，也是舆论的导向者。教育部门可以与网络

意见领袖加强联系，引导公众了解事实真相，了解事件全貌，掌握舆论主动权。

（3）当舆情发展至不可逆转且已造成负面影响的阶段时，应遵循“早讲事实、重讲态度、慎讲结论，真诚坦率、不回避问题”的回应原则，尽可能稀释负面影响，针对舆情发酵过程中出现的谣言、恶意炒作的营销号等进行举报与管理，要人工干预与介入，不能任由舆情事态发酵。负面教育舆情事件反映了教育部门在教育管理过程中存在的不足和缺陷，当事方不能仅仅从平息舆论的角度看待舆情处理，而应溯本求源，及时解决现实中暴露出的教育问题，直面舆论根源，从根源上阻断负面教育舆情向更深层次发展的可能性。

## 参考文献

［1］王保华，骆潇．互联网背景下教育舆情的形势、特征与治理［J］．中国高等教育，2019（8）：40.

［2］吴莹，卢雨霞，陈家建，等．跟随行动者重组社会：读拉图尔的《重组社会：行动者网络理论》［J］．社会学研究，2008（2）：218-234.

［3］刘鹏．“全世界都在说”：新冠疫情中的用户新闻生产研究［J］．国际新闻界，2020，42（9）：74.

［4］Latour B. Reassembling the Social：An Introduction to Actor-Network-Theory［M］. New York：Oxford University Press，2005：39.

［5］李翠敏，徐生权．行动者网络理论视角下网络舆情的演化及治理研究［J］．情报杂志，2022，41（2）：134-139.

［6］白月．高校网络舆情的类型、特点及应对研究［J］．河南社会科学，2020（7）：120-124.

［7］王保华，岳梦怡．教育舆情研究中的大数据技术运用：局限与超越［J］．国家教育行政学院学报，2021（9）：89.

［8］李静，谢耘耕．网络舆情热度的影响因素研究——基于2010—2018年10600起舆情事件的实证分析［J］．新闻界，2020（2）：37.

［9］伯努瓦·里豪克斯，查尔斯·C. 拉金．QCA设计原理与应用：超越定性与定量研究的新方法［M］．杜运周，李永发，等译，北京：机械工业出版社，2017：X.

［10］张明，杜运周．组织与管理研究中QCA方法的应用：定位、策略和方向［J］．管理学报，2019，16（9）：1312-1323.

［11］秦静，倪虹悦．社交媒体平台对青年政治信息接触与政治参与意愿的影响分

析：基于三个头部平台 [J]. 传播创新研究，2023 (2)：16-18.

[12] Qin J., et al. How Does Short Video Use Generate Political Identity? Intermediate Mechanisms with Evidence from China's Small-town Youth [J]. Frontiers in Psychology, 2023 (14): 1-11.

[13] Tyler T. R. Social Justice: Outcome and Procedure [J]. International Journal of Psychology, 2000 (2): 117-125.

[14] 文鸿莹. 三方博弈视角下高校网络舆情演化及应对策略研究 [J]. 电子科技大学学报（社科版），2020 (10)：11-18.

[15] 李明德，邝岩. 大数据背景下的网络舆情认知偏差：表征、成因与应对 [J]. 西南民族大学学报（人文社会科学版），2023 (5)：142-143.

# 数字文明与社会秩序

## ——专访昆士兰科技大学教授金迈克（Michael Keane）

金迈克　郭　晨　牛　滢*

**摘　要**：数字文明是一种全新的现实，它改变了人类的沟通方式，从物质文明到数字文明的转变给社会秩序带来了挑战。本文为对昆士兰科技大学教授金迈克的专访内容，围绕“数字文明与社会秩序”议题，进行如下探讨：一是我们正在经历一种什么样的数字文明？二是数智时代人类应如何保持创造力？三是数字文明时代大脑的“模式记忆”和时空意识发生了什么改变？四是中国特色数字文明呈现怎样的趋势？

**关键词**：数字文明　社会秩序　现代化

## 一　数字文明与文化

郭晨：文明与文化之间存在何种关系？

金迈克：“文明”这一主题主要出现在社会学、历史学、人类学、考古学和政治学等学科领域。1996年，美国政治学家塞缪尔·亨廷顿（Samuel Huntington）出版了一部颇具争议的著作《文明的冲突与世界秩序的重建》。该书最初以文章形式发表在《外交事务》杂志上，据称是对弗朗西斯·福山（Francis Fukuyama）关于自由秩序崛起论点的回应。亨廷顿写道：“人们根据祖先、宗教、语言、历史、价值观、习俗和制度来定义自己。”[1]可以看出，文明通常与文化相关，二者有时可以互换使用。

---

* 作者简介：金迈克，昆士兰科技大学教授，研究方向为数字媒体与创意产业；郭晨，郑州大学新闻与传播学院硕士生导师，研究方向为老龄化传播、创意产业；牛滢，郑州大学新闻与传播学院硕士研究生。

在20世纪60年代BBC电视系列节目《文明》中，英国著名历史学家肯尼斯·克拉克（Kenneth Clark）将文明的诠释与美学紧密结合。克拉克写道："在这一系列节目中，我一直试图从创造力的角度来定义文明。"[2]自那时起，许多学者也从非西方文明视角进行了类似的文明诠释，解释也各不相同。许多学科将文明与过去紧密联系。大量的学术研究涉及印度河流域、尼罗河流域、美索不达米亚平原、中国和拉丁美洲等地区的古代文明。人类学家、政治学家和历史学家等开始使用"文明"这一术语，却在很大程度上忽略了"文明"阐释中的文化差异。

在其他领域，学者认为文明是通过互动而发展的，因此"文明"是一种混合体。这使得文明的"纯洁（粹）性"概念变得颇具争议。然而，"文明"这一核心概念既适用于过去，也同样适用于未来。因此，"文明"常常被用来连接个体、种族、国家及相关文化形态。[3]

郭晨：数字时代人类文明形态发生了怎样的演变？

金迈克：文明存在了几千年。过去，城市和家园常常由围墙保护，以防止野蛮的外来侵扰，如长城、哈德良长城、耶利哥城墙、柏林墙，甚至美国和墨西哥之间的"边境墙"。[4]然而，大多数围墙已经消失。在互联网时代，围墙似乎变得不再必要，几乎所有信息都可以在线访问。人类文明的物质遗产如今大多转化为数据——存储在云端。而数字时代正在推动人类迈向一种新型文明，即机器承担人类所从事大部分工作的新文明。[5]

郭晨：文明与数字媒体之间存在何种关系？

金迈克：文明与数字媒体之间的关系值得深入讨论，数字技术直接影响文明形态。1960年，乔治·弗里德曼（Georges Friedmann）提出了"技术文明"这一概念，他认为在这种文明中，人类将拥有更多闲暇时间，从而更具创造力。[6]加拿大学者哈罗德·伊尼斯（Harold Innis）则认为，古代的媒体通过时空约束这一过程保存了文明规范。[7]马歇尔·麦克卢汉（Marshall McLuhan）则指出，媒介技术改变了"文明规范传递和理解的基础"。[8]麦克卢汉和伊尼斯都关注新技术如何影响人们的时空感知。麦克卢汉有一句名言——"媒介即讯息"，意指媒介（即传播技术）直接影响我们所生产、消费以及分享的文化产品。尽管在麦克卢汉写作时互联网尚未出现，但他的许多观点至今仍具有效性。视频流媒体技术改变了创意产业的面貌，缩小了专业人士与非专业人士之间的鸿沟。如今，年轻人能够通过数字技术对音乐进行采样和重组，然后将其上传到 TikTok 平台。这一现象在 20 年前还是难以想象的。

郭晨：媒体在推动文明进程方面起到怎样的作用？

金迈克：长期以来，人们认为媒体以不同的表现形式推动着文明进程。传播学者尼克·库尔德里（Nick Couldry）和安德烈亚斯·赫普（Andreas Hepp）借用社会学家诺伯特·埃利亚斯（Norbert Elias）的理论，认为某一特定的文明主体可以与特定社会形态相联系。[9]在过去，文明主体由其所生活的文化所定义，如民族主体等。两位作者不约而同地使用“现实媒介建构”这一术语，描述如今数字媒体提供多重交织现实的方式。

郭晨：梅吉亚斯（Ulies Mejias）和库尔德里在他们各自的书中探讨的“文明”有何异同？

金迈克：一种是民族国家边界内的文明主体，例如社会化的个体/主体；另一种则是国家层面向新领土的扩张，在这种情况下，现代殖民主义被描述为“数据掠夺”。[10]

这里我想着重聊一下“数据掠夺”。正是这种“数据掠夺”，以及近期关于人工智能挑战的辩论，构成了数字文明的基础。世界到底是进入了一个充满创造力的新时代，还是大家更应该担忧自己的信息安全？美国评论家肖莎娜·祖博夫（Shoshana Zuboff）用“信息文明”一词来描述已经取代工业文明的反乌托邦世界。她批评监控技术侵入公民生活的现象，称之为“一种寄生经济逻辑”，“在这种逻辑中，商品和服务的生产从属于一种新的全球行为改造架构”。祖博夫表示，工业文明污染了世界，而信息文明侵犯了个人隐私，其“将以牺牲人性为代价而蓬勃发展”。[11]

## 二　数字文明与文化记忆

郭晨：人们是如何理解世界的？

金迈克：大脑通过识别“模式”来进行预测和理解世界。1758年，生物学家卡尔·林奈（Carl von Linné）提出“智人”（homo sapiens）这一术语，意指“智慧的人类”。赛博朋克科幻作家威廉·吉布森（William Gibson）曾明确指出“智人就是一个‘模式识别’的生物”。随着社会发展，人类大脑不断进化，科学家对人类大脑如何理解世界运作的机制已经有了较为深入的了解。现代大脑主要由新皮层组成，新皮层主要负责语言处理和抽象思维，这与智能密切相关。

近年来的研究表明，大脑实际上通过构建模型理解世界。基于现有模型，如果感官输入（无论是语言还是非语言）与其一致，那么一切都会井然有序；如果感官输入与现有模型不符，大脑的默认模型则会发生调整。[12]

大脑会基于记忆预测未来。神经科学家安迪·克拉克（Andy Clark）写道：“预测性是大脑对周围环境的一种持续模拟，至少是对于我们而言很重要的环境的模拟。”[13]这一过程与数字设备的运作类似。如在数字设备使用过程中，算法会预测下一个词供用户选择。如果预测正确，便能节省时间与精力；若预测错误，人们也可以对它进行修正。本质上，大脑通过识别模式来进行预测。

郭晨：“模式记忆”在大脑中是如何发挥作用的？

金迈克：这里借用一个流行文化的例子来说明问题。2015年，皮克斯动画电影《头脑特工队》（*Inside Out*）通过一个富有创意的方式探索了儿童的情感世界。皮克斯团队面临的挑战是：如何以新颖的方式呈现情感主题，使电影不仅对儿童，也对成人保持吸引力。在故事创作期间，编剧了解到一位神经科学家的研究成果：“我们认为‘看到’的东西，只有大约40%来自眼睛接收到的视觉信息。”[14]其余约60%的信息来源于我们通过记忆和过去经验识别的模式。影片《头脑特工队》正是反映了这一点——我们的思想既源自外部输入，也来自文化记忆。从文明历史的研究来看，模式记忆一直如此影响着人类大脑。

郭晨：请问您认为数字化的文化记忆有哪些呈现方式？

金迈克：文化记忆数字化的主要受益者是教育机构，后代可以通过使用虚拟现实与增强现实技术体验过去。例如，对中国西部敦煌洞窟中的古代艺术作品以二进制代码重新呈现。那些只有少数人能接触到的珍贵稀有的书籍，如今通过古登堡计划（Project Gutenberg）——世界上第一个数字图书馆计划（始于1971年），可供大众阅览。如今，OpenAI几乎有能力访问所有已写成的书籍，但对其而言，这些书籍都不过是原始数据。

郭晨：数字化技术不断介入大脑对个体记忆有什么影响？

金迈克：硅谷企业家雷·库兹韦尔（Ray Kurzweil）预测，像智能手机与云端交互一样，人们将能够以备份数据的形式将自己的“大脑数据”备份到云端。这并非新鲜事物，如今已成为科幻的内容。1964年，马歇尔·麦克卢汉提出“电子人”（homo electronicus）这一术语。当代哲学家韩炳哲（Byung-Chul Han）则用“数字人”（homo digitis）来描述人们在网络上的强迫性参与行为，[15]他认为人们在数字世界中的参与常常使他们丧失个体性，甚至陷入“数字暴风雨”中。尽管群体呈现出一种汇聚效应，个体却孤立无援，独自面对屏幕。社交媒介激烈批评者杰伦·拉尼尔（Jaron Lanier）同意这种观点，认为过度使用社交媒体会使人失去个体性。

郭晨：数字集体主义对社会极化产生了什么样的影响？

金迈克：与个体性相对，拉尼尔认为，数字时代促进了集体主义的形成，维基百科平台就是一个典型案例。[16]许多人倾向于寻找自己的信息来源，例如，志同道合的人们通过在线平台集聚，在平台的内容生产和消费过程中，几乎没有任何把关者的干预。Substack、Beehiiv、Ghost和Patreon等就是这样的平台，它们为作者提供了聚集粉丝的途径，有时平台还能从粉丝群体那获益（不同的平台具有不同的收益策略）。

本质上，这是一种自下而上的公共领域模式。尤查·本克勒（Yochai Benkler）写道：“网络的分布式社会生产（包括个人生产和合作生产）提供了一种新的体系，个人可以在其中参与信息、知识和文化生产，并与市场、企业、政府和传统非营利组织并存。”[17]

值得注意的是，数字集体主义也会带来负面影响，例如虚假新闻的病毒式传播。网络评论大多具有匿名性，一些信息传播的主体并非人类。目前，算法根据用户的消费习惯来定位人群，用户基本不了解算法推荐的工作原理，[18]也未曾意识到自己正在加入数字部落。“过滤气泡”的概念揭示了虚假信息的产生机理。接触相同观点的人聚集在数字回音室中，他们不断听到、读到自己相信的内容。然而，由于他们并未接触反对观点，极化在所难免。从某种意义上来讲，社交媒体的迅猛发展是“数字文明”的一项标志。[19]在这个全新的世界里，社会极化不断挑战社会信任。

## 三　数字时代与创造力

郭晨：人类的创造力的源泉是什么？

金迈克：创造力在很大程度上是由人类遗忘的能力以及对未来预测的欲望所共同驱动的。

与计算机的记忆力相比，人类大脑对事件的记忆并不完美。许多古代社会极为信任“先知”，“先知”有时是萨满，即拥有强大想象力的人。“先知”能够连接过去与未来，并为人们提供建议与指导。“先知”也是故事的讲述者，这一角色被艺术家与诗人所共享。对大多数人来说记忆会褪色的问题依然存在。例如，演奏一首歌曲却忘记旋律或歌词时，我们往往会即兴发挥。记忆存在差异，文化多样性、差异性也由此产生。

创造力的另一个源泉是预见。我们倾向于想象明天、下周或明年可能发生的事情，并通过想象各种可能性以及创造各种情境来预测未来。安东尼奥·达马西奥（Antonio Damasio）提到：“可以合理地说，我们生活的一部分是在预期的未来中度过的，而不是在现在。”[20]回忆过去与预测未来这两种能力的碰撞，推动大量新创意的产生。人们通过书写与分享故事、诗歌与历史来铭记过去，有时这些内容与国家、民族记忆紧密相连，成为文明记事的一部分。

郭晨：算法机制对人们的主体性有何影响？

金迈克：人类的祖先曾是狩猎者和采集者，而现在我们变成了“浏览器”与“匹配器”。在浏览与匹配的过程中，我们的主动性受到算法的控制。算法会追踪我们的选择，并提供、推荐更多相似的内容。例如，亚马逊平台会提示我“你喜欢某作者的一本书”，于是它就会向我推荐更多类似的内容，Netflix 平台也采用这种推荐方式。通过这一过程，算法建立了一个关于“我”（作为消费者）的个人档案。[21]

为我们提供大量信息的机器算法，通常被看作“黑箱”。这些算法在我们不知情的情况下，悄然推动我们做出决策。算法有能力瞬间压缩云端的大量数据，而这些数据是人类大脑无法直接访问的。算法做出越来越多影响我们生活的决策，有时比我们更了解我们自己。如今，算法已开始“模式”的匹配和变异。数据的丰富性使人们能够将思考的过程外包出去，我们只需要浏览并匹配：餐馆——Yelp，音乐——Spotify、Pandora，朋友——Facebook、WeChat、WhatsApp，社交伙伴——Tinder、e-Harmony，商业伙伴和员工——LinkedIn。与此同时，这些社交媒体的功能还能根据我们的“喜好”，将我们分类、排序，并“推荐”合适的匹配对象。

我们在数字世界中留下的足迹使得陌生人能够了解我们，这并非什么好事。数据逐渐积累，形成了一个存放在云端的“数字墓地”，只有“僵尸”才会重新浮现。身处数字世界中，意味着我们更多地使用“手指”，而非“手”去做事情。由于移动设备可以通过手指轻松地操作、连接，我们很容易被分心。这也是所谓的“分心时代”，在这个时代人们注重“注意力经济”。[22]然而，更值得我们警惕的是数据如何“再训练”我们的思维并影响我们的个体和集体身份。

郭晨：您认为算法将如何影响人类的创造力？

金迈克：人们越来越难以分辨自己在新闻推送中或社交媒体上接收到的信息究竟是人为创作的还是由机器生成的，抑或两者兼有。何为虚假？何为真实？究竟是谁或是什么在编写代码？算法对人文学科提出新的挑战。例如，如果艺术作品可以由机器创作，那么对于作为现实媒介的人文学者和艺术家意味着什么？生物学家爱德华·威尔逊（Edward O. Wilson）认为，人文学科提供的是解释或“近似解释”。而在如今的时代，算法就可以生成近似的解释。因此，值得一问的是：“这将对人类的创造力产生怎样的影响？”

郭晨：数字技术如何促进大众文化？

金迈克：尽管任何事物都可以因“出乎意料”和“有意为之”而被视为具有创造性，但值得思考的是，我们如何比较以下两种情形中所体现的创造性价值：①一件经过长期创作和反复修改而成的艺术作品或文字作品；②使用数字工具（如在线应用程序）生成的出乎意料或偶然得之的作品，且这些作品并不涉及反复修订的过程。这种迅速兴起的在线创造力，能否与具有特定受众且经过精心策划的文化资源相媲美呢？人们是否满足于即时制作的艺术和音乐？这与文化资本的理念又是如何契合的？许多文化产品虽然能暂时填饱你的肚子，但使用之后会让你感到更加空虚，从而渴望更多。

## 四　数字文明在中国的体现

郭晨：如何构建具有中国特色的数字文明？

金迈克：深圳是中国南方一个拥有一千多万人口的城市，毗邻香港，现在属于粤港澳大湾区的一部分，其展示了中国数字文明的典型面貌。如今深圳已成为中国人工智能产业的中心，也是腾讯、中兴和华为等中国领先的科技公司的总部所在地。虚拟现实、创客空间、无人机和机器人等成为深圳数字文明的独特象征。

数字文明与数字想象密切相关。根据查尔斯·泰勒（Charles Taylor）的定义，“社会想象力”这一概念描述了“人们如何想象他们的社会存在，他们如何与他人融为一体，他们如何与同伴进行互动，他们的期望如何得到满足，以及这些期望背后更深层的规范性观念和形像如何”。[23]在线连接使得身处中国境内的人进一步构建出一种与在境外或西方媒体上截然不同的国家想象。中国媒体上出现了关于中国新的四大发明的庆祝报道，这些“发明”包括高铁、电商、无桩共享单车和移动支付。正如来中国旅行的游客所言，中国在众多经济领域的发展远超外界认知。现在，不是重建围墙的时候，一切坚固的东西都将烟消云散。

## 参考文献

[1] Huntington S. The Clash of Civilization and the Remaking of the World Order [M]. New York: Simon & Schuster, 1996: 21.

[2] Clark K. Civilisation [M]. London: British Broadcasting Corporation and John Murray, 1969.

[3] Appadurai A. Disjuncture and Difference in the Global Cultural Economy [J]. Theory Culture & Society, 1990, 7 (2-3): 295-310.

[4] Frye D. Walls: A History of Civilization in Blood and Brick [M]. London: Faber & Faber Ltd., 2018.

[5] Keane M., Su G. When Push Comes to Nudge: A Digital Civilisation In-the-making [J]. Media International Australia, 2019, 73 (1), 3-16.

[6] Friedmann G. Leisure and Technological Civilisation [J]. UNESCO Social Sciences Journal, 1960, 12 (4): 509-522.

[7] Innis H. Empire and Communications [M]. Oxford: Clarendon, 1950.

[8] Athique A. Media, Civilisation and the International Order [J]. International Journal of Cultural Studies, 2019, 23 (3): 334-351+4.

[9] Couldry N., Hepp A. The Mediated Construction of Reality: Society, Culture, Mediatization [M]. Cambridge: Polity Press, 2019.

[10] Mejias U. A., Couldry N. Data Grab: The New Colonialism of Big Tech and How to Fight Back (Kindle Edition) [M]. London: Ebury Publishing, 2023.

[11] Zuboff S. The Age of Surveillance Capitalism (Kindle Edition) [M]. London: Profile Books, 2019.

[12] Hawkins J. A Thousand Brains: A New Theory of Intelligence [M]. New York: Basic Books, 2022.

[13] Clark A. The Experience Machine: How Our Minds Predict and Shape Reality (Kindle Edition) [M]. New York: Penguin Books Ltd., 2023: 9.

[14] Catmull E. Creativity Inc: Overcoming the Unseen Forces that Stand in the Way of True Inspiration [M]. New York: Random House, 2014: 178.

[15] Han Byung-Chul, Butler E. In the Swarm: Digital Prospects [M]. Cambridge, MA: MIT Press, 2017.

[16] Lanier J. Digital Maoism: The Hazards of New Online Collectivism [M] // Brockman J. Culture: Leading Scientists Explore Civilizations, Art, Networks, Reputation, and the Online Revolution. New York: Harper Collins, 2011.

[17] Benkler Y. Response to J. Lanier [M] //Brockman J. Culture: Leading Scientists Explore Civilizations, Art, Networks, Reputation, and the Online Revolution (Best of Edge Series) (Kindle Edition). New York: Harper Collins Publishers Ltd., 2011: 153.

[18] Chayka K. Filterworld: How Algorithms Flattened Culture (Kindle Edition) [M]. Austin, Texas: Blink Publishing, 2024: 21.

[19] Keane M. Civilisation, Technology and Surveillance in the Middle Kingdom [M] //Xu J, Zhang W., Guo S. The Sage Handbook of Digital Media in China. New York: Sage, 2025 forthcoming.

[20] Damasio A. The Strange Order of Things: Life, Feeling, and the Making of Cultures [M]. New York: Knopf Doubleday Publishing Group, 2017: 97.

[21] Chayka K. Filterworld: How Algorithms Flattened Culture (Kindle Edition) [M]. Austin, Texas: Blink Publishing, 2024: 21.

[22] Davenport J., Beck T. The Attention Economy: Understanding the New Currency of Business [M]. Boston, MA: Harvard Business Review Press, 2001.

[23] Taylor C. Modern Social Imaginaries [M]. Durham: Duke University Press, 2003: 23.

# “亲近性”的情感动员：虚拟主播 A-SOUL 粉丝群体的数字劳动

高存玲　彭　卓*

**摘　要**：A-SOUL 是中国影响力最大的虚拟主播团体之一，嘉然（Diana）等五位团体成员分别由五位“中之人”通过动作捕捉设备操控，呈现出虚实交融的偶像形态。在 A-SOUL 的成长过程中，粉丝通过拉票打投、主动引流等“集体劳动”和直播切片、漫画二创等“个体劳动”为 A-SOUL 影响力的提升做出重要贡献。虚实交融的偶像形态、追梦女生的偶像人设和直播群聊的展演方式使粉丝对 A-SOUL 形成了一种“亲近性”的情感体验，进而驱动粉丝参与免费劳动。

**关键词**：虚拟主播　情感劳动　A-SOUL　粉丝社群

## 一　引言

2009 年，初音未来在其两周年演唱会上使用了全息投影技术，首次使虚拟偶像以逼真的 3D 形象与观众互动，展现了不逊色于真人歌手的舞台魅力。在国内，拥有 300 多万微博粉丝的虚拟歌手洛天依多次登上主流电视媒体。作为二次元亚文化和数字技术的产物，虚拟偶像一经推出便迅速获得青少年群体的青睐。根据《2022 年中国虚拟偶像行业研究报告》，中国虚拟偶像市场自 2011 年开始以较快的速度发展，近年来其产业链已趋于完备且市场规模在持续扩大。

2020 年 11 月 23 日，中国大型跨国娱乐公司乐华宣布推出其首个虚拟

* 作者简介：高存玲，青岛大学文学与新闻传播学院副教授，硕士生导师；彭卓，青岛大学文学与新闻传播学院硕士研究生。

偶像团体 A-SOUL，随后陆续公布嘉然（Diana）、向晚（Ava）、贝拉（Bella）、珈乐（Carol）、乃琳（Eileen）五位成员的介绍视频。与语音合成软件生成声音的虚拟偶像不同，A-SOUL 由五位"中之人"（操纵虚拟主播进行直播的人）扮演，她们身穿动作捕捉设备，利用强大的 CG 与实时捕捉技术来调动虚拟形象的动作表情等，达到真实与虚拟相融相生的效果。2020 年 12 月，A-SOUL 发布首支 MV"Quiet"正式出道。除了常见的出专辑单曲外，A-SOUL 区别于其他虚拟偶像的地方是其以网络直播为主要展演形态，直播的主要平台是 bilibili 和抖音。A-SOUL 直播时间大多集中在晚上 7 点半到 10 点，主要内容是夜谈聊天，也包括问答、游戏比赛以及节日特别节目等。2022 年 5 月 10 日，官方称成员珈乐的"中之人"因为身体和学业原因不再参与 A-SOUL 的日常活动。

A-SOUL 在引起广泛关注的同时也收获了大量粉丝。截至 2024 年 8 月，A-SOUL 在 bilibili 的官方账号拥有 33.5 万粉丝，获赞 763.8 万；在抖音拥有 137.2 万粉丝，获赞 1467.6 万；微博官方账号拥有粉丝 242.5 万。2022 年 12 月，bilibili 发布了中国虚拟偶像年度排行榜，A-SOUL 位列榜单第二名，仅次于出道已 10 年的洛天依。在该榜单评选过程中，A-SOUL 的粉丝通过各种方式拉票打投，为其最终名列前茅立下了不可磨灭的功劳。这只是粉丝为 A-SOUL 付出劳动的一个典型事例，粉丝为 A-SOUL 付出的劳动远远不止这些。本文对 A-SOUL 粉丝群体的数字劳动展开研究，有助于我们对虚拟主播粉丝这一亚文化群体获得更加深入的了解。

## 二 文献综述

虚拟偶像通常指通过绘画、动画、CG 等形式制作，在网络等虚拟场景或现实场景进行演艺活动，但本身并不以实体形式存在的偶像人物，是一种完全通过技术手段创造出的新角色[1]，主要包括虚拟歌手、虚拟主播和超写实数字人三种类型。尽管不是真人，但虚拟偶像同样可以吸引众多粉丝。国内最有影响力的虚拟偶像洛天依曾举办过多场全息演唱会，演唱会门票高达一千多元仍座无虚席，粉丝们挥舞着手中的荧光棒用尖叫声回应着洛天依“我好想你们呀”之类的互动，呈现出不亚于真人偶像的影响力和号召力。

近年来，虚拟偶像迎来大爆发，在bilibili、抖音、小红书、微博等平台活跃着为数众多的虚拟偶像，其中不乏粉丝量超一百万的人气偶像。据2021年的数据，二次元文化大本营bilibili有超过3.6万名虚拟主播。目前针对虚拟偶像粉丝的研究主要集中在粉丝身份、粉丝社会互动、参与式生产、粉丝与偶像关系等方面。如薛静的《“我爱故我在”：虚拟偶像与“情感真实主义”》[2]，陈晓伟、丁正凯的《虚拟偶像：媒介与粉丝的二元共塑》[3]，郭全中、张营营的《粉丝经济视角下虚拟偶像发展演化及营销进路探析》[4]，宋雷雨的《虚拟偶像粉丝参与式文化的特征与意义》[5]等。这些研究关注在技术带来重大社会变革的背景下，粉丝群体的新变化和粉丝文化的新进展。

进入Web 2.0时代，数字劳动几乎成为每个接入互联网的使用者的“必修课”。1977年，斯麦兹（Dallas W. Smythe）在《大众传播系统：西方马克思主义研究的盲点》（Communications：Blindspot of Western Marxism）一文中率先提出“受众商品论”（audience commodity）。斯麦兹认为，在大众传播媒介构成的文化产业里有一个极其重要的商品被忽略了，这个商品就是“受众”[6]。斯麦兹关于“受众劳动”的讨论为“数字劳动”相关概念的出现提供了重要启发。2000年，意大利学者泰拉诺瓦（Tiziana Terranova）在《免费劳动：为数字经济生产文化》（Free Labor：Producing Culture for the Digital Economy）一文中首次提出“数字劳动”（digital labor）这一概念[7]。

“数字劳动”包括“物质劳动”和“非物质劳动”两大维度。“非物质劳动”的维度强调资本主义的主要劳动形态由生产实物为主的工业劳动形态转向生产信息、服务、文化等的劳动形态，进而带来剥削、异化等的转变，经典马克思主义的劳动时间、剩余价值等概念需被重新阐释。“非物质劳动”是数字信息技术发展过程中出现的新型劳动形式[8]，又可分为有酬的专业劳动（paid professional labor，如程序员、网站管理员等）和免费劳动（free labor）两类。“免费劳动”强调互联网上休闲和劳动逐渐合

一、生产和消费界限模糊的现象，用户发布图片、上传视频、转发链接、为网帖"点赞"等行为成为平台利润的重要来源。"情感劳动"（affective labor）、玩乐劳动（play-labor）和迷群劳动（fans labor）等都是免费劳动的主要表现形态。"情感劳动"强调情感与资本积累、再生产之间的关系[9]，"情感劳动"并不是非自愿的、强制性的劳动，而是劳动者以喜爱和激情为驱动力，不断地获得自己本质力量确证的过程，如粉丝基于对偶像的喜爱而在网上开展的控评、打榜、应援等。

目前对虚拟偶像粉丝群体数字劳动的研究相对较少。国内学者针对粉丝群体的情感劳动研究主要针对真人偶像粉丝。如方俊、曾德燕的《微博粉丝情感劳动的形成、瓦解及问题探析》[10]，庄曦、董珊的《情感劳动中的共识制造与劳动剥削——基于微博明星粉丝数据组的分析》[11]等。高存玲、范珈硕的《为洛天依写歌：虚拟歌手粉丝创作者的情感劳动》以洛天依的粉丝群体为例，对他们的情感劳动进行了分析，并提出了"数字情感剥削"这一概念。高存玲和范珈硕认为，"异化的缓解"和"剥削的加剧"在粉丝创作劳动中并行不悖，这成为虚拟偶像资本剥削的新特点[12]。

在偶像家族中，A-SOUL 和洛天依等完全存在于虚拟空间的偶像与真人偶像存在很大的不同，以网络直播为主要展演方式这一点也异于大多数其他知名虚拟偶像。A-SOUL 每周日程安排主要包括日常、训练、节目、推广四个板块，除训练外的三个板块均采用晚间直播的形式进行。A-SOUL 粉丝群体的数字劳动也有很强的独特性。基于此，本文采用参与式观察和访谈法，深入粉丝社群探究 A-SOUL 的粉丝劳动及其背后动因，并尝试回答以下研究问题：A-SOUL 粉丝群体的数字劳动有哪些形式？这些劳动与洛天依等虚拟偶像粉丝相比有何独特性？粉丝劳动的动机是什么？这些劳动给 A-SOUL 带来了怎样的影响？

## 三　怎样劳动：社群协作与个体生产

对于虚拟歌手来说，为其创作歌曲是粉丝最重要的数字劳动形态。A-SOUL 与超写实数字人相比存在明显的不同。A-SOUL 由"中之人"穿戴动作捕捉设备操控虚拟形象，虚拟形象的动作、表情、声音等都来自“中之人”，因此其有很强的虚实交融特性。同时，A-SOUL以网络直播为最主要的展演形式，这又与柳夜熙的短视频、AYAYI的静态图片迥异。A-SOUL的媒介呈现方式也使其粉丝群体的数字劳动呈现出很强的独特性。

### （一）集体劳动：粉丝社群中的流量制造

传播技术和网络媒介平台的发展为粉丝联结提供了场域，最初关注A-SOUL的人大多来自V圈（VTuber，虚拟视频主播），带有二次元元素的外形和“中之人”扮演的内核设定使A-SOUL迅速收获了粉丝。随着A-SOUL正式出道，粉丝群体不断壮大并在A-SOUL贴吧、超话以及QQ频道迅速联结，围绕A-SOUL建立起一个自由开放的个性化社区。A-SOUL粉丝社群“一个魂”成为建立在共同情感基础之上的富有认同感和归属感的情感共同体。

调研发现，微博超话和QQ频道是A-SOUL粉丝主要活动平台。A-SOUL超话包括名人动态、视频等微博常设板块，以及日常聊天、直播切片、集中楼等个性化板块。超话名人堂中除A-SOUL成员外还有由6个大粉组成的主持人团队，团队成员目标明确且进行差异化分工。“欧欧通宝”是超话主持人及超话管理者之一，作为粉丝社群中的大粉，她的粉丝劳动形式更加多元化，主要包括日常管理、动员拉票打投等内容。如在A-SOUL出席活动时，她会多次发布相关行程信息和购票流程并附有购票链接，在为偶像刷存在感的同时也为其他粉丝提供了便利。资历较浅的新生粉丝或了解较少的路人粉丝，也乐意向以大粉为核心的粉丝社群靠拢。粉丝社群将粉丝们联结起来，既有大粉进行管理决策，也有散粉秩序井然、组织明确地推进各项劳动内容。基于粉丝社群这一平台，A-SOUL粉丝实现了粉丝劳动的有机协作，呈现出“集体劳动”的特点。他们的主要劳动内容如下。

一是管理反黑。粉丝社群发布日常管理公示为新进超话的粉丝提供参考，言明规则提高超话内发言的规范性。如上文提到的超话主持人，会对违反超话发言规则的情况进行公示，并公布对其采取禁言或屏蔽的处理措施。微博超话具有公开性、草根性的特点，为粉丝群体聚集带来便利的同时，也容易造成人员鱼龙混杂、信息真假难辨的局面，有效的管理可以在一定程度上减少超话中出现无中生有的言论、恶意剪辑的图文视频等。同时这也是为偶像反黑的一种劳动形式，一定程度上规范了粉丝社群的发言行为，避免出现泄露"中之人"隐私的行为，减少针对 A-SOUL 的谣言以及负面信息。

二是拉票打投。在一些榜单评选中，粉丝的投票数量可以直接决定偶像的名次。粉丝社群通常会在榜单评选或投票确定嘉宾期间进行拉票打投。大粉通过在不同时段发布投票链接，提醒带动粉丝群体为偶像投票。在 2022 虚拟 UP 主年终盛典偶像评选期间，几位大粉分别于上午九十点钟和晚上八九点钟人流量大的黄金时段在超话发布投票链接并配以"你不投我不投，A-SOUL 何时能出头"的文案。除此之外，为了得到路人的投票，粉丝社群中的大粉会"以身作则"花钱为偶像争取更多选票。粉丝"菲特"曾在 2022 虚拟 UP 主年终盛典偶像评选期间自掏腰包发布抽奖活动，只要为 A-SOUL 投票并将截图发布在评论区即可参与现金抽奖。这种行为对散粉或本没有投票意愿的路人也会有一定的动员作用。

三是刻意浏览。大数据时代，流量成为衡量偶像商业价值的准绳，微博等平台成为各路粉丝数据比拼的战场。A-SOUL 的粉丝劳动最常见也是最普遍的方式即是浏览及转发偶像的相关帖子、图片、视频等，或在 bilibili 观看 A-SOUL 的日常直播并进行弹幕互动、礼物赠送等。在抖音等平台，用户的浏览、点赞、分享、上传等都是在为平台提供免费劳动，这些行为最终都被资本吸纳进增值的闭环当中。与单纯的浏览点赞不同，A-SOUL 粉丝可能会"为了浏览而浏览"，通过刻意浏览等行为为 A-SOUL 提高关注度。对这些粉丝来说，浏览内容并不是他们的主要目的，为偶像提升"数据"才是根本目的。例如，粉丝社群会组织粉丝在某一时段，比如晚间直播刚开始时，通过刻意的浏览、公屏刷弹幕、转发直播间等为 A-SOUL 直播提高数据，进而达到为直播引流的目的。"幻梦"是 A-SOUL QQ 频道的频道主，直播前期会在频道的闲聊大厅为偶像预热，提醒粉丝们不要错过直播时间，并引导粉丝发布“顶碗人（A-SOUL成员向晚的粉丝名）在吗”“顶碗人在此”等弹幕为直播造势。粉丝通过此类注意力投入和信息传播劳动提升偶像影响力。

### （二）个体劳动：创作性内容的情感输出

当代青少年群体作为数字互联网时代的“原住民”，对虚拟偶像的接受度和认可度较高。与其他粉丝群体类似，二创是A-SOUL粉丝最主要的一种数字劳动方式。其中，直播切片和同人漫画是最为普遍的两种形式。

所谓“直播切片”，就是对偶像的直播内容进行录制并将直播过程中的精华和富有吸引力的部分单独剪辑出来形成新的短片。研究者在对粉丝“嘉然今天看暮云”的访谈中得知，“切切片”是他最常进行的粉丝劳动方式。2022年6月至2023年2月，他为“嘉然”制作的切片合集中共有75条切片视频，获得5.7万播放量。这些视频收获了一众粉丝的点赞评论。粉丝“海绵宝宝小眠”在访谈中透露，最初就是因为刷到了A-SOUL的新年特辑切片视频“入坑”（成为A-SOUL的粉丝）的。粉丝做直播切片一方面为想要回顾直播或只想观看某个片段的粉丝提供了便利，另一方面也成为为A-SOUL直播引流的一种方式。

亨利·詹金斯（Henry Jenkins）借用米歇尔·德·塞尔托（Michel de Certeau）的“盗猎者”（the poachers）概念来描述粉丝的实践活动，粉丝将“过去文化产品中数不胜数的碎片拣选重组为新的叙述、故事、对象和行为”[13]。A-SOUL同人漫画是粉丝基于人物角色进行的二次创作，大多是以偶像原有人设为基础进行的虚构创作，也有对其人设性格的丰富和再创造。与直播切片不同的是，同人漫画的创作需要一定的专业性。

A-SOUL粉丝群体制作的二创漫画包括漫画表情包、剧情漫画等。如粉丝“是萝卜捏”根据A-SOUL形象设计Q版漫画“枝江动物园”表情包（见图1）。这套表情包分别为四位成员制作了全新的萌化形象“小然熊”、“小拉兔”、“小琳狐”和“小晚猫”，一经发布就受到了粉丝们的喜爱和打赏。也有创作者热衷于虚构“剧情向”同人漫画，粉丝“果皇炖凤梨”经常在超话二创同人板块发布自己的作品，赋予“贝拉”和“乃琳”热血侦探和优雅杀手的人物形象，并配合相应的服装、造型武器等。A-SOUL 作为一个偶像团体，粉丝创作的同人作品往往不局限于单个偶像，而是注重团体成员之间的互动情节。乐华在推出 A-SOUL 偶像时并没有采取漫画的形式，粉丝的同人漫画创作填补了这一空白。

**图 1　“枝江动物园”表情包（作者：是萝卜捏）**

不同于传统意义上的劳动者，粉丝劳动过程中不存在雇佣关系，粉丝付出的劳动是无酬的。粉丝劳动不仅为偶像带来了更多的关注和流量，也帮助其背后的偶像工业实现了资本增值。

## 四　劳动内驱力：“亲近性”的情感体验

在歌舞影视偶像时代，偶像对粉丝来说是遥不可及的，粉丝对于偶像的情感更多的是崇拜和仰望。随着选秀时代的到来，偶像通过粉丝投票获得出道机会，逐渐走下神坛。养成系偶像的世俗化更强，一些粉丝甚至以偶像的“姐姐”“妈妈”自居，“关爱”超越“崇拜”成为粉丝与偶像间的主要情感关系。而 A-SOUL 粉丝和偶像之间形成了一种独特的情感体验——“亲近性”，正是在这种“亲近性”情感的驱动下，粉丝自愿为 A-SOUL 付出各种劳动。亲近性的情感体验主要源于以下三个方面。

第一，追梦女大学生的偶像人设组合。推出之初，乐华将A-SOUL设定为五个共同追梦的女大学生。不同于其他公司打造的完美偶像，A-SOUL在音乐、舞蹈等技能方面都存在不足，最初直播时没有像其他主播那样老练地抛梗接梗，展现出的更多的是初出茅庐的大学生的稚嫩与青涩。出道之初，A-SOUL因业务底子差、舞蹈水平低等频遭网友诟病。收到此类问题反馈后，A-SOUL增加了舞蹈和音乐训练的内容，让观众看到了其唱跳能力的进步。粉丝从A-SOUL一次次的进步中看到了她们的努力，并在她们身上找到了自己的影子。正是这种感同身受和喜爱之情让粉丝自愿加入A-SOUL的养成计划中。A-SOUL团队会在每周发布直播日程的同时附上直播问卷调查链接，让观众从个人感受出发对直播内容、音频效果、镜头画面和整体效果打分，并且给出关于场景、服装或其他节目内容的建议，为A-SOUL“追梦”登上更大舞台助力。A-SOUL根据网友建议做出调整，逐步成长为唱跳能力俱佳的全能偶像。

第二，虚实交融的偶像形态。依靠动作捕捉技术以虚拟形象示人的A-SOUL介于“真实”和“虚拟”之间，组合推出之初就打出“永不塌房”的旗号，参照真人偶像的演出模式进行原创、翻唱以及舞蹈等内容生产。相比真人偶像，虚拟偶像具有更高的可控性，且避免了由于不良嗜好、道德败坏以及触犯法律等问题“塌房”的风险。与作为“纸片人”的初音未来和洛天依不同，五位“中之人”的展演使得A-SOUL比普通虚拟偶像更具生命力和灵动性。粉丝在与A-SOUL的“朝夕相处”中逐渐形成一种独特的亲昵关系。由于“中之人”的存在，A-SOUL在直播中能够采用日常杂谈、聊天室等形式，有效地拉近偶像与粉丝之间的距离。“君孝JunX”在访谈中提到：“我总感觉普通偶像还是很有距离感，有些难接触到，而A-SOUL就好像是真正陪伴自己的朋友一样。”

第三，“直播群聊”的展演方式。与更具权威性和俯视感的单人直播不同，A-SOUL通常采取直播群聊的方式，几位团体成员坐在一起聊天打闹，极具真实感和生活化气息。不同的偶像与粉丝之间形成了不同的情感关系，“接地气”的直播方式让A-SOUL与粉丝更加亲近。这种亲近的情感体验让粉丝和偶像之间形成了紧密的情感联系，成为驱动粉丝参与情感劳动的重要推动力。访谈中网友"见习巫女雾子"表示："她们最让我喜欢的就是人设比较亲民，更贴近于普通人，不像明星那样高高在上。平时我就是做做切片，不会耗费太长时间，为了她们变得更好我很乐意的。"粉丝"奇树"表示："在之前也比较喜欢二次元，但从没有看过虚拟主播方面的直播或者视频，A-SOUL 吸引我的点主要是她们的亲近感，在晚上看几个女孩唠唠嗑聊聊天，有种比较放松的感觉。"我们通过访谈不难看出，粉丝接触 A-SOUL 更多的是被其亲近感和直播带给人的放松感所吸引。A-SOUL 的直播频率高、互动性强，直播群聊的方式让观看者感觉到亲近和放松，带给粉丝很高的情绪价值。

## 五　免费劳动对粉丝的意义和价值

自社交媒体兴起以来，技术赋权使普通人拥有了更多发声权和传播力。在微信、微博等社交平台，个人越来越倾向于从他人的点赞、评论中获取对自身的认同感和满足感。一位微博用户在访谈中表示："希望能有更多人看到我喜欢的内容，优秀的作品产出应该被更多人知道，让作者能够得到认同。"一位微博用户在谈到同人作品时表示："画画是我的工作，平常基本只画稿件，因为真的很喜欢 A-SOUL 所以画了她们的同人作品，东西要给懂的人看，在超话和 B 站发出来会有很多嘉心糖（A-SOUL 成员嘉然的粉丝名）点赞、转发，我的画能被更多喜欢 A-SOUL 的人看到，也让我很有成就感。"马特·赫尔斯（Matt Hills）在《迷文化》中就指出，迷社群内部存在竞争关系，"任何既定的迷文化，不再只是一个社群，同时也是个社会层级。迷在其中分享共同的兴趣，但在相关的知识、接近迷对象的权力以及地位声誉上，同时也处于相关竞争的关系"[14]。对于粉丝来说，在社群中获得尊重和地位需要通过发帖数、创作数、超话等级、上舰次数等指标的增长来实现。因此，对于那些切切片、画漫画的粉丝来说，他们通过劳动能够在庞大的粉丝社群中凸显自我价值，获得认同和尊重。

个人在社群中的融入程度随着参加劳动次数的增加而不断加深。粉丝形成社群最初虽是因对偶像的热爱和应援的需要，但社群内的互动交流也使粉丝拓展了社交空间。很多粉丝在访谈中透露希望通过劳动实现粉丝社群的深度融入。网友“阿巴嘉然”表示：“很多人都说喜欢姑娘们，但怎么证明呢？有实际行动和付出的才算是‘一个魂’家人们。”“一只张酱”在QQ频道中提到：“不知道为什么感觉现在互联网好冷清，但‘一个魂’组织一起打投反黑，为共同的目标努力让我感到很自豪，咱也是有组织的人了。”互联网飞速发展的当下，碎片化交流加剧了人们的孤独感，社群满足了粉丝“圈地自萌”进行自我疗愈的需求。通过对A-SOUL的QQ频道进行参与式观察发现，粉丝除了围绕A-SOUL相关的话题进行讨论外，也会展开个人爱好、日常穿搭、生活琐事等方面的交流。社群成为偶像与粉丝间、粉丝与粉丝间情感维系的中心。在大型活动、榜单打投中，广大粉丝在大粉的指挥下进行集体劳动，通过对同一目标的追求不断强化群体联结，开展“集体劳动”成为粉丝融入社群的重要方式。

## 结语

娱乐产业与数字技术交融孵化出的虚拟偶像革新了资本造星及粉丝追星的方式。无论是存在形式还是展演形式，A-SOUL与其他虚拟偶像都存在显著区别，亲近性成为A-SOUL粉丝独特的情感体验。在这种情感体验的驱使下，粉丝结成社群并进行各种形式的粉丝劳动。粉丝既是A-SOUL的文化消费者，又是A-SOUL的制造者，粉丝自发的流量生产和二创对A-SOUL的偶像之路发展发挥了重要作用。粉丝社群作为粉丝的聚集地和管理机构，在粉丝劳动中扮演了极其重要的角色。通过免费劳动，粉丝在获得认同感和满足感的同时也实现了对社群的融入。

媒介技术的发展改变甚至颠覆了粉丝和偶像的关系，在偶像的成长过程中粉丝获得了更大的主动权。虚拟偶像工业发现并积极利用粉丝的主动性，采取各种手段吸引粉丝参与劳动，无偿占有粉丝劳动的同时将其转换成资本剩余价值。免费劳动取代雇佣劳动成为数字资本增值最重要的来源。数字经济时代的新变化和新特征为我们重新思考马克思主义劳动价值

论提供了契机，在经验研究的基础上展开理论反思成为下一步重要研究方向。

## 参考文献


［1］陆鹏鹏．虚拟偶像，永远的“神”［EB/OL］. https：//mp. weixin. qq. com/s/E_ lyOBbWBeyt-fV77_ 3o3w.

［2］薛静．“我爱故我在”：虚拟偶像与“情感真实主义”［J］. 文艺理论与批评，2022（6）：115-126.

［3］陈晓伟，丁正凯．虚拟偶像：媒介与粉丝的二元共塑［J］. 青年记者，2022（8）：59-61.

［4］郭全中，张营营．粉丝经济视角下虚拟偶像发展演化及营销进路探析［J］. 新闻爱好者，2022（3）：16-19.

［5］宋雷雨．虚拟偶像粉丝参与式文化的特征与意义［J］. 现代传播（中国传媒大学学报），2019（12）：26-29.

［6］Smythe D. W. Communications：Blindspot of Western Marxism［J］. Canadian Journal of Political and Social Theory/Revue Canadienne de Théorie Politique et Sociale，1977，1（3）.

［7］Terranova T. Free Labor：Producing Culture for the Digital Economy［J］. Social Text，2000，18（2）.

［8］宁天歌，韩文静．广告劳工：移动游戏广告的用户体验［J］. 新媒体公共传播，2024（1）：46-58.

［9］杨馨．情感劳动的传播政治经济学批判——以 L 后援会为个案［J］. 新闻记者，2020（9）：14-24.

［10］方俊，曾德燕．微博粉丝情感劳动的形成、瓦解及问题探析［J］. 中国青年社会科学，2021（6）：32-39.

［11］庄曦，董珊．情感劳动中的共识制造与劳动剥削——基于微博明星粉丝数据组的分析［J］. 南京大学学报（哲学·人文科学·社会科学），2019（6）：32-42.

［12］高存玲，范珈硕．为洛天依写歌：虚拟歌手粉丝创作者的情感劳动［J］. 中国地质大学学报（社会科学版），2022（3）：147-156.

［13］亨利·詹金斯．文本盗猎者：电视粉丝与参与式文化［M］. 郑熙青，译．北京：北京大学出版社，2016.

［14］马特·赫尔斯．迷文化［M］. 朱华瑄，译．台北：韦伯文化国际出版有限公司，2005.

# 视听意象：中华优秀传统文化的视听传播策略

陈　琦　何雨蒙*

**摘　要**：在以互联网为核心的视听传播方式下，视听符号成为建构国家形象的重要手段，传达着一种政治理念和价值观念。新的视听传播方式丰富了传播层次，同时也带来了新的挑战和问题。为了适应新媒体时代的发展，社会对新型视听传播人才的需求出现了新变化，在传统广播电视人才饱和的同时，互联网的发展对视听传播人才能力结构也提出了新的要求。

**关键词**：视听传播　短视频推广　融媒体　中华优秀传统文化

党的二十大报告为中国特色社会主义文化的发展道路指明了发展方向，提出要“全面建设社会主义现代化国家，必须坚持中国特色社会主义文化发展道路，增强文化自信，围绕举旗帜、聚民心、育新人、兴文化、展形象建设社会主义文化强国，发展面向现代化、面向世界、面向未来的，民族的科学的大众的社会主义文化，激发全民族文化创新创造活力，增强实现中华民族伟大复兴的精神力量”[1]。文化传播是文化建设过程的重要组成部分，也是文化竞争力的重要基础。强化文化传播效果，需要从顶层价值引导入手，立足于整体文化建设战略，并基于汉语话语结构与汉语文化传播体系的建构。

近年来，国家广播电视总局通过“央视频”“云上中国”等新媒体平台，打造了一系列在国际上有影响力的视听节目。这些作品在传承中华优秀传统文化、增强国家文化软实力、向世界讲述中国故事、展现中国形象等方面发挥了重要作用。在新媒体平台上，中华优秀传统文化的传播迎来

* 作者简介：陈琦，西北政法大学新闻传播学院教授、副院长、硕士生导师，研究方向为视听传播；何雨蒙，西北政法大学新闻传播学院硕士研究生。

了一个新的发展机遇，优秀的视听节目也越来越多地出现在各大平台，为更好地向世界介绍中华文明提供了一个新的范本。此外，短视频层面的视听传播也在中华优秀传统文化的传播过程中发挥越来越重要的作用，涌现出越来越多的外籍短视频博主分享基于自身客观经历所感受到的中华优秀传统文化，凭借其专业视频制作能力，在为外籍网友带来优质的视听体验的同时，也推动了中华优秀传统文化“走出去”。

## 一　融合传统元素的视听节目推广

### （一）内引外绽：现代化下文化传播的节目示例

近年来，国家广播电视总局在“走出去”和“走进去”两个方面做出了一系列卓有成效的探索。文化从“走出去”到“走进去”，是我国在向世界介绍中华文明方面的一次重要创新，是中华文化传播方式的一次重大改变[2]。《国家宝藏》作为中央电视台推出的文化类节目，以“文物+故事+明星”的模式在国内掀起一场“全民寻宝”热潮。在《国家宝藏》中，明星和国宝相结合，明星为国宝代言，让更多人了解到文物背后的故事。同时，节目通过明星的讲述和解读将文物背后的故事传播给更多观众。《典籍里的中国》则是以综艺节目形式将古籍中记载的历史文化呈现给观众。文化从“走出去”到“走进去”，不仅是中华文明传播方式的转变，也是国家广播电视总局在推动中华文明视听传播上做出的一次重大创新和突破。

### （二）多维视觉：实现中华文明深层化全方位呈现

在媒体平台上，以《国家宝藏》为代表的节目通过打造具有强烈艺术气息、高度原创、丰富多元以及极具历史厚重感的内容，在向观众展示中华文明之美的同时，也向世界传播了中华文明，使中国故事讲述得更加鲜活生动。《国家宝藏》系列节目充分利用媒体平台以独特视角对中华文明进行全方位、立体式呈现，借助 LED 开合车台、360 度全息成像，以舞台化的仪式为场域，以物为载体讲述历史故事，以人为主体展现历史时空。

中国的历史文化是中国发展的重要基础，而历史文化的传播离不开各种传播形式，视听传播可以说是当前历史文化传播最重要、最有效的形式之一。通过视听节目，观众可以看到更加立体的中华优秀传统文化，更加深刻地认识到中华优秀传统文化与当代文明之间所具有的紧密联系。

### （三）凸显特性：立足地域特色呈现多视角中华文明

近年来，中国优秀的视听节目在国外社交平台上产生了较好的传播。这些节目体现了鲜明的地域特色，并用视听艺术的形式讲述着中华文明的故事。其中，《国家宝藏》《我在故宫修文物》《典籍里的中国》等节目以精美的视觉效果、幽默风趣的表现形式、精湛深刻的传统文化内涵和深厚的家国情怀，让中华优秀传统文化在海外广泛传播。

与此同时，各地具有代表性的UP主也逐渐涌现出来，例如新疆的UP主用最淳朴的方式为我们介绍最真实的新疆生活和味道，四川博主用自身擅长的方式诠释最纯真的四川生活。各地都在以正向多维的方式传播着自身的地域文化，将地域特色更好地展现给全国各地以及世界各地的网友。不同于传统意义上的美食纪录片，这些短视频将镜头对准了当地特色小吃，从真实质朴的视角出发去讲述美食背后的故事，让观众通过这些视频了解到当地最具有代表性的美食、最具特色的风俗、最具代表性的建筑等，让观众看到真实、接地气而又极富趣味性与观赏性的内容。

这些优质视频不仅满足了人们对于美食、文化以及建筑等内容的需求，还在潜移默化中丰富了人们对生活方式以及文化艺术方面的认知。从一开始的传统单一模式到现在的多元化发展，从一种向外输出的形式到现在的相互交流与融合，这些内容不断地向人们展示着来自不同地域，具有不同文化背景、不同生活方式的人们对于生活的态度。

## 二　中华优秀传统文化视听传播的难点与挑战

### （一）资本桎梏：文化创新停滞，偏离群众基点

随着资本要素大量流入平台，以及用户碎片化的阅读习惯形成，一些文化内容的创作者在创作理念上发生了转变。一方面，从“以内容为王”转向“以渠道为王”“以技术为王”，乃至“以服务为王”。随着媒体的深度融合和科技对传媒业的重构，一些文化传播者开始把工作重点放到了传播的流程上，把基础的内容创作置于次位。的确，在文化传播过程中，渠道与技术、服务都是应该被重视的，但文化传播的基本逻辑依然是对文化内容的传播，在文化传播综合策略中，内容生产或内容建设应始终处于文化传播的战略性地位。另一方面，部分创作者没有把握好文化内容创作的精神内核，没有把人民放在第一位，导致文化作品与群众相分离，在现实生活中漂浮。比如，部分电影、电视剧因为人物形象、台词过于夸张，情节过于脱离现实而被下架，甚至有些关于抗日战争、解放战争的电视剧，不但没有反映出党在革命、建设、改革过程中所创造出来的先进文化，而且还曲解、扭曲了中华文化、中国的精神。这种类型的文化作品，不但不能展现先进文化，而且也难以取信于大众，满足大众对于优秀文化的需要。

### （二）技术制约：文化产品与机制创新水平不匹配

党的十九大报告和党的二十大报告都提到了发展中国特色社会主义文化要“坚持创造性转化、创新性发展”的论断，这也说明了在文化传播的过程中创造性和创新性的重要性。特别是在移动传播时代，技术融合为文化传播提供了强大的动力。但是，在具体的技术运用过程中，一些文化产品并没有实现真正意义上的整合，而是仅使用了新的技术渠道，将内容与技术进行简单的叠加，仍然按照旧传播范式下的路径和模板。另外，在技术应用上也有地域差异，部分地区新闻媒体，由于技术水平限制，人才缺

乏，不能充分发挥其优势，更不能充分发挥中华文化的独特优势。这跟传播体系化建设和体制机制创新有着密切的关系，党的二十大报告重点提到了“加强全媒体传播体系建设”，这就对传播格局的建设提出了系统性和协同性的要求，要让技术的发展惠及文化传播的各个方面，从而减小不同地区之间在传播方面的差距。

### （三）文化壁垒：跨文化传播面临难题

国际文化传播是国际传播的一个关键环节，党的二十大报告突出了在跨文化传播中应重点贯彻的问题，在提高我们国家的文化传播力、影响力的同时，应坚持中华文化的立场。但是，在实际操作中，我们向海外输出文化产品时，却面临许多困难，会出现文化误读或传播障碍。例如，一些走出国门的文化作品，过度依赖其他国家的文化传统，把中华文化分解为与之相匹配的内容范型，这不但导致通过文化传播来塑造中国的形象难以实现，而且加剧了在国际交流空间中的“话语权”的不平衡。

## 三　中华优秀传统文化视听传播策略

### （一）多维发展：制定新时代中国式传播策略

中华优秀传统文化传播的核心是要坚定文化自信，从全局把握中华优秀传统文化，探寻自身的传播途径。既要加强理论研究，以社会主义核心价值观为引领，又要在内容建设、技术手段和传播策略上进行全面的改革，扩大中华文化在今后的文化传播中的影响力。一是坚持“以人为本”，强化文化交流的“本地化”转向，以适应中国式现代化进程。文化传播的首要任务就是创造高质量的文化产品，根本还在于对当前中国式现代化的认识，以及在文化内容创造方面对本地化问题的把握[3]。当前，全国各地大力推进的县级融媒体中心建设，为挖掘地方文化内容开辟了新的路径。比如，福建省尤溪县抓住“朱熹故里”这一文化要素，把“朱子文化”作为其传播标志，把工业发展和文化交流有机结合起来，从而扩大当地优秀传统文化的影响力和覆盖面。文学作品创作者必须提高自己的理论水平，加深自己对先进文化的理解，加强与人民大众的交流，使自己的思想扎根于中国特色社会主义建设进程。基于以上原因，媒体监管者应当注意媒体的意识形态取向，并在媒体的每一个环节强化监督。

二是要推进内容和技术的深度结合，推进内容创意转化和创新发展。在移动传播的背景下，文化内容建设必然要与技术发展进行深度融合[4]。一方面，它体现在技术对内容创造的帮助上。文化创作者应该充分运用各种技术手段，不仅要将内容与技术结合起来，而且要对技术特点进行深刻把握，让文化内容可以与技术真正融合起来。例如，国家博物馆借助数字技术，动态化呈现《乾隆南巡图》，从而提高群众接受度和内容传播力。另一方面，平台化、移动化、碎片化等现代传播特征，也将文化传播引向更加数字化、智能化的发展道路，这主要体现在文化传播中的平台搭建与矩阵建设上。在今后的发展中，文化传播与技术的融合是一个重要的趋势，要想实现数字化布局，就必须加强部门间、组织间的深层次、系统化的协作。

### （二）顶层设计：研究文化传播规律及传播方法

文化传播是一个由强到弱的文化区域的辐射、渗透的过程，由此大国的文化易受到重视，“器”的文化区域较“道”的文化区域更易被人们所接受[5]。在当今的全球化时代，一个民族的强大，就意味着一个民族国际竞争能力的强大，意味着一个民族软实力的强大。在当代，一个拥有先进的传播手段和强大的传播能力的国家，其文化思想和价值观传播得更广，其影响力也更大。所以，建设社会主义文化强国，就是要“用现代技术提高文化的表现能力”，创新传播方式、手段和方法，针对不同的文化层次，采取不同的途径。由于“器”文化较“道”文化更易被人们所接受，因此，我们必须将“道”与“器”区别开来。中国文化的“道”就是中国文化所包含的社会主义思想、价值观和信仰，由此衍生出来的各类文化产业、产品和服务就是“器”。在中国文化的传播中，我们不能直接地宣传“道”，而应将“道”化为“器”，并将中国文化的产品、商品、服务等加以发展。影视作品、图书、音乐作品，在娱乐功能之外，自然也包含着中华文化的思想观念、价值观念与信念，观众在看电影、读书、听音乐的过程中，会无意识地受到影响。因此应该把文化产品、商品、服务等输出出去[6]。

《泰坦尼克号》《哈利·波特》《阿凡达》《狮子王》《玩具总动员》，这些电影不但在世界范围内创下了一个又一个的票房神话，还将美国的思想、价值观、道德观念传播到了世界各地。美国文化传播的最大特色与优点在于它具有“无声无息”的特性，美国在对外文化传播中，非常重视交流的艺术，善于将意识形态、价值观和信仰隐藏在表面上是娱乐的、公平的、客观的、中立的文化产品、商品和服务中，善于运用交流技巧，达到最佳的交流效果。

### （三）**定性传播：研究受众特点精准输出传播内容**

在国际交流中，由于人们的意识形态、文化背景，接受习惯等因素的不同，人们在选择上表现出了更多的差别。受众在接收信息时并非被动的，他们的文化背景、思想观念和接受习惯决定了他们会有选择地接受他者所传达的信息[7]。要想在全球化的大背景下，扭转文化传播“西强我弱”的格局，中国媒体必须进行深入的调查，充分认识各国文化特征，把握各国受众的文化背景、接受习惯、信仰、思想，并针对其思想观念，针对其特征，选取有针对性的传播内容，以适应其文化需要，从而提高其文化传播的有效性。有学者将不同民族之间的文化差别分为四种。第一种是两个民族之间既无文化差别，又有同样的语言，例如美国与加拿大[8]。第二种是文化差异不大，各国有共同的语言，例如美国、英国、澳大利亚，交流起来相对方便。第三种是中度文化落差，即在同一文化背景下，只存在语言的差异，比如美国和欧洲国家。第四种是文化差异很大，如中国和美国的文化差异很大，美国和阿拉伯国家的文化差异也很大[9]。

不同的文化会产生不同的价值观、善恶标准、信念、思想观念。在此基础上，首先，应深入了解不同国家受众的文化背景，认真分析中国和其他文化之间的不同和融合路径，找到两种文化的交集点，选取与受众的认知心理、情感心理和审美心理相一致的内容，进行有针对性的、有目的的传播。在进行文化交流时，传播者应该注意到不同文化之间的差别，尽量避免在交流过程中产生冲突，以免起到相反的作用。其次，通过对不同民族文化的共性和共性之间关系的研究，找出它们在语言交流中的共性[10]。“人类的共性，决定了人类对于真善美的追求，也决定了人类对于新事物的接纳。因此，我们要在我们的基础上，循序渐进地对异质文化开放。”[11]例如，20 世纪 90 年代中后期以来，韩剧在中国内地风靡，部分原因是韩国电视剧所选取的内容与中国的道德、伦理存在一致之处。尽管各国的文化背景存在差异，但先进的文化模式是全人类所追求的，它是全人类的共同目标。因此，中国的文化传播必须选取一种能够诠释人性真、善、美的先进文化模式。

### （四）古韵今风：打造中华文化跨语境传播新范式

在传播中华文化时，要善于用中国故事去解释中国的精神、中国的元素，让中华文化活起来、实在起来，让观众在“耳濡目染”之中体会到中华文化特有的魅力与神韵。例如，近年来，中国电视剧《延禧攻略》在全球范围内广受欢迎，该剧不仅通过精美的服饰、考究的布景展示了清朝的历史文化，还通过剧中人物的智慧与情感，传递了中华文化的仁爱、忠诚等价值观，观众在欣赏剧情的同时，会自然而然地感受到中华文化的深厚底蕴。

此外，中华文化走向世界，必须把世界通用的语言、世界的元素、大众的流行趋势与中国的潮流相融合，用国外观众喜欢的方式、媒体、题材来诠释中华文化。比如，李子柒的短视频在全球范围内走红，她通过展示中国传统农耕生活、手工艺品制作等，结合现代视频拍摄和剪辑技术，吸引了大量国际粉丝。她的视频不仅展示了中华文化的独特魅力，还通过延时拍摄、国风配乐等视听表达方式，让外国观众更容易理解和接受中华文化。再如，故宫博物院推出的“故宫文创”系列产品，将中国传统元素与现代设计相结合，推出了各种兼具实用性和艺术性的文创产品，受到了国内外消费者的热烈欢迎。这些产品不仅让中华文化以更接地气的方式走进人们的生活，还通过国际化的营销策略，成功将中华文化推向了世界舞台。

### （五）媒融智汇：构建中华文化全媒体传播新体系

在全媒体时代，为了增强中华文化的影响力，要抓住新老媒体加速融合的机遇，打造一系列新型的主流媒体和传播载体，扩大中华文化的覆盖面，增强中华文化对世界的影响力。中央广播电视总台推出的“央视频”平台，就通过整合传统电视媒体和新媒体资源，打造了一个集新闻、综艺、纪录片等多种内容于一体的综合性视频平台。该平台不仅在国内拥有庞大的用户群体，还通过多语种内容和国际化的传播策略，成功吸引了大量海外观众，有效提升了中华文化的国际影响力。

此外，“要处理好传统和新兴媒体、中央和地方媒体、主流和商业平台、通俗和专业媒体等方面的关系，要构建一个资源充足、结构合理、差异化发展、协调有效的新闻传播体系”[12]。人民日报社的“人民号”平台提供了一个成功的范例。该平台聚合了众多中央和地方媒体的优质内容，同时引入了大量自媒体和专业媒体内容，形成了多元化的内容生态。这种协同合作方式不仅提升了内容的质量，还扩大了传播的覆盖面。

中国国际电视台（CGTN）通过多语种、多平台的全球传播，向世界展示了真实、立体、全面的中国。CGTN 不仅报道中国的新闻和发展成就，还通过制作一系列高质量的纪录片和文化节目，向国际观众展示中华文化的独特魅力。此外，CGTN 还积极与全球各大媒体平台合作，通过联合制作、内容共享等方式，进一步提升中华文化的国际传播力。

### （六）雅俗共赏：探索中华文化多元传播新路径

中华文化的传播，应将“雅”与“俗”结合起来，在对中外受众的需求偏好、规律和特点进行客观、精确把握的基础上，做到大俗和大雅之间的相互转化和融合，达到“雅俗共赏”的目的。

例如，综艺节目《国家宝藏》邀请明星嘉宾和专家学者共同解读国宝背后的历史故事，将高雅的文物知识与通俗易懂的娱乐形式相结合，吸引了大量观众的关注。节目不仅提升了公众对中华文化的兴趣，也让更多人了解到中华文化的深厚底蕴和独特魅力。此外，纪录片《舌尖上的中国》也是一个典型的雅俗共融案例，该纪录片通过精美的画面和细腻的叙述，展示了中华美食的丰富多样和背后的文化内涵，无论是高端的宫廷菜肴，还是普通的家常小吃，都被赋予了深厚的文化意义。这种将高雅的美食文化与大众的生活饮食相结合的方式，不仅在国内引发了广泛的共鸣，还在国际上赢得了极高的评价，成功地将中华饮食文化推向了世界。此外，京剧表演艺术家的“京剧清音会”系列演出，将传统京剧与现代音乐、舞台艺术相结合，吸引了大量年轻观众。通过这种创新的形式，京剧这一高雅艺术得以走进更多人的生活，达到了雅俗共赏的效果。

在深入理解中华文化的基础上，巧妙地将高雅文化与大众文化相结合，能更好地传播中华文化，让其得到不同群体的认同和喜爱，提升中华文化的影响力。

## 参考文献

［1］习近平．高举中国特色社会主义伟大旗帜　为全面建设社会主义现代化国家而团结奋斗——在中国共产党第二十次全国代表大会上的报告［M］．北京：人民出版社，2022：42-43.

［2］林阳，徐树华．融媒时代中华传统文化视听传播的新范本——论《典籍里的中国》的创新价值［J］．中国广播，2022（3）：56-60.

［3］孟建．传统文化的现代性塑造与国际传播［J］．人民论坛，2022（2）：119-122.

［4］李淑华．坚持守正创新 实施融合传播 在传承弘扬优秀传统文化中打造爆款文化视听产品——《唐宫夜宴》等“中国节日”系列节目出圈出彩的思考［J］．企业观察家，2022（1）：120-122+124-126.

［5］华敏．提升中华传统文化视听传播力的路径分析——以《典籍里的中国》为例［J］．传媒论坛，2021，4（24）：13-15+98.

［6］张洁，吴迪．加强视听传播研究，塑造传媒文明新气象——“第二届视听传播高峰论坛”会议综述［J］．青年记者，2018（24）：28-29.

［7］董甜甜．互联网时代中华元素的数字化艺术传播研究［D］．东南大学，2019.

［8］许晶．智媒时代视听传播的挑战与机遇［J］．新闻论坛，2021，35（1）：

65-66.

[9] 战迪，朱璐霞．融合时代视听传播人才培养模式革新探究［J］．新闻春秋，2021（1）：34-39.

[10] 郭怡雷．融媒体时代中华优秀传统文化的视听传播策略研究［J］．中外企业家，2020（21）：247.

[11] 邢梦莹．从《经典咏流传》看优秀传统文化视听传播路径［J］．电视研究，2019（4）：47-48.

[12] 王哲平．互联网视听传播的影响机理探析［J］．中国编辑，2018（12）：8-12+23.

[13] 中华人民共和国国民经济和社会发展第十四个五年规划和2035年远景目标纲要［N］．人民日报，2021-3-13（1）.

# 凝视、互动、认同：跨文化传播中的三层意义建构

## ——以B站海外博主的中国文化反应视频为例

王海洋　李　晖*

**摘　要**：近年来，B站平台大量“海外博主看中国文化”类题材的反应视频颇受网友关注，并逐渐成为跨文化传播中一种重要的媒介载体。因此，本文试图在凝视理论视域下探究反应视频在跨文化传播中如何实现用户主体身份建构，促使其产生情感共鸣和文化认同。研究发现，在关于反应视频的观看行为中存在着四层凝视结构，这种凝视互动不仅能够帮助外国博主实现文化纠偏，同时可以加深中国网友对民族文化的自信和认同。反应视频为对外传播战略的实施提供了新的延伸空间，同时对跨文化传播实践具有重要的启示价值。

**关键词**：反应视频　跨文化传播　凝视　情感互动　文化认同

## 一　反应视频：一种特殊的跨文化传播形式

反应视频（reaction video）最早发端于20世纪70年代的日本综艺节目，以小窗口形式记录嘉宾的实时反应，直到2007年前后，在海外视频平台YouTube上逐渐走红。反应视频是一种以视频录制者真实反应为内容重点的视频形式，主要表现形式是“画中画”+“反应与表达”。在画面呈现上多采用“一屏双频”的形式，即一个屏幕中包含两个视频，呈现画中画的形式。两个视频一个为反应者的反应实况，另一个为反应内容素材。一个作为主画面呈现，占据全屏或较大画面比例；另一个以小窗形式呈

*　作者简介：王海洋，四川省社会科学院新闻传播研究所硕士研究生；李晖，四川省社会科学院新闻传播研究所研究员。

现。目前B站上的反应视频类型涵盖娱乐、音乐、美食、旅游等多个领域，大致分为海外视频搬运和博主自制两种类型，其中海外视频搬运多以“外国人怎样看×××”为题材，介绍外国人如何评价中国的文化现象，其背后隐含的中外文化的碰撞与交流成为影响此类视频受欢迎程度的重要因素。因此，本文将研究对象界定为海外博主针对含有中国文化元素的视频内容所制作的记录其反应并吸引关注的视频。

“交流/传播关涉多个主体，包括传者、受者、符号、文本、媒介等。特别是传者、受者和内容之间的关系对于传播过程而言最为关键”[1]，在反应视频中，海外博主和国内用户群体构成了传播链条两端的主体。在视频中，海外博主会在封面、标题中明确标示出“老外”“外国人”等突出自己“他者”身份的语词，如博主“英国杰克”发布的《英国人看中国抖音笑得停不下来!》《让外国人大吃一惊的中国短视频，究竟是什么水平?》等中明确的区隔符号赋予了视频特殊的看点。而B站中观看反应视频的用户群体大多是中国的青年一代，在视听传播上作为内容观看者，在文化传播上又作为中国文化的传承者和意义解释者。海外博主所用的反应素材多为集中体现中国文化特色的影视剧片段、综艺节目片段、纪录片、短视频等。由此，海外博主和B站的用户群体成为跨文化互动的主体，凸显中国文化的视频反应素材成为跨文化互动的内容载体。基于海外博主的中国文化反应视频，本文将在凝视理论的视域下探究以下问题：海外博主和B站用户之间形成了怎样的跨文化凝视关系？这些海外博主又是如何建构自己的身份的？中国用户在这场凝视互动的背后产生了怎样的身份认同？

## 二　凝视：看与被看形成跨文化传播动力

“凝视”指携带着权力运作和欲望纠结以及身份意识的观看方法[2]，20世纪以来，有关凝视理论的研究层出不穷，其融合精神分析学、权力学、存在主义、视觉文化的研究属性，这使得其本身的概念意蕴丰富，大致可分为三条既相互关联又各有侧重的学术路径：拉康之凝视、福柯之凝视以及行动主义者之凝视。在拉康（Jacques Lacan）看来，凝视的背后是欲望想象，他从欲望出发分析想象界、象征界和实在界三者的建构和打破；福柯（Michel Foucault）将凝视看作一种权力机制——凝视主体对于客体的一种监视或审视方式；而在行动主义者看来，凝视则被看作构建社会认知的手段，被“设想为一种积极的社会行动或社会对话的策略”[3]。反应视频作为在视觉影像上建构看与被看关系的新奇观，其“凝视”的属性尤为显著，呈现出丰富的叙事结构和角色关系，我们可以从中梳理出四种凝视关系。

### （一）第一层凝视：外国博主与中国文化

外国博主作为凝视主体，将体现中国文化特色的视频素材作为凝视对象，两者建构了第一层凝视。拉康在象征界与想象界的关系研究中提出，“想象界是人作为主体想象自己和世界，象征界是将主体化约为符号的运作，两者既彼此对立又相互转化，形成想象的凝视”[4]。在反应视频中，博主所凝视的内容并非全景式的中国图景，而是碎片化的文化符号。由于国别身份的区隔，外国博主对于中国文化不甚了解，想象中的认知也较为粗浅，而“凝视”作为一种长期、精力集中的“观看”，能有效弥合两者之间的沟壑。反应素材所显露出来的“中国碎片”与博主对于中国的既有想象相互联系，使博主形成凝视中的新认知，并借助表情、语态、动作等方式呈现出来。

### （二）第二层凝视：外国博主与“虚拟”观众

第二层凝视表面上是外国博主与拍摄镜头的凝视，实质上是博主与视频另一端的中国观众的凝视，这些观众隐藏在镜头之后，以一种虚拟在场的方式成为博主眼中的凝视客体。与此同时，博主自身也成为一种“为他”的存在，会作为“他人”的一种可能性来凝视自我，即拉康所说的主体“看到自己在把自己凝视”[5]。博主会为了满足屏幕另一端观众的口味调整自己的文案、动作、表情等，甚至于凝视素材本身的选取同样也受到凝视的影响。在这个过程中凝视的主体在外国博主与“虚拟”观众之间反复游移，凝视中的权力也成为一种主体间性的共在。

### （三）第三层凝视：中国用户眼中的外国博主

在第二层凝视中，或许还存在着双向凝视的权力互动，那么第三层凝视，即B站用户对外国博主的凝视中，则更具刺激性。在拉康看来，人的视觉会被欲望扰乱，而当凝视成为客体时，这种扰乱本身则被感知[6]。在B站用户的凝视中有两种欲望得到显现。一是窥探的欲望。B站用户希望通过窥探满足好奇，好奇身为“他者”的外国博主是否理解内容中的中国意义。例如博主“毛罗反应”的视频《外国小哥听腾格尔唱〈天堂〉的反应，浑身起鸡皮疙瘩》中，用户发弹幕表示“来自草原的呼喊，他们能懂?”“这种对家乡的深厚情感老外理解不到”。这种身份的差异会让用户担心外国博主由于缺乏知识背景而难以认识。二是被认同的欲望。B站用户希望看到外国博主肯定、赞叹、羡慕等积极反应，能够认可中国文化甚至羡慕崇拜。例如在博主“拉美小姐姐 Waleska”的视频《直冲灵魂！外国音乐人第一次看谭晶〈九儿〉!》中，刷屏的“唢呐一出，谁与争锋”“这才哪到哪就惊讶了”，折射出B站用户希望中国文化得到他人认可的情感需求。

### （四）第四层凝视：中国用户的文化审视

自幼成长在中国环境、浸润于中国文化的B站用户通过凝视外国博主赏析、反应视频素材进而凝视到中国文化本身，构成了第四层凝视。“他者”是主体建构自我意义的必要因素[7]，在这一层凝视中，外国博主扮演了B站用户与中国文化的特殊媒介，用户借助博主的各种反应，在一种“他者”身份下完成对中国文化以及民族身份的自我凝视。在这一层凝视中，B站用户认知到哪一类的中国文化会更容易受到外国人的关注，彼此在哪些方面存在差异，中国文化在跨文化传播中呈现怎样的符号意义。例如，在博主“Madi麦润林”的视频《封神名场面外国小哥看范闲一战成名成诗仙》中，用户评论“诗词的意蕴太丰富了，外国人感受不到”，用户在凝视中意识到具有高语境内涵的中国传统诗词海外传播面临的限制。

## 三 互动：边看边说的跨文化传播进行时

反应视频与传统视频类型相比具有更高的互动性和观赏性，反应视频通过构建“反应者”和“观察者”的动态交流场域，打破了传统互动模式的定向结构，实现了观看空间的拓展延伸。这种拓展延伸一方面体现在外国博主立于镜头前的想象性互动，另一方面体现在B站用户的弹幕对话之中，两者虽在时间线上有前后顺序，但在凝视关系下，彼此的行动又相互串联，形成一种“同时在场”的跨文化传播状态。

### （一）外国博主：区域表演与印象管理

戈夫曼（Erving Goffman）的拟剧理论指出，人与人在社会生活中的相互行为在某种程度上可视作一种表演。人总是在某种特定的场景，按照一定的要求，在观众的注视下进行角色呈现[8]。同时，戈夫曼将表演场分为“前台”和“后台”两个区域，“前台”用于表演者向观众呈现精心编排的各类节目，“后台”则是自发性主我放松休息的场所，而依据不同的表演框架，“前台”与“后台”两个区域也会相互转化。将“反应视频”拆解来看，“反应”强调的是观看者对于反应素材的直观感受和评价，侧重于反应者真实且完整的及时反馈，这种“真情流露”是属于“后台”区域的私人化行为；而“视频”则是强调借助镜头的视听语言，使原本的私人反应以一种平台化、大众化的形式传播开来，这不可避免地带有“前台”的表演属性。因此，外国博主既要与反应素材进行互动，同时也要与想象中的观众互动。例如，某博主把拍摄场景固定在个人房间中，营造出私密性的环境，并通常用“oh my god”“太厉害了吧”等话语表现对视频素材的惊讶之情和对中国文化的喜爱。同时他也会在视频中使用“有没有人给我解释，弹幕走一波”“别忘了一键三连”等话术邀请观看用户与自己互动，从而更加体现出反应视频的社交互动属性。这种在限定场景中利用身份差异和视听语言融合前后台表演的方式，是反应视频最突出的互动特征。

在表演框架下维持个人身份建构的核心在于“印象管理”。对于外国博主而言，在视频录制过程中的外貌着装、言行举止都会被记录下来且被观众所凝视，因此博主在外形往往都有一定的设计与包装。例如，在视频《外国人看成龙电影的反应，动作拳拳到肉，老外兴奋至极》中，三名博主会在背景墙上贴上成龙的海报，穿上印有成龙照片的衣服，这种外形上的设计，不仅传达出博主对反应素材的喜爱，更能体现一种“用户本位”的审美体验，拉近与用户的距离。此外，互动仪式作为动态、持续的传播实践过程，上一次互动的结果往往可能成为下一次互动的契机。视频博主通常会在一期节目的结尾询问用户对下一期反应素材的建议。例如，博主“不是柯德桑”在“国外专业音乐人如何评价”系列中会说“大家还想看什么歌手可以在评论区留言”“我们会努力把大家的留言看完”等话语，形成一种良好的持续性的传受反馈，而博主本身亲近中国用户的“印象管理”也在不断地互动中得到强化。

### （二）中国用户：跨屏对话与同“屏”共振

B站是国内目前最大的弹幕视频聚集地，弹幕所构建的场域是用户线上虚拟互动的交流空间，在反应视频中，这种涉及情感表达和心理需求的互动主要发生在两个层面。

一是用户与外国博主的互动。由于国别身份的差异，海外博主在观看带有中国本土色彩的视频素材时，不可避免地会与B站用户群体产生认知差异和审美偏好，而这也恰好成为弹幕互动的动力来源。例如，在视频《老外看〈功夫〉三大高手对战天残地缺经典片段》中，当博主对调整琴弦镜头疑惑时，会有弹幕回答“调琴弦就是在调‘气刃’的准头”，还有弹幕会提示“别着急，这只是小喽啰，boss在后面”，这种看似亲近日常的话语，呈现出霍顿（Horton）和沃尔（Wohl）所言的“类社会互动”特征——用户穿过屏幕窗口企图与反应者实现情绪交汇。在《国外专业音乐人如何评价腾格尔》中，会有弹幕对“呼麦”和“马头琴”等中国特色的唱法和乐器进行解释，虽然缺乏实时有效的互动参与，但博主仍可以通过视频发布后的弹幕对反应素材中的中国文化进行二次了解。

二是用户与用户之间的互动。柯林斯（Randall Collins）的互动仪式链理论强调，参与者在相互传达信息的过程中达成共识，凭借共享的情感体验形成特定的群体意识与归属感。弹幕互动作为一种同质化的活动，所营造的互动空间使得观看者能够很容易获得心理共鸣[9]。对于特定影视素材的反应视频，为不同观看者搭建了一个特定时空的圈层社群，在这个社群中，成员交换共享彼此对反应视频和反应者角色的心流体验和审美评价。

## 四　认同：跨文化传播下的文化纠偏与文化自信

正如莫利（David Morley）所言，文化主体不仅要以“他者”的角度看世界，还要让“他者”来“寻找”我们、“影响”我们，甚至“否认”我们[10]。反应视频作为新兴的视频媒体形式，无论是在内容题材选取上还是传受关系互动上，都充分体现了其具备优质的跨文化传播载体的特性：外国博主借助反应视频丰富自身对中国的印象，打破既有的刻板因素；B站的中国用户也在凝视和互动中，共享作为“中国人”的身份认同，激发文化自信。

### （一）文化纠偏：破除“他者”身份下的文化误读

数字媒体时代，全球国际传播秩序和跨文化传播格局依旧呈现“西强东弱”的状态。在西方强大的精英媒体传播体系有意规避中国积极正面、蓬勃发展现实的背景下，外国博主制作的反应视频，成为一种“他者”主动探索中国文化的突破口。从传统文学到网文小说，从美食服饰到综艺影视，从动物萌宠到明星网红，任何中国文化中的“冰山一角”，都可能借数字媒介技术迅猛发展的东风，成为海外博主内容创作的新鲜养分。外国博主在对中国文化的凝视中，可以实现通过个体的特殊体验改变既有的权力经验，打破由西方媒体塑造的刻板印象。反应视频在社交媒体上的快速传播和网友反馈也帮助外国博主充分实现自我展演，满足了他们渴望收到点赞、评论、转发的社交期待，推动其产生更大动力制作更多的有关中国文化的反应视频。因此，反应视频能充分吸引外国博主开启对中国文化的探索之旅，有利于其对中国文化形成积极正面的认知，弥补中国对外传播中单向输出的不足，促进跨文化交流互动。

### （二）文化自信：强化民族身份下的文化认同

“他者”是自我建构主体意义实现身份认同的必要因素。通过对反应视频的凝视，B站用户群体透过“他者”的情绪反应，重新审视了反应素材背后的中国符号，这些符号所象征的共享性意义与用户自身私人化的经验产生共鸣，用户能在视频博主的肯定、赞叹、羡慕之中强化自己作为中国人、了解乃至“占有”中国文化的认同感和自信心。在博主“英国杰克”发布的《专业歌手感受〈国家宝藏〉中跨越古今的中国传统乐器之美!》视频中，弹幕“我永远爱我们的民族乐器”“太自豪了”“燃起来了”等刷屏。在反应视频这面镜子的映照下，B站的用户群体受到中国文化的感召，并在共同参与中增强文化认同感。

## 结语

在全球化背景下，海外博主的反应视频为我国跨文化传播提供了新的延展空间，不仅在一定程度上打破了外国人对中国文化的刻板印象，吸引更多外国人积极主动了解真实的中国文化，同时也加强了中国观众的民族认同感和文化自信。但我们仍需要理性辩证看待此类视频，警惕外国博主的过度迎合。只有保持审视清醒的观点与态度，努力构建良好多元的中国文化环境，我们才能在跨文化传播中真正讲好中国故事。本文在凝视理论视域下对反应视频背后的四重凝视关系和主客体间的互动转化进行了剖析，在一定程度上延伸了跨文化传播的理论视野和研究边界，未来关于反应视频的研究可以进一步聚焦“他者”维度，从外国观众与反应视频之间的传播实践出发，拓展更纵深的研究空间。

## 参考文献

［1］黄卫星，李彬．传播：从主体性到主体间性［J］．南京社会科学，2012（12）：90-97.

［2］朱晓兰．“凝视”理论研究［D］．南京大学，2011：23.

［3］汪伟．凝视：作为对话和行动——兼论新闻摄影的兴衰［J］．新闻记者，2021（6）：65-83.

［4］汤拥华．福柯还是拉康：一个有关凝视的考察［J］．文艺研究，2020（12）：5-19.

［5］吴琼．他者的凝视——拉康的“凝视”理论［J］．文艺研究，2010（4）：33-42.

［6］亨利·克里普斯．凝视的政治：福柯、拉康与齐泽克［J］．于琦，译．北京电影学院学报，2014（4）：90-96.

［7］单波．跨文化传播的基本理论命题［J］．华中师范大学学报（人文社会科学版），2011，50（1）：103-113.

［8］王长潇，刘瑞一．网络视频分享中的“自我呈现”——基于戈夫曼拟剧理论与行为分析的观察与思考［J］．当代传播，2013（3）：10-12+16.

［9］罗红杰．弹幕文化的生成逻辑、表意实践与正向建构［J］．深圳大学学报（人文社会科学版），2021，38（6）：133-140.

［10］戴维·莫利．传媒，现代性和科技：“新”的地理学［M］．郭大为，等译．北京：中国传媒大学出版社，2010：183.

# 作为“记忆工业”的乡村体育文化：内涵要义、生产逻辑与实践路径

## ——以贵州“村超”为例

张　普*

**摘　要**：“记忆工业”是斯蒂格勒针对现代记忆技术工业大量生产工业记忆商品，导致工业记忆侵入人们意识领域，参与人的意识建构，从而导致个体意识的同质化和自我意识的丧失提出的批判性理论。本文在“记忆工业”的理论视角下梳理了作为“记忆工业”的乡村体育文化现象——“村超”的内涵要义、生产逻辑和实践路径。它的生产逻辑先是精准输入或编码“村超”想要生产的内容意涵，而后利用媒介技术广泛复制输出蕴含有关“村超”意涵的各种元素，使各主体在媒介镜像中解码并不假思索地接受与认同。它的实践路径是官方组织精心布局，营造快乐“村超”的文化氛围；群众积极参与，快乐“村超”全民参与；文化精准赋能，传承多彩的民族文化。

**关键词**：记忆工业　村超　乡村体育文化

贵州省黔东南苗族侗族自治州榕江县的“村超”（乡村足球超级联赛）是近年来网络上火爆的现象级赛事。“村超”从贵州县城的“自娱自乐”到火爆出圈后成为全国人民共建共享的平台，引起了公众广泛关注。由此也引起了诸多学者对“村超”现象的解读，可谓视角多样，精彩纷呈。在既有的研究中，对“村超”较为集中的研究主要有三个方面。

其一，“村超”赋能乡村振兴。榕江县作为民族地区的县级行政区域，却办起了“村超”这一现象级体育赛事，引起了不少学者对这一现象背后

* 作者简介：张普，贵州大学传媒学院硕士研究生。

潜藏的实现乡村振兴路径的思考。实现民族地区乡村振兴是一项重要的任务，有研究认为“民族地区体育赛事赋能乡村振兴根植于民本、技术、时代与共生的内生逻辑，具有推动、集聚及协同的综合效应”[1]，并以“村超”为例，探究其在赋能乡村振兴过程中的综合效应、现实困境与实践路径。有研究提出要想发展民族地区乡村体育，就要让更多基层群众参与其中，激发乡村内生动力，从而有助于推动新时代乡村体育文化长期繁荣，促进乡村文化振兴，助力全面推进乡村振兴[2]。有研究提出在数字传播时代，乡村数字化劳动成了推动乡村经济社会发展的重要机遇。在未来，“应该持续挖掘乡村的文化内涵……充分释放乡村数字化劳动的活力，为乡村振兴培育更多的优质基因，助推乡村的跨越式发展”[3]。

其二，“村超”铸牢中华民族共同体意识。“村超是中华民族共同体意识的鲜活实践”[4]，快乐村超，全民主场。其铸牢中华民族共同体意识的现实路径就是“各个民族积极参与、团结和谐，展示了民众无处不在的家国情怀与对党的拥护，中华民族共同体意识自然而然地涌现出来”[5]。“村超”无疑是展现中华民族共同体意识的成功案例，同时也为铸牢中华民族共同体意识提供了新的思考路径。以民族体育赛事铸牢中华民族共同体意识要“以人民群众为赛事主体，坚持共建共治共享；以增强文化认同为抓手，构建各民族共有精神家园；以实现共同富裕为目标，夯实民族团结的物质基础”[6]。

其三，“村超”出圈的原因分析。“村超”出圈的原因有很多，研究者们也给出了诸多观点。在相关研究中，有研究者认为“村超”能实现现象级传播是缘于其展现了强烈的自我身份认同、深厚的民族文化符号、基层性以及纯粹的赛事内容本质[7]以及“人们在城市化过程中的困厄和对乡土的眷恋”[8]。也有研究者从媒体和传播媒介的层面进行了更深入的分析。他们基于行动者网络理论分析并归纳了以黔东南州融媒体中心为代表的地方媒体在“村超”传播过程中发挥的重要作用。[9]也有研究者基于共情传播理论，提出“村超”出圈有整合多元的共情传播主体、选取激发共情的传播内容、选择合适的共情传播媒介、选用引发共情的传播话语[10]四个方面的共情传播策略。总的来说，“村超”的出圈背后彰显了中国式体育现代化的本土性、民族性与创新性[11]。

除了上述学者提供的研究视角，还有人谈到了“村超”在国际传播中对“人民形象”构建的影响[12]，也有研究者认为新媒介深度嵌入乡村生产生活，给乡村体育文化带来了重大影响[13]。本文拟从“记忆工业”理论视角出发，立足“村超”爆火出圈的现象本身，将其视为一种数字传播时代下的记忆生产行为，探析其作为“记忆工业”的内涵要义、生产逻辑与实践路径，以期为“村超”研究提供新的研究思路。

## 一 作为“记忆工业”的乡村体育文化的内涵要义

当前社会正处于数字工业时代，数字技术充斥着人们的日常生活。基于斯蒂格勒（Bernard Stiegler）“记忆工业”理论，本文探究“村超”的产生（或者说生产）及其在媒介技术影响下展演了怎样的时代特征。

### （一）“记忆工业”的理论意涵

“记忆工业”是斯蒂格勒在网络数字资本主义社会生存构序背景下，深入融合海德格尔（Martin Heidegger）对科学技术的批判性反思和德里达（Jacques Derrida）的解构理论，并基于技术义肢存在论提出的信息技术批判理论。

斯蒂格勒在其《技术与时间》三卷本中提到，由于爱比米修斯的过失，人的原初性存在先天缺失，人是以一种无思的状态而存在，必须依靠各种“义肢性”或“代具性”的技术才能存活于世，也就是“后种系生成”。在斯蒂格勒看来，因先天缺陷，作为后种系生成的人必须依靠各种技术来达到人体功能的延异而存在，人的这种延异不仅是肢体上的，还包括神经系统的外延和想象的外延。这也就导致了人的“第三记忆”[14]（对记忆持留的物质性记录）具有了可处理、可储存、可交换的特点。也就是说，“第三记忆自身成为可销售的商品”[15]变得更为现实，所以其记忆的生产也具有了可行性与可操作性。

人在不断被技术解构的同时，也在不断被外部义肢性技术所建构，人越来越依赖机器的过程也就是人在其社会历史中被技术代管的过程。信息技术的发展促进了媒介技术所提示的象征性现实（拟态环境）与人们意识中的主观现实的进一步弥合，现代人依赖媒介建构主观真实的现实性也进一步增强。人的神经系统外延和想象外延的结果注定会被用来像建立程序工业那样建构自身，就如斯蒂格勒所说的“信息工业和程序工业（二者共同构成通信工业）是神经系统外延和想象外延的具体化，并与遗传基质的技术内在化一道构成各层次记忆的工业化”[16]。在数字智能传播一路高歌猛进的今天，媒介技术在短期内通过大量信息内容来实现对人们集体记忆的构建更是轻而易举。“人类的记忆成为工业批量生产的对象”[17]，为人们营造出共同的集体记忆，这个过程即被称为“记忆工业”。

### （二）数字传播时代的乡村“记忆工业”

康德（Immanuel Kant）认为，知识的形成是“知性的自发性”运作的结果，它包括对“直观中思维的各种变化”表象的领会的综合、这些表象在想象中的再现的综合、这些表象在概念中的认定的综合[18]。人们只有通过对各种表象领会的综合、再现的综合和认定的综合，才能实现有关这一对象的认知。这是一种先天的观念综合，给予了我们在现实生活中对事物的直观印象、认知和记忆。然而依据斯蒂格勒的观点，在数字传播时代，信息工业和记忆工业的发展会构序出另一种更为真实和直观的时空之感，这是由“影像工业、远程在场工业和虚拟现实工业构序起来的他性综合，也像一种先天构架构序出一个虚拟时空中全新的直观世界”[17]。它超越了康德所说的先天观念综合判断，以先天的镜像综合构架起来被人可感知的世界。

在媒介技术没有深度嵌入人们日常生活之前，人们对事物的认知基本遵循康德的观点。在人们从表象到认知的三种综合中，能作用于区别斯蒂格勒观点的环节应该是想象的综合。因为每个个体根据表象的想象各有千秋，正所谓一千个读者就有一千个哈姆雷特。而在康德的先天镜像综合当中并没有强调个体的想象作用，因为个体在面对媒体界面所提供的信息时，总是不假思索地选择接受，并惯性地认为其符合现实世界的真实情况，所以康德的观点中记忆就不存在可操作的可能，记忆的工业化也自然不会发生。而在斯蒂格勒的镜像综合中，媒介技术则可以为用户提供大规模的同质化信息，构建有关事务的集体记忆，达到人们生活在一个可感知的世界的效果。

就榕江县而言，在“村超”没有出圈之前，榕江县先后进行了“斗牛场+篮球赛”“大山里的CBA+民族文化”等5次县域文化IP探索，虽然有一定的流量，但并不为众人所熟知。当地政府对将媒介技术效能整合进发展战略的重视程度不够，活动宣传不到位，吸引不了其他媒体和社会的广泛关注。“村超”虽然在2023年才火出圈，但是在榕江县这样的足球比赛已经有30多年的历史。早年间宣传不到位，内容也较为单一，活动知名度并不高。“村超”的出圈与数字媒体赋能密切相关。很多人与“村超”的第一次相遇，并不是在“村超”的比赛现场，而是在各种网络媒体上。当人们从各种媒介镜像中看到“村超”活动后，关于“村超”的先天认知基模就已经在其记忆之中被生产出来了。“村超”的火爆出圈正是由于媒体不断为众多用户生产记忆。

### （三）乡村体育文化勃兴与“记忆工业”的凸显

“村超”体育文化的兴起，除了在乡村振兴、铸牢中华民族共同体意识等问题上启发我们思考外，其对于数字传播时代媒介的强大生产力的彰显同样值得我们思考，这里的“强大生产力”不仅仅限于经济社会效益上的，还包括其强大的记忆生产能力。为了推动数字媒体助力“村超”体育文化的勃兴，“榕江县成立了新媒体助力乡村振兴产业园工作领导小组，组建了专门的工作团队：在乡镇一级建立新媒体服务中心，在村寨建立新媒体服务站，三级（县乡村）联动，打造全新的媒体人才队伍体系，让每个乡镇都有网络直播达人”[3]。可以说数字媒介在一定程度上改变了事物的存在方式。“村超”依靠数字媒体的传播，使人拥有“事件化”的具身感受记忆而得以存在，也就是“某事只有在‘被报道’之后才能达到事件水平，才能到场”[14]。

“村超”的媒体“事件化”传播可以体现在以下三个方面。一是关注度的“事件化”。“村超”通过自媒体平台传播出去后，迅速获得其他自媒体和主流媒体的转载和点赞，一度火出国外，连“英超”都被吸引过来与其合作，可见其热度之高。二是参与度的“事件化”。“村超”是全民参与的快乐足球，在比赛中，我们既能看到世界级球星，也能看到村里面的草根选手，没有等级身份限制；休息时的民族歌舞大狂欢使得在场每个人都可以参与其中。这与其他活动比赛形成鲜明对比。三是其认可度的“事件化”。榕江县政府没有借助“村超”的流量大肆举办商业活动，仍然继续坚持把“村超”办成老百姓喜欢、认可的活动，坚持“踢好快乐足球、传播快乐文化、发展快乐经济”，获得当地百姓和网民的认可。

也就是说，“村超”被媒体重新数字化、事件化后，得以以“超真实”的状态被看到和记住，“它表征了由一种媒体制造和传递的信息商品重新构序起来的伪存在和虚拟在场”[17]。但这种数字化的媒体构序和身体的虚拟在场构建起了“村超”的集体记忆，展演了“村超”记忆的工业化生产过程。

## 二 “记忆工业”视域下乡村体育文化的生产逻辑

“现代工业不停地对记忆进行储存、复制、生产，且尽可能地推销记忆商品。”[19]媒介技术使我们的身体延异到场建构记忆，从“记忆工业”的视角来看，“村超”的爆火也是“富矿精开”的结果。

### （一）精准输入“村超”体育文化意涵

记忆技术就是将文化意识进行储存和再现的技术。斯蒂格勒在胡塞尔（Edmund Husserl）“第一持留”（即原生回忆）、“第二持留”（即次生回忆）的基础上，将记忆发展到“第三持留”或“第三记忆”。“第三记忆”是记忆技术的表现形式，意味着记忆内容被物质化、外在化，其实也就是说人赖以生存的义肢性技术就是其“第三记忆”。记忆被固化、储存在一些物质性的物体之内，而且当人再次接触时，这种记忆载体具有激活和唤醒人体的感知和想象的功能。

按照工业记忆的生产逻辑，“第三记忆”就是利用技术手段大量生产工业记忆商品，在对记忆产品进行复制和商业贩卖的过程中，使得工业记忆参与人们的意识内容建构。那么在生产“村超”体育文化记忆之前，就必须先将其文化意涵精准输入固有的物质载体，这也是一个编码的过程。当“村超”还不是“村超”的时候，踢足球也就是单纯的足球活动。但是当“村超”的概念被设计出来以后，与之相对应的文化意涵便被输入或编织在球赛之中了。人们首先是把“村超”定义为踢快乐足球、传播快乐文化；其次将“村超”定义为全民共享快乐的传播平台，吸引并邀请来自全国各地的朋友；最后将“村超”定义为非商业性质的、具有“村”味的活动。以上定义再通过亲民、通俗的方式表现出来，如球员是村里的、球场是露天的、奖品是“村”味的、啦啦队是村民自己组织的等，使“村超”一直产生给大家带来快乐、创造快乐、分享快乐、传播快乐的效果，让其为更多的人提供所需的情绪价值。这样一个立体、丰满的“村超”意象就被刻画了出来，当人们再一次看到“村超”现场的人、比赛、歌舞表演、民俗小吃等要素时，就不会简单地认为这是一场普通的足球活动了。

### （二）复制输出“村超”体育文化记忆

在记忆的工业化生产中，核心环节便是利用媒介生产记忆，通过媒体镜像呈现事物相关信息，达到在个体主观世界中构建对事物的认知记忆的目的。以往对乡村体育的探讨，多用“自上而下的视角将体育视为公共产品，关注政府在乡村体育文化阵地建设、资源供给整合等方面的主导作用”[20]。而在新媒体时代，单独的自上而下的官媒传播已然不合时宜，榕江县前5次的县域文化IP探索已然验证。这迫使政府组织不得不改变以往的传播策略。“基层政府组织所采取的平等对话的传播策略，不仅适用于舆情危机的情境下，更需要融入日常的政府传播中。”[21]

在“村超”出圈的过程中，榕江县政府转变媒体传播观念，敏锐地意识到短视频在“村超”文化记忆生产中的重要性，摒弃了仅由官媒推送发布的传统做法，找到了“数字媒体+传统媒体”赋能“村超”传播的新路子。“推动建成新媒体产业园，组建新媒体专班，引进新媒体电商企业发展短视频、电商直播、线上营销等新业态，累计培育了1.28万个乡村振兴正能量的村寨新媒体账号。”[22]除此之外，还做好了“村超”三级（县乡村）媒体联动准备，即在榕江县融媒体中心成立“村超新媒体专班”，为下辖的各个乡镇和村寨培养自媒体传播能手。据了解，榕江县累计培育出2200余个本地网络直播营销团队[23]。在“村超”举办期间，新媒体实践主体的能动性被激活，为“村超”文化记忆的生产输出汇聚了强大内生动力，让“村超”在短时间内实现了现象级的传播。与此同时，更是吸引了社会上更多传播主体对“村超”进行传播。爆火出圈后的“村超”得到《人民日报》、央视新闻等国家级媒体的转载、刊发。

榕江县通过传播主体的扩大来实现“村超”体育文化记忆的复制性输出。现代工业对数字记忆的复制，不但不会对记忆内容本身造成损耗，反而会将记忆复刻在不同载体中，增添记忆的总体数量[19]。所以“村超”体育文化记忆在被新媒体传播矩阵的亿万流量生产、复制、推送中，“侵入”广大受众意识领域而形成“村超”记忆，也逐渐使大众形成了关于“村超”的思维方式。

## 三 作为“记忆工业”的乡村体育文化生产的实践路径

有关“村超”体育文化的意涵以“第三记忆”的形式存储在各种表征性的符号之中，并通过媒介技术大规模“侵入”广大用户的意识领域，使其形成“村超”的文化记忆。这种记忆的工业化生产关键在于媒介技术，现实的实践路径包括以下几个方面。

### （一）官方组织精心布局

榕江县政府在“村超”整体的文化记忆工业化生产中，发挥了布局和定位作用，政府守好平台、企业经营市场、人民打造文化。榕江县政府通过将县域内各领域在“村超”中要扮演的角色进行准确合理的定位，为“村超”文化的打造创造良好的外部环境，将客观与主观统合。官方组织积极动员、协调和引导，创办人民群众喜闻乐见的足球文化，打造共创、共建、共享的乡村快乐足球。

所谓政府守好平台，就是政府一方面要负责搭建好“村超”的平台，另一方面要走可持续的发展道路。要想在互联网持续火爆，就要有利他思维、共享思维。“村超”平台坚持共创、共建、共享、共赢，以全民参与为核心，让他人参与进来受益。在足球比赛中，始终坚持主办人民群众想要的、喜欢的体育赛事，就算在“村超”成功火爆出圈后也坚持不走商业化、资本化、职业化的道路，始终保持民心相通。在企业经营市场方面，确保经营环境亲民友好，街头巷尾各种吃的、住的均是日常价格，经济实惠，物美价廉。就人民打造文化而言，确保活动内容由群众决定，不能受资本操控。

走进“村超”现场，就会发现场上的球员在场下全是默默无闻的普通人，他们“身兼数职”，来自社会各行各业，有卖鱼的、卖卷粉的等等，啦啦队也是村民自行组织成立的，各种表演节目多数也是当地群众自己编排的民族歌舞。这里没有职业球队，少有歌舞明星，但三宝侗寨的人民却能用他们的淳朴、善良和热情点燃全国甚至世界的观众朋友。榕江县政府通过打造共创、共建、共享、共赢的平台为我们提供了最纯粹的运动、最真实的快乐、最动人的情感，这样的足球文化自然能在人们的记忆当中增添浓墨重彩的一笔。

### （二）群众积极参与

榕江县足球文化历史基底深厚，自20世纪90年代至今，村民间的足球赛从未间断过，这足以看出榕江人民对足球运动的热爱。浓厚的足球文化氛围，使得民众争先恐后地参与其中，都想为“村超”赛事贡献自己的一份力量。

一方面，民众常思我能为“村超”干点啥，主动成为“村超”品牌的参与者、创建者。游客到了榕江县，有热心的司机师傅会用自己的车免费接游客到“村超”现场；民宿酒店满房了，有村民盛情邀请游客到自己家里面，为其免费提供住宿和餐饮，主动成为“村超”真善美的发现者、记录者、传播者和推荐者。村民们会努力把“村超”里面走心的、感人的、精彩的素材发掘出来、传播出去，做好素材的发现者，做好文化的探矿人。这样，民众在“以手机等通信工具为‘劳动工具’、以数据等资源为‘生产资料’、以直播等方式作为劳动手段”[3]的数字化劳动中为榕江县“村超”的发展提供了强大的动力。

另一方面，在“村超”爆火之后，当地民众开始发起守护“村超”的行动，让每一个人都成为“村超”品牌的安全员、志愿者、守护者，让游客既能在场内感受到“村超”的欢乐无限，也能在场外感受到榕江县民众的诚意满满。民众是“村超”文化的参与者、建设者和保护者，甚至当地的每个人都觉得“村超”是自己办起来的。在这样的环境中，“村超”真正从“自娱自乐”走向了“共享共乐”，同时“村超”的文化也以最成功的方式嵌入了更广大受众的记忆之中。

### （三）文化精准赋能

据史料记载，抗战期间曾有多所院校迁入榕江县，例如国立贵州师范学校和国立广西大学[24]。在这期间，当地的多所学校为了展开更好的情谊交流，便进行丰富的体育竞赛活动，其中就包括了足球比赛。从那时起，足球这项体育赛事就奠定了它在榕江县作为传递情谊与欢乐的媒介地位。此后的几十年间，足球比赛逐渐发展成为当地各村寨之间的交流媒介。除了足球，当地还有多彩的民族文化，每当比赛中场休息或结束时，侗族大歌、苗族芦笙舞等就会接连上演，各种目不暇接的民族服饰、民族歌舞、特色美食所共同展现出来的“村味”，令人无限回味，差异化、独特化的文化体验尽显“村超”的人文气息。

立足快乐足球，传播快乐文化，“村超”的快乐松弛感展现在比赛的赛场，也展现在田间地头。追本溯源。“村超”文化的根就是一个“村”字。这里没有豪华的比赛场地，更没有丰厚的比赛奖金，球员大多是各个村里挑选出来的草根球员，但这是村民真正喜欢的、热爱的比赛，是村民愿意积极参与的比赛。奖品是有村味的，联赛是村里的。“村超”文化的魂就是“快乐”二字。“村超”能够不断火爆出圈也是因为“村超”一直在给大家带来快乐、创造快乐、分享快乐、传播快乐。“村超”的快乐松弛感是独特的，它实现了本地民众和外地游客的双向奔赴和情感共鸣，快乐是重要的情绪价值，“村超”所提供的恰好正是大众所需要的。

## 结论与讨论

“记忆工业”是斯蒂格勒针对现代记忆技术工业大量生产工业记忆商品，导致工业记忆侵入人们意识领域，参与人的意识建构，从而导致个体意识的同质化和自我意识的丧失提出的批判性理论。本文在“记忆工业”的理论视角下梳理了作为“记忆工业”的乡村体育文化现象——“村超”的内涵要义、生产逻辑和实践路径。“村超”在数字传播时代背景下，在短时间内达到爆火的状态，本文认为它是利用了数字媒介技术大规模生产、复制、推送相关信息，使之“侵入”网络用户个体的意识领域，构建起关于“村超”的认识的结果。它的生产逻辑先是精准输入或编码“村超”想要生产的文化意涵，而后利用媒介技术广泛复制输出蕴含有关“村超”意涵的各种体育文化记忆，使各主体在媒介镜像中解码并不假思索地接受与认同。它的实践路径是官方组织精心布局，营造快乐“村超”的文化氛围；群众积极参与，快乐“村超”全民参与；文化精准赋能，传承多彩的民族文化。

斯蒂格勒的“记忆工业”是批判工业技术会对人类个体意识产生负面影响的技术哲学理论，本文仅仅是在其理论视域之下将“村超”视为作为“记忆工业”的乡村体育文化，并梳理了其中的内涵要义、生产逻辑和实践路径，并没有利用此理论展开深入的批判性反思。但本文同时也认为“记忆工业”的理论思路并不都是要展开逻辑批评才算完整，因为人不仅是技术的接受者，也同时是技术的使用者，遵循技术的逻辑，发挥个体能动性，也会使技术带来积极的影响。就拿“村超”来说，在“记忆工业”视域下它就是一场记忆的工业化生产，但是“村超”给个体带来的影响和启发却多数是积极的，至于它给群体造成同质化意识的消极影响，单在这场活动中并没有其积极影响大。所以本文希望通过上述分析能够给“村超”的相关研究带来新的思考方向，同时也认为个体在面对记忆的工业化生产时，应该发挥意识的能动性，明确个体的独特性，能够借助外物反思回归自身，积极利用记忆技术获得新的自我，减少同质化的消极影响，舒缓存在之痛。

## 参考文献


［1］谭淼，张守伟．民族地区体育赛事赋能乡村振兴的综合效应与实践路径——以贵州“村超”为例［J］．沈阳体育学院学报，2024，43（4）：51-57+72.

［2］周立．“村超”出圈：乡村文化振兴新力量［J］．人民论坛，2024（3）：104-107.

［3］杨逐原．流量变现视域下民族地区乡村体育赛事中的数字化劳动研究——以贵州省黔东南州榕江县的“村超”为例［J］．贵州民族研究，2023，44（6）：103-109.

［4］索晓霞．村超是中华民族共同体意识的鲜活实践［J］．当代贵州，2023，（47）：52-53.

［5］朱全国，肖艳丽．贵州现代乡村表演与中华民族共同体意识的呈现——以贵州“村BA”与“村超”为例［J］．中南民族大学学报（人文社会科学版），2024，44（4）：98-106+220.

［6］周真刚，王爽爽．“两江两村”体育赛事铸牢中华民族共同体意识的作用机理与经验启示［J］．新疆师范大学学报（哲学社会科学版），2025，46（4）：46-51.

［7］梁翊，沈纲，谢鹏磊．乡村体育赛事可持续发展路径研究——基于贵州“村超”走红的内因分析［J］．当代体育科技，2024，14（9）：69-74.

［8］张俊，张丹．贵州“村超”现象级传播背后的文化逻辑［J］．新闻采编，2024（3）：67-69.

［9］谢湖伟，胡君晓，王卓．融媒行动者在文化数字化网络中的作用研究——基于贵州“村BA”“村超”火爆出圈的分析［J］．融媒，2024（3）：6-14.

［10］杨波，张焕焕．共情传播：贵州“村超”出圈的策略及效应［J］．贵州大学学报（社会科学版），2024，42（2）：56-64.

［11］刘海涛，周晓旭，王宜馨．贵州“村超”现象级传播的生成逻辑与传播效应——基于知识发酵理论的视角［J］．体育与科学，2023，44（5）：15-21.

［12］王蕊．国际传播中“人民形象”的立体构建——以国际媒体对“村超”“村BA”的报道为例［J］．传媒，2024（11）：21-23.

［13］王鸣捷，白汶龙．乡村体育文化的新媒体传播与治理——基于“村超”的田野考察［J］．现代传播（中国传媒大学学报），2024，46（1）：161-168.

［14］贝尔纳·斯蒂格勒．技术与时间2. 迷失方向［M］．赵和平，印螺，译．南

京：译林出版社，2012：49，128.

［15］李洋．电影与记忆的工业化——贝尔纳·斯蒂格勒的电影哲学［J］．上海大学学报（社会科学版），2017，34（5）：17.

［16］贝尔纳·斯蒂格勒．技术与时间1. 艾比米修斯的过失［M］．方尔平，译．南京：译林出版社，2019：114.

［17］张一兵．斯蒂格勒《技术与时间》构境论解读［M］．上海：上海人民出版社，2018：129，136，148.

［18］伊曼努尔·康德．纯粹理性批判［M］．邓晓艺，译．北京：人民出版社，2017.

［19］莫然，王伯鲁．意识迷途与存在之痛：论斯蒂格勒的记忆工业批判［J］．山东科技大学学报（社会科学版），2024，26（2）：18-24.

［20］王鸣捷，白汶龙．乡村体育文化的新媒体传播与治理——基于“村超”的田野考察［J］．现代传播（中国传媒大学学报），2024，46（1）：161-168.

［21］毛湛文，刘小燕．新媒体环境下政府传播的新变化——基于传播主体视角的考察［J］．当代传播，2015（2）：23-26.

［22］徐勃．踢好快乐足球传播快乐文化发展快乐经济［J］．传媒，2024（11）：9-11.

［23］榕江县融媒体中心．榕江县：用“新媒体+产业”为乡村振兴赋能［EB/OL］．https：//www. gzstv. com/a/e74bf168e66c46709d765bec3d6c310e.

［24］政协榕江县文史资料研究委员会．榕江文史资料（第一辑）［M］．政协榕江县文史资料研究委员会，1985：32-33.

·国际传播·【栏目主持人：潘亚楠】

# 变革、赋能、博弈：AIGC视角下的国际传播生态格局

党　琼　刘　蕾*

**摘　要**：智能传播时代，以AIGC为代表的生成式人工智能正在成为变革国际传播生态格局的重要变量。AIGC因其强大的计算能力和多模态的内容生产方式提高国际新闻的生产效能，并在构建沉浸场景和精准推荐中体现其重塑国际传播交往方式的显著潜力。但在赋能国际传播的同时，AIGC也正在带来多种层面的风险隐忧。技术逻辑下的虚假信息、算法歧视、智能鸿沟等问题冲击着国际传播话语秩序的建构。本文认为，研究者应以更加理性和审慎的态度看待AIGC为国际传播带来的机遇与挑战，在多元主体协同对话中达成共识，从而推动国际传播的模式更新和效能升维。

**关键词**：AIGC　生成式人工智能　国际传播

## 一　引言

2022年11月，美国人工智能实验室Open AI团队发布一款自然语言处理模型ChatGPT，具有语义分析、内容创作、逻辑梳理、知识问答等功能。由于其操作简单便捷，一经发出便迅速风靡全球，2个月内用户数量就已超1亿人，成为增速最快的应用程序和当下最强大的AIGC产品。ChatGPT热潮的背后，实则是以AIGC为代表的生成式人工智能的进一步发展与运用。

* 作者简介：党琼，广西大学新闻与传播学院副教授，硕士生导师，院长助理；刘蕾，广西大学新闻与传播学院硕士研究生。

AIGC（Artifical Intelligence Generated Content，人工智能生成内容），是指通过人工智能进行内容创作的新型生产方式。目前学界对AIGC的概念尚无明确界定，中国信息通信研究院和京东探索研究院共同发布的《人工智能生成内容（AIGC）白皮书（2022年）》将AIGC定义为“既是从内容生产者视角进行分类的一类内容，又是一种内容生产方式，还是用于内容自动化生成的一类技术集合”。[1]

AIGC是Web 3.0时代技术迭代的产物，使得内容生产实现从PGC（Professional Generated Content，专业工作人员生产内容）、UGC（User Generated Content，用户生成内容）到MGC（Machine Generated Content，机器生产内容）再到AIGC的转变，并为国际传播引入新的模式。Web 1.0时代的PGC为专业工作人员生产内容，虽然内容质量有一定保证，但在“传者本位”模式下，大众难以参与内容生产过程。Web 2.0时代社交媒体的发展推动传播权弥散和“受众本位”的到来，虽然用户生产内容成为可能，但也使得内容在碎片化的同时，其专业性和可信性有所降低。Web 3.0时代，AIGC进一步弥补了PGC和UGC的不足。首先，在强大算力算法的加持下，AIGC可以在短时间内自动生成大量不同类型的文本内容，提高国际新闻生产效能。其次，在数据补充和模型优化下，AIGC的内容质量也将进一步提高，不断丰富国际传播的内容模式。最后，AIGC的运行也遵循边际成本递减效应，长久使用中节省的人力、物力将逐渐超过其开发成本。由此可见，生成式人工智能将凭借其独特优势，成为变革国际传播生态格局的重要变量。

## 二　变革与赋能：AIGC作为新变量重构国际传播生态格局

学者彭兰认为，AIGC将带来“转基因”式的内容生产。[2]生成式人工智能推动着Web 3.0智能传播时代的到来，AIGC场域中，包括AI在内的多元传播主体在人机协同中实现内容的自动化、智能化生产，多种模态的内容进一步构建起更加沉浸式、立体式的参与场景，并在人机交互中实现对内容的个性化、精准化生产与推送，从而有利于在跨文化传播中构建起更加共通共融的意义空间，推进不同背景受众群体对于传播内容的编码与解码。AIGC 的加入，将推动国际传播中各要素的重新配置与高速流动，促进国际传播场景重构，赋能国际传播效果升维，从而成为变革国际传播生态格局的重要变量。

### （一）从人机合作到人机协同：多元化主体与智能化生产

拉图尔（Bruno Latour）将人类因素和非人因素平等地视作行动者，认为在某些情况下，非人或物也有可能在行动者网络之中起到决定性的作用。[3] AIGC 可以帮助个体进行智能化信息生产，辅助媒体提高国际传播新闻生产效能。AIGC 也将使得技术与人之间的关系从合作与博弈走向协同与共生，在改造世界的过程中，人与技术将不再作为两种彼此分离的客体，而是进入一种多元主体共同存在的状态，从而为国际传播构建起新的交流方式与交流情境。

AIGC 提高了信息检索和内容生产的效率，赋能国际新闻生产流程。在信息检索阶段，AIGC 依托海量数据和智能语言模型，能够根据用户的需求精准检索信息并生成答案，推动用户更加有针对性地了解其他国家的文化内容。其多语种属性可减少不同国家公众的文化藩篱与隔阂，推动不同文化群体之间的交往与连接。在内容生产阶段，以 ChatGPT 为代表的 AIGC 将进一步变革并赋能国际新闻生产模式。它不仅可以快速识别并处理多种语言，更能辅助创作者更好地对内容进行修改和润色，增强内容的在地性和贴近性，从而降低对外传播中的“文化折扣”。同时，AIGC 也能帮助新闻工作者在浩如烟海的信息碎片中快速、精准地筛选出具有价值和意义的选题，从而节省人力、物力、财力。中国日报社曾在应用 ChatGPT 的过程中发现其在选题策划方面可以提出常人难以想到的新奇视角。[4] AIGC 能够以相对更低的成本更高效率、更高质量地自动化、智能化生成面向更广阔群体的国际新闻。

在智能化生产的同时，AIGC 也可进一步降低接入门槛，推动多元主体共同生产，丰富不同国家主体之间的交流方式。在全民传播时代，国际传播的主体已经不再局限于国家主流媒体，不同行业、群体、部门，甚至公民个人，也可以成为代表与象征国家形象的主体。[5]目前，AIGC 尚未设置进入和使用的身份壁垒，可以看作对所有用户开放。生成式人工智能的编写和使用可以为大众的内容创作、发布传播以及互动对话提供便利，不仅提升个体的数字创造能力，更为其提供自主创造多元内容的可能。AIGC 的出现为不同主体的跨文化沟通提供技术支持，推动国际传播主体更加多元化，扩大国际传播的范围。同时，AIGC 也促进从人机合作到人机协同模式的升维，人与技术之间逐渐变为相互的委托者、延伸者和赋能者。在进一步赋能跨文化群体交互模式的过程中，AIGC 推动更加低成本、高效率、个性化的交往，从而有效减少传播中的障碍与隔阂，构建起更加开放包容的国际交流情境。

### （二）从话语引导到情感共鸣：多模态内容与沉浸式场景

根据共情桥梁理论，情感共鸣能够减少不同文化之间的隔阂，促进不同群体之间的沟通交互，成为跨文化传播的关键。[6]在国际传播中，共情能够通过情绪感染潜移默化地影响海外受众的认知和行为，从而有效弥合传播中的文化鸿沟。AIGC 凭借多种形式和模态的内容，以及 AR（Augmented Reality）、VR（Virtual Reality）等全息技术的加持，实现了从 2D 平面化的高清图文视频到 3D 立体化的场景的转变，一系列虚拟人、虚拟物不断构建起沉浸式场景，提高受众的体验感与参与感，增强其对不同国家文化的贴近程度与情感连接。

共情传播包括了情绪感染、态度认同、行为支持的完整过程，[7] AIGC 赋能下的共情传播，也可以从这三个层面展开。在情绪感染层面，AIGC 生产的内容往往采取文字、图片、视频甚至音频相结合的形式，通过将符号文本进行多模态、视觉化呈现，吸引受众的眼球和注意力，打通不同群体之间共通意义空间，完成共情传播的第一阶段。

在态度认同层面，AIGC 本质上为人类智能的延伸，其背后离不开人对于算法和内容的创设和编辑。其生产的内容已经暗含创作者预设的观点立场，并非完全客观中立，而其技术属性“隐藏”了创作者的身份，使得用户在共情的基础上理解并认同内容传达的思想观点和价值取向。如国际新闻播报和赛事活动中各种虚拟主播的拟人化的形象特征可以拉近自身与海外用户的距离，使得用户在与场景界面沉浸交互的过程中，不断受到情绪和情感上的感染，从而潜移默化地增进对播报内容的理解与认同，完成共情传播的第二阶段。

在行为支持层面，当海外用户已经对传播内容产生共鸣，AIGC则可进一步构建起更加立体化的沉浸式场景，为其下一步行为提供技术支持。一方面，海外用户可以通过AIGC强大的搜索能力迅速找到话题相关信息，形成更全面的认知；另一方面，各种AR、VR等智能技术搭建的3D模拟空间，为用户提供跨越时空的三维化、多感官化、高沉浸化的场景体验，使得用户能够在高度自由、灵活、沉浸和超现实的遥在时空中达成一种共情与共振，完成共情传播的第三阶段。2023年成都大运会的闭幕式中，主创团队结合AI、AR等数字技术，将吉祥物大熊猫“蓉宝”的IP形象进行3D立体化呈现，不仅再现了文创设计的模拟场景，更在塑造沉浸式数字场景、打造视听盛宴的过程中，增强了大众对于中国文化形象的感知和认同。长期以来，我国在对外传播中采取主流媒体的官方话语引导策略，虽专业性、权威性充足，但大众贴近性、参与性尚缺。因此，国际传播中AIGC的加入，有助于完成从话语引导的“软实力”到引发情感共鸣的“暖实力”的跃迁。

### （三）从猜你喜欢到认知形塑：精准化预测与可控化效果

在智能传播时代，受众已经不再是被动的信息接收者，而是主动的内容生产者。AIGC的出现，更使得内容消费从推荐算法和协同过滤下的“猜我喜欢”模式转变为深度学习和精准预测下的“懂我喜欢”状态。[8]相应的，在国际传播中，国家话语的说服力和国际舆论引导力也在AIGC的赋能下，从规模化、标准化的简单传递升维到个性化、精准化的认知形塑，从而实现传播过程的可预测和传播效果的可控。

在影响并形塑受众认知的过程中，一方面，AIGC能够通过强大算力算法提前计算，精准预测结果，提高国际传播中的资源配置效率。以ChatGPT为代表的AIGC以模型和算法为核心，可在数据喂养中通过深度学习和自动更新不断完成迭代与升级。在此背景下，用户借助其获得的所有信息都将从人与机器的交互中产生。因此，AIGC也更能识别并理解用户需求，最大限度地推送和生成符合用户偏好的信息，甚至能够从过往数据记录中分析并预测用户接下来的意图，从而生产出对应内容。国际传播中，AIGC可结合国际事件的特点，根据传播者预先设置的主题，面向不同用户生成不同内容、不同版本、不同风格的信息，并在用户反馈中不断调整互动策略，进一步影响并塑造用户认知，从而促进传播资源的优化配置，推动国际传播更加个性化、精准化。

另一方面，AIGC能够通过对个体的精准传播，更加高效地控制传播效果，从而对冲国际舆论场上外国媒体对我国的抹黑内容。目前，国际舆论场上部分西方媒体在互联网空间中生产、散播有关我国的谣言等失实信息，妄图抹黑我国形象，干扰国际舆论走向。AIGC则可在全时化舆情监测中进行自动化反应，对重大事件的舆情走向进行分析研判，并迅速生成多方面决策措施作为相关工作人员采取进一步行动的参考依据。同时，运用AIGC可更加实时化地获取社交媒体平台上的用户反馈，并基于不同信息进行有针对性的内容生产，进而在与用户互动中逐渐影响甚至改变其认知。AIGC的运用有利于增强相关主体对国际传播效果的控制力，进一步赋能主流媒体的舆论引导和精准传播。

## 三　冲击与博弈：AIGC介入国际传播的风险隐忧

尽管AIGC的介入为国际传播生态格局带来革命性变化，但是任何技术都是“刀子的翻版”。AIGC以技术逻辑和工具理性为导向，在技术和内容上都具有不确定性，加之国际社会中传播主体的多元性和传播环境的复杂性，AIGC在一定程度上会冲击既有的国际传播秩序，带来虚假信息、算法歧视、技术霸权等风险担忧，进一步加剧国际传播格局中不同主体间的竞争与博弈。

## （一）信息传播的失序：技术导向下的虚假信息与计算宣传

科技的发展是一把双刃剑，该论断在 AIGC 场域中同样适用。AIGC 始终以技术为导向，其高超的模仿能力、强大的数据运算能力、智能的内容生产方式，以及多模态呈现信息的方式等特征，都为深度伪造和计算宣传提供了可乘之机，加剧了国际舆论场中信息传播的失序风险。

在国际传播中，AIGC 的“生产”和“呈现”模式使得虚假信息更具欺骗性。在生产阶段，AIGC 的运行以 Transformer 语言模型、预训练数据集、RLHF 人工标注以及云计算作为核心要素和技术支撑。首先，AIGC 主要通过预测内容并复制底层数据集实现内容的自动生成，但是预测内容本身就属于概率事件，具有不确定性。加之 AIGC 只能模仿却无法理解人类信息的逻辑内涵，因此容易重现一些常见错误，并在“答案生成”中不断加深。其次，AIGC 的训练需要大量数据喂养，缺乏自主访问外部数据库的能力，在事实核查方面具有局限性。再次，在人工标注中，不同标注人员之间存在差异，产生对于“最佳答案”理解层面的偏差。最后，在呈现阶段，在 AIGC 的助推下，深度伪造不断融合数据处理、智能模仿、场景再造等功能，构建起更加沉浸式的拟真场景，推动多模态谣言的大批量、自动化生产传播。2023 年 1 月，News Guard 评估了 ChatGPT，发现其传播的信息中充斥着大量谣言、流言和未经证实的内容，[9]进一步加深了公众对于 ChatGPT 是否正在成为“虚假信息温床”的质疑。AIGC 在推动内容生产的同时，在一定程度上也使得虚假信息更加难以辨别。

与此同时，AIGC 的“推荐”机制也使得计算宣传更具隐蔽性。在推荐阶段，AIGC 中的算法能够在深度学习中不断增强对用户进行标签化分类的能力，从而在更加精准生成用户画像的同时进一步预测用户意图，并根据用户的性格偏好、意识形态、政治取向等不同维度进行分析研判，不断提高向不同用户推送不同类型信息的精准程度，这会使得一些虚假信息和具有价值导向内容的输出更具隐蔽性。加之跨国信息核查存在壁垒，国际虚假新闻的危害会更加突出。有研究分析指出，社交机器人在社会抗争运动、政治选举，以及国际争议事件中得到大规模部署与广泛使用。[10]技术驱动下虚假信息的泛滥会消解新闻真实，干扰国际舆论场中真实信息的传播与流动，进一步带来群体意见的极化，加剧社会中的信任危机。因此，未来在国际传播中如何保证 AIGC 在生产和交互过程中的真实可靠性，应成为相关各方需要探索的重要议题。[11]

### （二）话语秩序的解构：算法驱动中的刻板印象和偏见歧视

恩格斯认为，“道德始终是阶级的道德；它或者为统治阶级的统治和利益辩护，或者当被压迫阶级变得足够强大时，代表被压迫者对这个统治的反抗和他们的未来利益”。[12]尽管 AIGC 在技术迭代中不断提升生产内容的真实可信和客观中立程度，但是由于其本质上是人类智能的延伸，在目前算法运行和实施尚未完全公开透明的背景下，不可避免会存在一些刻板印象和偏见歧视，从而影响公平公正国际话语秩序的建构。

以 ChatGPT 为代表的生成式人工智能正在无形中将“算法歧视”背后的偏见和刻板印象合法化。首先，AIGC 的深度学习和迭代更新依托于一套独立的技术逻辑与技术标准，这一过程发生在机器内部，一般很难被人类及时察觉、理解并解释。其次，算法决策遵循的规则由作为主体的人来决定，且往往被技术开发者隐藏在后台，用户自然难以识别并了解算法决策背后的过程与逻辑。技术不透明性的存在增加了算法在解释性层面上的风险，使得一些暗含的偏见和刻板印象得以保留下来。最后，生成式人工智能的训练与进化离不开大量数据与人类作品的支撑，如果其前期训练的数据或作品中存在某种程度的偏见和歧视，那么算法则更有可能将这种歧视因素继承下来，反馈甚至放大这种负面效果。

在人类社会中，人们通常可以意识到这样的偏见并予以有效规避，但是以 AIGC 为代表的生成式人工智能遵循技术逻辑，缺乏人类的能动性，无法主动判断信息背后的语义和逻辑，由此使得歧视与偏见在技术驱动下成为更加广泛且隐蔽的存在。在国际传播议题中，这种偏见和歧视则可能

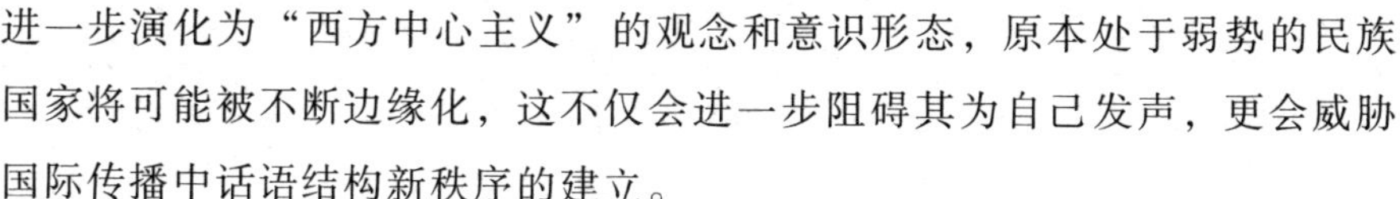

进一步演化为“西方中心主义”的观念和意识形态，原本处于弱势的民族国家将可能被不断边缘化，这不仅会进一步阻碍其为自己发声，更会威胁国际传播中话语结构新秩序的建立。

### （三）伦理结构的失衡：技术霸权下的智能鸿沟与赛博权力

在国际传播中，由计算宣传衍生的信息失序风险以及由算法歧视衍生的话语挑战风险共同构成并加剧了AIGC驱动下伦理结构的失衡——本应是为全世界人民创造美好生活的人工智能，却反过来加深国际社会的不平等程度，形成智能传播时代的新型技术霸权——人工智能霸权。智能鸿沟正在国际社会中不断扩张，并进一步创造出更加隐蔽且遍在的“算法利维坦”。[14]

由AIGC引发的智能鸿沟，需要站在个体、社会、国家、国际等层面加以考量。个体层面，AIGC内容创作过程产生的知识产权、利益分配问题，以及投放数据训练AIGC过程中产生的数据安全问题等，正在成为目前亟待解决的问题。社会层面，微软、谷歌、Meta等接入AIGC的大型跨国公司或独角兽企业的信息监管、内容审核，以及应用AIGC的规则边界等问题，正在AIGC的普及中逐渐凸显出来。国家层面，国家的信息安全保障，以及如何规避部分西方国家的意识形态霸权和AIGC发展中产生的不平等问题等，都需要各方在不断明确伦理规范的基础上达成共识。国际层面，近年的地缘冲突中，手握赛博权力的部分西方国家正通过人工智能竞赛展开政治上的博弈与竞争。约瑟夫·奈（Joseph Nye）提出“赛博权力”，认为互联网通过为数据收集、情报侦查、舆论动员、社会组织等活动提供技术支持，不仅使得发达国家在技术不平等中获取利益，更为发达国家增加了地缘政治竞争中的筹码。[15]诉诸历史，社交媒体Twitter一度成为美国在伊朗等国总统大选中支持不同派别的重要渠道。回到当下，俄乌冲突中，人工智能“深度伪造”技术也成为舆论战的有力武器。AIGC不仅带来国际传播中智能鸿沟的加深，更在一定程度上昭示了国际传播的发展趋势：如今的地缘政治竞赛正在变成人工智能竞赛，国家主体之间的话语博弈也正在变成人工智能技术之间的博弈。

## 结语

尼尔·波兹曼（Neil Postman）认为，每种技术既是包袱也是恩赐，不是非此即彼的结果，而是利弊同在的产物。[16] AIGC 通过技术赋权重构国际传播生态格局，推动国际新闻的智能化生产，为不同主体的跨文化沟通提供技术支撑。其生产的多模态内容不断构建起沉浸式场景，增强用户对于不同文化的共情与共鸣。在内容推荐中，AIGC 能够建立起更加立体、全面的用户画像，甚至分析预判用户意图，从而实现对个体更加精准化的信息传播。但是，AIGC 的背后也体现了一种工具理性，让我们不得不警惕其技术逻辑背后隐含的虚假信息、算法歧视、技术霸权等风险，技术上的不平等会加剧伦理与规则的失范，为国际传播生态格局带来冲击。

事实上，AIGC 背后的人工智能本质上只是一种非人行动者，无法取代具有主体性的人类自身，人与技术之间也应该是“此涨彼不消”的关系。对于智能技术，需要秉持更为理性科学的态度，在看到 AIGC 潜力的同时，也应充分理解其可能对国际传播话语秩序造成的冲击以及给不发达国家带来的挑战。基于此，相关持份者需要根据 AIGC 的技术属性，不断整合互联网全要素，推动 AIGC 与现实产业应用深度融合，并在完善法律法规的过程中进一步协调好各方利益，赋能人机弥合共生与国际传播话语秩序的建构，以积极态度拥抱技术，着眼未来。

## 参考文献


［1］中国信息通信研究院，京东探索研究院．人工智能生成内容（AIGC）白皮书（2022年）［R/OL］. http：//www. caict. ac. cn/kxyj/qwfb/bps/202209/P020220902534520798735. pdf.

［2］彭兰．人与机器，互为尺度［J］. 当代传播，2023（1）：1.

［3］李日容，张进．拉图尔的科学实践建构论对物的非现代性追问［J］. 兰州学刊，2018（6）：55-64.

［4］方师师，邓章瑜．对外传播的“ChatGPT 时刻”——以《中国日报》双重内嵌式人工智能新闻生产为例［J］. 对外传播，2023（5）：72-75.

［5］钟新，蒋贤成．完善全民国际传播体系　构建可信、可爱、可敬的中国形象［J］. 中国记者，2021（7）：38-43.

[6] Hatton J., Murray L., Empathy: Your Passport to a Powerful Life [M]. Rio Grande: Rio Grande Books, 2014: 165.

[7] 许向东，林秋彤. 社交媒体平台中的共情传播：提升国际传播效能的新路径 [J]. 对外传播，2023 (2): 13-16.

[8] 胡正荣，樊子塽. 历史、变革与赋能：AIGC 与全媒体传播体系的构建 [J]. 科技与出版，2023 (8): 5-13.

[9] 白璐. 频频写出假新闻！谁来制止 ChatGPT 造假？ [EB/OL]. https://export.shobserver.com/baijiahao/html/584925.html.

[10] 汤景泰，星辰. 作为"武器"的谣言：基于计算宣传的认知操纵 [J]. 新闻大学，2023 (8): 16-30+116-117.

[11] 何天平，蒋贤成. 国际传播视野下的 ChatGPT：应用场景、风险隐忧与走向省思 [J]. 对外传播，2023 (3): 64-67+80.

[12] 恩格斯. 反杜林论 [M]. 北京：人民出版社，2018: 99.

[13] Abid, A., Farooqi, M., Zou, J. Large Language Models Associate Muslims with Violence [J]. Nature Machine Intelligence, 2021 (6): 461-463.

[14] 何天平，蒋贤成. 算法介入国际传播：模式重塑、实践思考与治理启示 [J]. 对外传播，2022 (10): 34-38.

[15] Nye J. S. Cyber Power [R]. Massachusetts: Belfer Center for Science and International Affairs, Harvard Kennedy School, 2010: 3.

[16] 王刚. 数据拜物教：技术垄断的文化危机 [J]. 青年记者，2021 (22): 97-98.

· 发展传播 · 【栏目主持人：秦艺轩】

# 银发网红的符号化展演与传播策略

## ——基于抖音平台老年网红的研究

牛斌花*

**摘　要**：随着新媒体技术对人们日常生活的深度嵌入，昔日作为“数字难民”的部分老年群体逐渐触网并成为“网红”。本文通过对抖音银发网红短视频内容的分析，探讨银发网红基于符号使用的自我展演与传播策略。研究发现，银发网红以“言谈举止”构建社交亲密，以“方言乐曲”展现地域认同，以“状态、评论”展现社交赞同，以“物化符号”实现文化协调，形成了风格独特的象征性符号传播体系。银发群体的网络展演是对“成功老龄化”的积极回应，但这一过程中老年群体的主体性问题，以及他们对消费文化的让渡和妥协，值得深思。

**关键词**：银发网红　符号化展演　成功老龄化　老年主体性

近几年来，移动智能手机和新媒体平台迅猛发展，为处于网络社会边缘的银发群体展现自我提供了契机。被数字赋能的“银发族”从传统媒体时代被动的“叙事客体”转变为新媒体时代自觉的“叙事主体”，从被边缘化的“他者”逐渐走到互联网舞台中央，呈现了积极主动的老年主体性和再青春化的文化样态。

QuestMobile 的统计数据表明，截至 2023 年 9 月，银发人群移动互联网用户规模达 3.25 亿。[1]银发群体在抖音平台的走红，成为新的网络文化景观。“银发网红”即依托互联网空间获得公众注意力的老年个体。[2]银发网红在新媒体技术赋权下主动表达和展演自我，依托抖音短视频平台获得公众影响力与社会资本积累，建构着老年群体的社会规范和自我期待。抖音银

* 作者简介：牛斌花，郑州大学新闻与传播学院博士研究生。

发网红在短视频中运用了哪些符号展演自我？背后的传播策略是什么？有何社会意涵？本文从符号分析入手，研究银发网红短视频内容的符号使用特点，阐释老年群体网络空间“自我展演”的社会意义和影响，探讨技术赋权和文化反哺背景下健康老龄化、积极老龄化与和谐老龄化等议题。

## 一　文献综述

20 世纪 70 年代，国外学者就开始关注老年人的媒介形象。以电视中如何呈现老人形象为例，美国学者阿罗诺夫（Aronoff）指出，黄金时段电视节目中的人物形象有 4.9%为老年人[3]；诺思科特（Northcott）做了更广泛的调查，发现老人只占电视节目中人物形象的 1.5%[4]。两位学者进一步指出，曝光率低下的老人形象多与消极负面的信息相关联。埃弗斯（Evers）发现，不仅电视，报纸与杂志中老人形象的曝光率同样处于缺位状态[5]。此外，与欧洲、亚洲各个国家媒介中呈现的老人形象相比，美国媒体对老人形象的呈现更具歧视意味。[6]

国内对老年传播的研究兴起于 20 世纪 90 年代。王亿本总结了老年传播研究二十年发展的成果和问题，指出关于老年传播的研究理论少，实务多；新媒体少，传统媒体多。[7]李瑛等研究者指出，报纸的重要版面较少刊登涉老新闻；涉老新闻仍被圈定在医疗、保健、养生等固定范围。[8]社会对老年人的刻板印象由来已久。汪露通过对老人与子辈、老人与孙辈、老人和朋辈三类共计 1026 个对话进行研究，深入探讨了老年传播中刻板印象的产生、演化、影响等问题。[9]李海波、郭建斌通过对报纸中老人摔倒议题进行分析，指出在这类报道中“道德框架”相比“法制框架”占比更大。此外，虽然诸多报道意识到这一问题，对老人形象进行了多样化建构，但因长期的媒介歧视，公众对老年群体的刻板印象并未消除。[10]

近些年，国内已有众多学者关注到新媒体中的老年传播。郑素侠、吴德琛指出，互联网时代会使家庭成员间形成代际传播数字沟，冲击家庭关系，加重老龄化问题。为弥合代际传播数字沟，应加强老年人的网络使用能力，社交媒体平台应进行适老化改进，提高老年人的上网质量，促进代际和谐。[11]吴静等学者指出，为满足老年群体对音视频等信息交流形式的需要，应加快适老App的研发。[12]近几年，已有越来越多的中老年群体在各大视频平台从围观到参与，加入“银发传播”中，甚至成为“网红”。活跃在视频平台的银发网红，以消极刻板印象的纠正者、娱乐与时尚等潮流元素的推动者、积极向上正能量的传播者形象，催生了银发产业经济新样态。[13]银发网红在视频社交平台的崛起，正在打破他者建构主导下个体对老年群体的刻板成见[14]，实现网络实践的主体追寻[15]。但是，社交平台中的银发网红又陷入可见性悖论中，更具客观理性的身份诠释有待进一步发展。[16]

既往关于老人媒介形象和老年传播的研究中，早期文献多将老年群体视为被动、消极的边缘化受众，较少关注到老年群体积极、主动的信息使用行为；近几年的研究开始关注银发网红群体，但多聚焦于这一群体的自我呈现与媒介形象塑造，对他们在网络空间“自我展演”的符号学视角关照不足。本文从新一代“银发族”的主体性出发，以国内热门App——抖音平台20名银发网红为研究对象，考察“银发族”如何通过符号建构完成自我表达和自我展演，并对这一过程中老年群体主体性及其对消费文化的妥协进行反思。

## 二　研究设计

### （一）样本来源

据易观分析数据统计，银发群体对抖音的月人均使用时长已超过1000分钟[17]，银发群体对短视频从碎片化需求转向重度使用。根据媒体报道和抖音搜索，本文选取粉丝数量排名前20的银发网红作为研究样本（见表1），他们均为“头部网红”或“腰部达人”，发布的短视频在抖音平台有较大影响力。本文对20名银发网红各自发布的点赞数量最高的10条短视频，共计200条短视频进行内容分析，探讨银发网红的符号使用及其传播策略。

**表 1　抖音银发网红基本情况**

| 序号 | 网红名称 | 年龄（岁） | 性别 | 粉丝数（万） | 地区 | 话题类型 | 运营者 |
|---|---|---|---|---|---|---|---|
| 1 | 蔡昀恩 | 102 | 女 | 688.7 | 四川省成都市 | 生活 | 家人 |
| 2 | 胡涵溪 | 90 | 女 | 390.4 | 辽宁省大连市 | 生活 | 家人 |
| 3 | 郎影和爷爷 | 88 | 男 | 215.9 | 四川省成都市 | 生活 | 家人 |
| 4 | 济公爷爷·游本昌 | 87 | 男 | 1115.8 | 北京市 | 名人 | 个人 |
| 5 | 只穿高跟鞋的汪奶奶 | 80 | 女 | 1623.7 | 广东省深圳市 | 时尚 | 家人 |
| 6 | 乐退族 | 80 | 女 | 376.3 | 北京市 | 时尚 | MCN① |
| 7 | 秦巴忆味 秦巴奶奶 | 79 | 女 | 273.3 | 陕西省安康市 | 美食 | 家人 |
| 8 | 末那大叔 | 76 | 男 | 1362.6 | 山东省青岛市 | 时尚 | 家人 |
| 9 | 炮手张大爷 | 75 | 男 | 329.4 | 辽宁省沈阳市 | 生活 | 他人 |
| 10 | 我是田姥姥 | 73 | 女 | 3330.6 | 辽宁省鞍山市 | 生活 | 家人 |
| 11 | 小顽童爷爷 | 74 | 男 | 694.7 | 河南省驻马店市 | 情感 | 家人 |
| 12 | 爷爷等一下 | 71 | 男 | 314.8 | 四川省成都市 | 生活 | MCN |
| 13 | 阿木爷爷 | 70 | 男 | 245.2 | 广西梧州市 | 才艺 | 家人 |
| 14 | 龙姑姑 | 70 | 女 | 386.9 | 贵州省遵义市 | 才艺 | 个人 |
| 15 | 淘气陈奶奶 | 69 | 女 | 211.1 | 重庆市 | 剧情/搞笑 | MCN |
| 16 | 罗姑婆 | 69 | 女 | 656.2 | 四川省成都市 | 剧情/搞笑 | MCN |
| 17 | 江湖大妈 | 68 | 女 | 438.2 | 四川省成都市 | 剧情/搞笑 | MCN |
| 18 | 张双利 | 67 | 男 | 847.5 | 北京市 | 名人 | 个人 |
| 19 | 陕西老乔 | 63 | 男 | 1202.1 | 陕西省咸阳市 | 才艺 | 个人 |
| 20 | 神探大妈 | 73 | 女 | 484.6 | 北京市 | 剧情/搞笑 | MCN |

注：数据统计时间截至 2022 年 2 月 1 日。

### （二）类目建构

本文将银发网红使用的符号分为语言符号和非语言符号两大类（见图 1）。语言符号分为口头语言和文字语言；非语言符号分为语言符号伴生符（副语言），体态符号，物化、活动化、程式化、仪式化符号。

① MCN，Multi-Channel Network 的缩写，意为多频道网络，指利用自身资源为互联网内容生产者提供内容生产管理、内容运营、粉丝管理、商业变现等专业化服务和管理的机构。

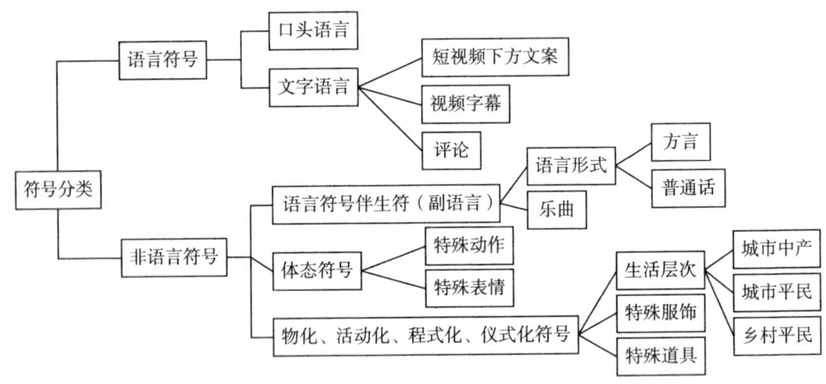


**图1　银发网红使用的符号及分类**

## 三　抖音银发网红的符号化展演行为

在戈夫曼（Goffman）的拟剧理论中，“展演”意味着一种主动的、有选择的“呈现”（perform），是个体在日常生活中利用媒介技术完成印象管理的过程。[18]抖音银发网红借助语言符号和非语言符号与粉丝展开互动，获得粉丝的观看和“凝视”（gaze），完成自我展演过程。

### （一）语言符号展演

语言符号是用语言进行叙事表达的符号系统，分为口头语言与文字语言。口头语言承载具有个人特色的情感意涵，能调动受众想象并基于个体风格形成独特的“心理空间”。20名银发网红在短视频中都使用了口头语言，如：“济公爷爷·游本昌”经常以“亲爱的娃娃们”开场；“陕西老乔”经常以“请大家参考”结尾；“神探大妈”的结束语则是“关注神探大妈，带你远离危险”。这些口头语言或带有指向意义，或是日常习惯性表达，都作为一种语言符号与传播内容产生关联，加深用户对银发网红的记忆，像广告语一样在受众脑中形成“刺激-反应”效果。

对短视频文案进行词频分析，可以获知银发网红自我展演的话语特征。运用 Python3.8 软件对 200 条短视频文案进行词频分析，输出前 15 条统计结果见表 2。

**表 2　短视频文案词频统计**

单位：次

| 序号 | 词语 | 频次 | 序号 | 词语 | 频次 | 序号 | 词语 | 频次 |
|---|---|---|---|---|---|---|---|---|
| 1 | 爷爷 | 42 | 6 | 吃货 | 15 | 11 | 你们 | 13 |
| 2 | 奶奶 | 42 | 7 | 美食 | 15 | 12 | 闺蜜 | 12 |
| 3 | 姥姥 | 27 | 8 | 喜欢 | 13 | 13 | 日常 | 12 |
| 4 | 大家 | 20 | 9 | 我们 | 13 | 14 | 侦探 | 10 |
| 5 | 视频 | 15 | 10 | 有料 | 13 | 15 | 推理 | 10 |

抖音银发网红发布的短视频以"生活"类居多，多由子代拍摄并编辑上传，常以"爷爷""奶奶""姥姥"自称。短视频以记录老人的日常生活和趣味片段为主，主要内容和对话蕴藏着常见的代际冲突，在矛盾与反差中凸显日常生活的温馨与乐趣。多数短视频以第一人称"我们"为叙事主体，以第二人称"大家""你们"为叙事对象。这种叙事角色的设立，能够有效减弱传播双方的心理隔阂，引发共情与认同，建构虚拟空间中的"亲密关系"。如："龙姑姑"常说"感谢你们的支持"；"炮手张大爷"吃着劳动换来的排骨，激动地向网友发问"就问你们香不香"。创作者在短视频中直抒胸臆，进行着情绪和表层感知的信任表达；粉丝通过点赞、转发、留言等形式进行情感反馈，数字形态的交流冲破屏幕阻隔，给传受双方带来更亲密愉悦的虚拟社交体验。

从动词词频分布可以看出，银发网红通过短视频展现了积极向上的精神面貌。他们"喜欢"拍摄"有料"的"视频"，记录"日常"生活，做"美食"，成为"侦探"，热衷"推理"……也有人爱和老年"闺蜜"一起体验时尚精致的年轻态生活，他们无不在建构着"新老人"的媒介身份。

### （二）非语言符号展演

非语言符号包括：①语言符号伴生符（副语言），这类符号可以加大情感力度或传递语言符号之外的信息；②特殊动作、特殊表情等体态符号，这些在形成传播情境方面起重要作用；③物化、活动化、程式化、仪式化符号，如一枚徽章、一面旗帜等，这类符号更具象征性意义。200条短视频使用的非语言符号分析见表3。

**表3　抖音银发网红使用的非语言符号分析**

| 网红名称 | 语言形式和语气状态 | 动作状态 | 表情状态 | 服饰 | 道具 | 生活层次 | 乐曲 |
|---|---|---|---|---|---|---|---|
| 蔡昀恩 | 方言，日常 | 较迟缓 | 开心 | 精致套装 | 拐杖 | 城市平民 | 轻松 |
| 胡涵溪 | 方言，日常 | 撒娇 | 大笑 | 普通服装 | 无固定 | 城市平民 | 无 |
| 郎影和爷爷 | 普通话，日常 | 较迟缓 | 开心 | 普通服装 | 锅、菜叶 | 城市平民 | 搞笑 |
| 济公爷爷·游本昌 | 普通话，慈祥温柔 | 手摇蒲扇 | 爽朗大笑 | 济公戏服、破毡帽 | 扇子、葫芦 | 城市中产 | 影视 |
| 只穿高跟鞋的汪奶奶 | 普通话，慈祥温柔 | 走模特步 | 自信乐观 | 精致套装 | 无固定 | 城市中产 | 舒缓 |
| 乐退族 | 普通话，日常 | 走模特步 | 浅淡微笑 | 精致套装 | 扇子 | 城市中产 | 流行 |
| 秦巴忆味秦巴奶奶 | 方言，日常 | 做美食 | 平淡开心 | 普通服装 | 菜板、灶台 | 乡村平民 | 舒缓 |
| 末那大叔 | 普通话，温柔 | 潇洒 | 自信乐观 | 时尚套装 | 墨镜、西服 | 城市中产 | 舒缓 |
| 炮手张大爷 | 普通话，兴高采烈 | 手舞足蹈 | 开心 | 普通服装 | 排骨、炸串 | 乡村平民 | 无 |
| 我是田姥姥 | 方言，日常 | 潇洒麻利 | 自信乐观 | 普通服装 | 无固定 | 乡村平民 | 搞笑 |
| 小顽童爷爷 | 方言，温柔 | 网络流行 | 幸福喜悦 | 情侣装、小黄帽 | 无固定 | 乡村平民 | 搞笑 |
| 爷爷等一下 | 方言，日常 | 网络流行 | 幸福喜悦 | 普通服装 | 玫瑰、蜡烛 | 城市平民 | 搞笑 |
| 阿木爷爷 | 方言，日常 | 做木工 | 平淡开心 | 蓝色布衫 | 木工道具 | 乡村平民 | 舒缓 |
| 龙姑姑 | 普通话，慈祥温柔 | 双手合十 | 自信乐观 | 普通服装 | 无道具 | 城市平民 | 广场舞 |
| 淘气陈奶奶 | 普通话，日常 | 网络流行 | 平淡开心 | 普通服装 | 无固定 | 城市平民 | 搞笑 |
| 罗姑婆 | 方言，语急声高 | 抬头挺胸 | 自信乐观 | 普通服装 | “粉博基尼” | 乡村平民 | 搞笑 |

续表

| 网红名称 | 语言形式和语气状态 | 动作状态 | 表情状态 | 服饰 | 道具 | 生活层次 | 乐曲 |
|---|---|---|---|---|---|---|---|
| 江湖大妈 | 方言，语急声高 | 潇洒麻利 | 自信乐观 | 普通服装 | 墨镜、红酒 | 乡村平民 | 搞笑 |
| 张双利 | 普通话，日常 | 网络流行 | 冷酷 | 戏服、潮流服装 | 墨镜、玫瑰 | 城市中产 | 流行 |
| 陕西老乔 | 普通话，清楚快速 | 手端食物 | 浅淡微笑 | 厨房围裙 | 锅碗瓢盆 | 城市平民 | 无 |
| 神探大妈 | 普通话，严肃认真 | 打开折扇 | 认真 | 普通服装 | 折扇 | 城市平民 | 紧张 |

1. 语言符号伴生符（副语言）中的声音听觉修辞

有声语言是具有强表意功能的听觉修辞元素，通过声音造型塑造媒介形象。20 名银发网红中，11 名使用普通话，9 名使用方言。方音方言具有典型的地域特征，鲜活有趣，能有效凸显传播内容的差异化和乡土性。“瓜孙儿”“啥子”“哪个”“整”等方言习语可以为短视频增添形神兼备、酣畅淋漓的韵味。在讲东北方言的“我是田姥姥”发布的短视频中，常常出现极具东北地域特色的语言与情绪表达。有音无字或不够雅驯的方言，字幕通常做雅化处理以适应受众习惯。方音方言在塑造人物媒介形象时能标记身份、凸显差异，在与粉丝的互动中基于地域文化认同建立情感联系。

银发网红的语气状态多为以普通话呈现的“慈祥温柔”状和以方言呈现的“日常对话”状。背景音乐风格多元，贴合叙事节奏灵活变换。“阿木爷爷”“秦巴忆味 秦巴奶奶”等“才艺”类银发网红发布的短视频多配合舒缓轻音乐，以及水流潺潺、鸟语花香、火烧木柴等自然环境音，兼具清新安静与烟火气息。“生活”“剧情搞笑”类短视频的背景音乐多根据剧情进展，杂糅流行音乐、搞笑配音和节奏感强的背景音，将年轻时尚的代表性元素融入自身的媒介展演之中。

2. 体态符号中的身体视觉修辞

身体在场已成为短视频传播的视觉逻辑，银发网红通过劳动化与年轻化的身体视觉修辞展演自身。动作状态方面，“才艺”类短视频专注于手艺展示，如“阿木爷爷”做木工；“秦巴忆味 秦巴奶奶”醉心烹制佳肴；“陕西老乔”除了做菜外，还以手持食物面对镜头的特写作为每期短视频的开场。“张双利”“小顽童爷爷”“淘气陈奶奶”跟随流行音乐节奏快速点头（网络用语称之为“卡点”）、为音乐配口型、配相应动作、模仿动漫人物与网络游戏桥段等。“时尚”类短视频中的银发网红，多以潇洒的姿态、挺拔的身姿走“模特步”，展现“精致老人”的形象。另有“济公爷爷·游本昌”以手摇蒲扇为动作标记；“胡涵溪”立“撒娇姥姥”人设；“炮手张大爷”多以夸张、激动的表情表达自身喜悦；“罗姑婆”以昂首挺胸的状态一改年迈老人的刻板形象。

表情状态方面，银发网红多以“自信乐观”“开心”示人，剧情反转处表情随之变化，以增强代入感和感染力。比较而言，乡村银发网红的情绪表达更外放、直接，如“炮手张大爷”、“罗姑婆”和“我是田姥姥”等，而“时尚”“名人”类的城市银发网红则更冷静含蓄，如“末那大叔”“张双利”等。

3. 物化、活动化、程式化、仪式化符号中的角色展演修辞

“角色化”是构建媒介形象的重要途径，银发网红通过服饰等的选择性展演来“表演老年”，形成文化与社会资本。服装方面，名人“济公爷爷·游本昌”“张双利”常着戏服，力图唤起网友对经典荧屏形象的回忆。着精致套装的“乐退族”“末那大叔”“只穿高跟鞋的汪奶奶”则努力展示精致优雅的“年轻化”形象。“阿木爷爷”的深蓝色布衫结合中国传统木工手艺的展示，给人以岁月悠久绵长之感。“小顽童爷爷”和老伴身穿粉红色情侣装，头戴黄色小圆帽，粗糙暗黄的皮肤与年轻化装扮形成的强烈反差，使网友感到温馨和谐趣。

道具方面，一些传统的“物化符号”成为银发网红塑造自身形象的首选。如济公的“破蒲扇”“葫芦”一经出现就会引发认知共鸣，“罗姑婆”拥有拉风的“粉博基尼”（粉红色电动三轮车），戴墨镜的不仅有“张双利”，还有“江湖大妈”，不少银发网红拥有基于道具使用的象征符体系。

生活层次方面，“城市中产”银发网红讲普通话，短视频多为“时尚”

“名人”类，生活精致。“城市平民”银发网红以记录日常为主，反映了城市多数老年群体的生活状态。“乡村平民”短视频呈现了一幅乡村生活图景，如“罗姑婆”与“江湖大妈”视频里的老年闺蜜情，“小顽童爷爷”的黄昏恋，“我是田姥姥”“郎影和爷爷”视频里的祖孙日常等。“秦巴忆味 秦巴奶奶”“阿木爷爷”一改短视频“短、平、快”的风格，呈现诗意乡村中的自在生活，营造出和谐宁静之感，成为短视频中的一股清流。

## 四　抖音银发网红的符号传播策略

“线索消除理论”认为，与主要依靠文字这种语言传播符号相比，以计算机为中介的传播（Computer-Mediated Communication，CMC）增加了外貌、动作、语气、神态、眼神、传播情境等非语言符号，这些“交际线索”会丰富传播内容[19]，促进“社交亲密”[20]的形成。线索建构的积极意义在于通过传播科技的“人性化”，弥补网络交往中线索的缺失。抖音银发网红能够自觉将“交际线索”运用于自我展演，包括以“言谈举止”构建社交亲密，以“方言乐曲”展现对特定地域文化的认同，以“状态、评论”展现社交赞同，以“物化符号”实现文化协调。

### （一）以“言谈举止”构建社交亲密

克莱·舍基（Clay Shirky）在《未来是湿的：无组织的组织力量》中提出“湿世界”的概念。“湿世界”特指社会性软件使人与人之间充满人情味，世界变成一个具有黏性的、湿乎乎的存在。[21]抖音平台营建了一个这样的“湿世界”——创作者与粉丝之间的交往互动如线下熟人关系一般亲密，传受双方在媒介使用过程中产生社交亲密。

“亲密”最早产生于拉丁文 intimus，指内里的、隐秘的。托尔斯泰特（Tolstedt）和斯托克斯（Stokes）从语言、情感、身体三方面分析了亲密概念。[22]语言亲密指语言符号的亲密表达，包括口头的和文字的，如以昵称代替对方名字，或称对方为“亲爱的”；情感亲密主要指依赖感和亲近感，如直接的喜欢、情感的支持等；身体亲密指身体语言对爱的表达，如拥抱、亲吻等。银发网红在短视频传播中常常巧借语言的、情感的、身体的亲密行为，增进与粉丝的亲密关系，为与粉丝间的情感关系转向商品关系奠定基础。语言的亲密表达拉近了双方的心理距离，“只穿高跟鞋的汪奶奶”将粉丝称为“小闺蜜们”；“济公爷爷·游本昌”向“亲爱的娃娃们”讲解生活哲理；“罗姑婆”认真地向“乖孙们”传授人生经验。粉丝们直呼他们“奶奶、爷爷、姑婆”，表示银发网红使他们联想到自家老人。情感上的互动使粉丝产生被依赖感，银发网红收获更加亲密的心理接近。“龙姑姑”经常与粉丝交流情感，声明正是基于粉丝支持自己才得以持续生产内容。此外，年轻化身体动作符号的运用能迅速获得粉丝群体的理解与认同，如“小顽童爷爷”通过嘟嘴、比心等动作传达爱意。

### （二）以“方言乐曲”展现地域认同

短视频具有时长限制，创作者需要依靠听觉元素形成强记忆点和共鸣点，使受众快速进入情境，获得沉浸式传播体验。方言产生于日常生活生产实践，带有鲜明的乡土文化基因，因其高辨识度成为塑造媒介形象的有力工具。在全民普通话时代，方言更贴合短视频趣味化的内容调性，成为建构地域认同、实现传播突围的有效策略。提起“我是田姥姥”，网友自然联想到她用东北方言与外孙对话的日常，“嘴碎”也成为她的形象标签；自称“四川麻神”的“罗姑婆”用邛崃话教网友打麻将、用方言说唱，受到网友追捧；讲四川方言的百岁吃货奶奶“蔡昀恩”到处吃喝玩乐的形象深入人心。部分年轻一代群体已不习方言，或仅能识别语义，对众多鲜活词汇的记忆日渐模糊，“银发族”方言短视频的出现在一定程度上弥补了这一缺憾。方言浓郁的地域特色能够带给网友特殊的地域情结，实现身份回归。此外，方言作为现实生活中具有鲜活生命力的文化资源，在形成地域认同和文化传承方面具有重要价值。

银发网红常用符合生活场景的乐曲作为短视频的背景音，为短视频赋予地域文化色彩。如“阿木爷爷”发布的短视频中常用悠扬的丝竹管弦之声衬托氛围，表现岭南的区域特色；“秦巴忆味 秦巴奶奶”常以舒缓的背景音乐、放大的鸟叫和流水声、菜肴下锅的翻炒声等，将晋南乡村田野的生活场景活灵活现地呈现出来。具体可感、生动鲜活的背景音和乐曲，让短视频具有特殊的地域风格基调，有利于建构地域认同。

### （三）以“状态、评论”展现社交赞同

戈夫曼指出，人们总是通过特定行为展现自我以求使人印象深刻，各种语言符号和语言符号的替代物作为明示的、给予的表达，成为传播者较为容易控制的表达。[18]现实生活中，传播者经常运用各种符号在传播过程中表示赞同以实现情感接近。在会话中表示的赞同越多，收获的好感越多；表示的赞同越少，收获的好感越少。[23]

银发网红的社交赞同表现在对自身生活状况的赞同和对粉丝文化的认同方面。银发网红以“潇洒”的动作状态、“自信乐观”的表情神态表达积极的人生态度，以及对自身新媒体使用行为和结果的内在认可与满意。“阿木爷爷”“末那大叔”“乐退族”等银发网红都展现了自足、潇洒、达观的生活态度，粉丝在短视频媒介实践中获得了心理代偿。

抖音短视频平台的目标用户主要为年轻人，风格基调年轻化、潮流化，因此在传播中增加对粉丝文化的认同，有助于实现与粉丝交流的适配度。银发网红通过在评论区与粉丝积极互动表达对粉丝文化的认可。“秦巴忆味 秦巴奶奶”常在短视频评论区附菜肴做法，运营者在评论区向粉丝发问“想吃什么我给奶奶说”，这些行为均表达了创作者对粉丝需求的重视和尊重。对于质疑声，创作者积极回应，以打消粉丝疑虑。如网友担心“小顽童爷爷”的身体状况“难以做大幅度动作”，创作者立即发布视频，声明上传的短视频采取了“倍速播放处理”，并做出“尊老爱老”承诺。银发网红通过重视粉丝需求与尊重粉丝文化，获得交往关系的情感与资本回报。

### （四）以“物化符号”实现文化协调

语言并不是唯一的继承性观念体系。各种非语言的象征体系如仪式、习惯、徽章旗帜、服装饮食、音乐舞蹈、美术建筑、手艺技能、住宅庭院、城市和消费方式等都包括在其中。[24]这些象征体系在银发网红发布的

短视频中起文化协调的作用。

在乡村，田园成片、绿树成荫、炊烟袅袅，许多场景都深嵌于地方的生产生活基因之中。以乡村为创作场景的银发网红，以自身的生活体验、手工技艺等表达对乡村地域特色、历史记忆的文化认同，唤醒网友心灵田园的记忆。如“阿木爷爷”身穿蓝布衫，运用榫卯工艺在竹房、小溪前打造鲁班凳、将军案、关公刀等，展现了中国的山水特色和传统木工技艺。以城市为拍摄场景的“末那大叔”“只穿高跟鞋的汪奶奶”“乐退族”等，他们的标志符号是时髦发型、优雅旗袍、时尚套装等，他们以街拍、护肤、下午茶等潮流内容表达老年人对精致“仪式感”生活的追求。粗糙皮肤与粉嫩装扮的差异碰撞；满头银发与西服、旗袍的再生组合；耄耋老人与潮流物件的奇异重组，在或土味，或新潮，或魔幻中实现文化糅合，促进文化再生。

抖音带有明显的青年群体特征，银发网红的出现使年轻人和老年人在情感上产生冲突与碰撞。银发网红根据自身的文化特质，对青年话语资源和流行文化元素加以创新运用，以“物化符号”实现文化协调，为消弭代际文化冲突提供新思路。银发网红基于“乡村、城市”“年轻群体、老年群体”“传统文化、新兴文化”等差异，将差异导致的矛盾融合为新的传播符码，在实现文化协调的过程中完成符号建构与自我展演。

## 五　结论和讨论

本文通过对20名抖音银发网红发布的短视频进行分析，探讨了银发网红基于符号使用的自我展演与传播策略。研究发现，抖音银发网红在自我展演中以具有“亲密性”的“言谈举止”与粉丝进行情感和精神互动，构建社交亲密；以“地域性”的“方言乐曲”使受众快速进入地域情境，唤起网友对地域文化的认同；以自足、自乐、自信、自洽的“神情状态”和评论互动，表达对数字传播技术使用和粉丝文化的满意与社交赞同；以更具“象征性”意义的“物化符号”实现与青年文化、潮流文化的糅合与协调。银发群体在短视频平台的自我展演，是对“成功老龄化”的积极回应。但是，在资本和技术挟持下，老年群体通过符号建构成为“网红”，实现“成功老龄化”的过程，在多大程度上是发自老人主体意识的觉醒？这一问题值得深思。

### （一）自我展演对“成功老龄化”的回应

哈维赫斯特（R. J. Havinghurst）在1961年提出“成功老龄化”（successful aging）概念，改变了学术界长期以来对老龄化的问题化叙事范式，转向探索老年群体积极成长的潜能。成功老龄化是指“个体所能达到的最为满意和幸福的状态”[25]，是多维度的集合概念[26]，抖音银发网红的实践是对健康老龄化、积极老龄化、和谐老龄化三个维度的积极回应。

健康老龄化强调健全的人格和健康的体魄，反对“衰退理论”和“老年无用论”等依据年龄高低判断个人价值的主张，强调不应因为年龄而忽视老年群体追求健康的能力。我国老年抑郁症患者比例逐年上升，其中空巢老人最为严重。[27]患抑郁症多年的“小顽童爷爷”，在孙女的鼓励和耐心指导下接触抖音，在拍摄短视频的过程中，抑郁症逐渐好转，体现了“银发族”在技术可供性和代际反哺作用下对健康老龄化的实现。

积极老龄化强调老年群体对社会参与的内在需求。老有所成，老有所为。老年群体通过回应社会热点与参与公共讨论实现主体性回归。如“神探大妈”常以“侦探”的角色，以剧情演绎的方式揭秘社会骗局，告知网友如何守护人身及财产安全，网友对此纷纷点赞并称“长见识”。积极老龄化为银发群体与青年群体沟通交流赋予动力，并为公众认可、接受“银发文化”提供土壤。[28]

和谐老龄化意味着老年群体能够适应角色缺失，妥善处理各方关系。“退休”意味着老年人从昔日工作场域退出和职业角色丧失，而进入新的场域需要一系列的转变，这种转变会使老年群体社会关系网断裂、角色失调。“只穿高跟鞋的汪奶奶”退休后成为一名“带货主播”，在网络直播间找到自身价值。“末那大叔”退休后经历了“再青春化”的“第一次烫头”，向“生活需要仪式感”发起打卡挑战，鼓励网友以积极向上的心态面对生活。可见，银发群体已经在“脱域”的线上空间转型为自觉表达者、主动传播者和积极行动者，实现自身的和谐老龄化。

### （二）自我展演中老年主体性的反思

银发网红在虚拟空间的主动表达和自我展演，是老年群体重建自身主体性的积极尝试。老年主体性包含由语言、文化、意识形态、人际关系和社会评价等外在因素所建构的老年人的自我意识和社会身份，受到旧经历和新境遇的双重影响。[15]老年人的主体性体现在具有充分的身份主体性、话语主体性，但从运营主体和内容形式上看，银发网红的主体性并没有充分实现。20名银发网红的短视频帐号中，只有“济公爷爷·游本昌”“龙姑姑”“张双利”“陕西老乔”由“个人”运营，其余为由“MCN”团队、“家人”运营。“个人”运营的短视频可以根据自身兴趣喜好，自主选择视频内容、拍摄场景，有较大的主动性和自我展示空间。“家人”运营的短视频，多由子代策划、拍摄与上传，老年人常扮演特定“角色”，被拍摄、被呈现，老年人无展示自我、表达自我的主动性行为。在“我是田姥姥”发布的短视频中，“田姥姥”常常因孙子无伤大雅的玩笑受到惊吓，对此，网友发出“是不是过度消费老人家了”的疑问。由“MCN”机构运营的银发网红，按照规定脚本进行演绎，以实现商业变现为主要目的，老年群体的自我表达则退居其次。

银发网红对消费文化意识形态的内在妥协是让渡主体性的又一表现。在面对以“自由、快乐、享受”为特征的消费文化以及以青春、靓丽为度量的视觉文化时，银发网红常常改变以往的身体叙事，实现传播突围。80岁的“只穿高跟鞋的汪奶奶”在抖音平台的个人简介中称“关注我，告诉你我的冻龄秘诀”。她化精致妆容、戴假发、穿裙子，展示高难度舞蹈动作，成为消费逻辑下的媒介景观，逐渐被年轻化的话语体系收编，客观的主体身份让渡于被流量裹挟的消费主义文化。

当银发网红成为产业价值链条中的一环时，促进老年群体主体性意识的真正觉醒，实现老年群体的主体表达和行为目的商业性之间的平衡，需要银发群体更加清醒，警惕消费主义操控性力量的挟持。运营主体应正确处理网络技术“赋能”与商业利益之间的关系，践行对老年群体的人文关怀，使银发群体“自己的生命活动本身变成自己意志的和意识的对象”[29]。借力于数字技术的进步，社会各方应努力促成老年群体的数字化生存和老年主体性重建，使老年群体真正“掌握自己的命运，制定自己的准则，设计自己的生活”[30]。

## 参考文献

[1] 2023银发经济洞察报告：3.25亿银发用户掀起多领域消费热潮［EB/OL］. https：//www.thepaper.cn/newsDetail_ forward_ 25207734.

[2] 朱春阳，曾培伦．圈层下的“新网红经济”：演化路径、价值逻辑与运行风险［J］. 编辑之友，2019（12）：5-10.

[3] Aronoff C. Old Age in Prime Time［J］. Journal of Communication，1974，24（4）：86-87.

[4] Northcott H. C. Too Young，Too Old：Aging in the World of Television［J］. The Gerontologist，1975，15（2）：86-184.

[5] Evers. Aging and Mass Media［R/OL］. http：//www.seniorweb.nl/npoe/doc/aging.

[6] 吴定勇，王积龙．浅析美国媒体老人形象问题［J］. 国际新闻界，2007（4）：37-40.

[7] 王亿本．中国老人传播研究二十年（1990—2010）发展状况述评［J］. 编辑之友，2011（7）：37-40.

[8] 李瑛，郭丽娟．新媒体环境下纸媒推动“积极老龄化”的策略［J］. 新闻爱好者，2016（3）：39-44.

[9] 汪露．刻板印象与老年传播［M］. 北京：新华出版社，2010：192-199.

[10] 李海波，郭建斌．事实陈述vs. 道德评判：中国大陆报纸对“老人摔倒”报道的框架分析［J］. 新闻与传播研究，2013，20（1）：51-66+127.

[11] 郑素侠，吴德琛．代际传播数字沟的形成背景、社会影响及其调适［J］. 中州学刊，2018（9）：161-165.

[12] 吴静，于淑仪，张颖．智媒时代中国适老APP应用现状及传播对策［J］. 中国老年学杂志，2019，39（21）：5383-5386.

[13] 赵隆华，刘俊冉．“银发网红”的传播特点与发展路径构建［J］. 青年记者，2020（12）：48-49.

[14] 张梦霞．从疏离到介入：短视频平台老年网红群体的兴起与发展［J］. 视听，2021（2）：129-130.

[15] 吴炜华，姜俣．银发网红的网络实践与主体追寻——基于视频社交场景中的“老年Up主”族群研究［J］. 新闻与写作，2021（3）：14-21.

［16］王玉风．可见性视角下银发网红的老年身份建构研究［J］．新闻爱好者，2024（5）：93-96.

［17］王天进．2019银发数字用户娱乐行为分析［EB/OL］．https：//www.analysys.cn/article/detail/20019305.

［18］Goffman E. The Presentation of Self in Everyday Life［M］．New York：Anchor Books，1959：1-2.

［19］Culnan M. J.，Markus M. L. Information Technologies. Handbook of Organizational Communication：An Interdisciplinary Perspective［M］．Newbury Park，CA：Sage Publications，1987：420-443.

［20］Hu Y.，Wood J. F.，Smith V.，Westbrook N. Friendship through IM：Examining the Relationship between in Stant Messaging and Intimacy［J］．Journal of Computer-Mediated Communication，2004，10（1）.

［21］克莱·舍基．无组织的组织力量：未来是湿的［M］．胡泳，沈满琳，译．北京：中国人民大学出版社，2009：5.

［22］Tolstedt B. E.，Stokes J. P. Relation of Verbal，Affective，and Physical Intimacy to Maritalsatis Faction［J］．Journal of Counseling Psychology，1983，30（4）：573-580.

［23］迈克尔·E. 罗洛夫．人际传播——社会交换论［M］．王江龙，译．上海：上海译文出版社，1991：64-65.

［24］林进．传播论［M］．东京：有斐阁，1994：18.

［25］Havighurst R. J. Successful Aging［J］．The Gerontologist，1961（1）：8-13.

［26］杨坤．成功老龄化与公共图书馆人本服务价值重塑［J］．图书馆工作与研究，2015（2）：71-73.

［27］雷蕾，蔡薇．老年抑郁症患者比例逐年上升 空巢老人最为严重［EB/OL］．https：//baijiahao. baidu. com/s？id=1580869802794279987&wfr=spider&for=pc.

［28］冯涛，顾明栋．莫道桑榆晚，人间重晚情——中西思想和文学中的老年主体性建构［J］．学术研究，2019（9）：166-176+178.

［29］马克思．1844年经济学哲学手稿［M］．北京：人民出版社，2000：57.

［30］埃瑟·戴森．2.0版：数字化时代的生活设计［M］．胡泳，范海燕，译．海口：海南出版社，1998：译者前言.

# 老漂族的手机使用与关系维护建构

许霞霞　李　佳　姚　静*

**摘　要**：随着我国城市化进程的加快和老龄化程度的加深，老漂族群体规模也进一步扩大，其生存状况、社会融入逐渐成为政府关注、学界探究的一大热点。本研究意在对贵州老漂族手机使用在其关系建构与维护中的作用进行探索。研究发现，关系建构与维护不仅是影响老漂族社会融入的一个重要因素，也是帮助老漂族适应城市生活的重要途径之一。在老漂族的关系建构与维护过程中，手机虽然可以在日常交往、人情往来、活动参与及情感倾诉中发挥作用，但在帮助他们建构新关系网络中的作用有限，这主要受限于他们的媒介使用习惯、技能以及社交观念。

**关键词**：老漂族　关系建构　媒介使用　社会融入

随着人口老龄化、乡村城镇化的不断加快，人口流动的不断加剧和媒介技术的不断发展，农村老年人也“被迫”跟随子女离开其原本以血缘、地缘为个体间联系纽带的农村，去到在某种程度上来说更加以媒介——媒体、场所或话题为个体间连接媒体的城市。在这样的流动过程中，这一群体由于熟悉环境的变化，语言、生活模式和价值观念的差异等因素，大多难以融入城市生活，[1]且其关系网络大多处于一种断裂、内缩甚至变异的情形之中。这一群体便是“老漂族”。老漂族在当下是一个数量极其庞大的群体，而且伴随城市化进程的加快与老龄化程度的加深，老漂族的社会融入问题更是引起学界和政府部门的重视。

学者们多将老漂族的社会融入视为二次社会化的长期过程，而关系在

* 作者简介：许霞霞，贵州民族大学传媒学院硕士研究生，研究方向为媒介文化；李佳，贵州民族大学传媒学院副教授，研究方向为民族文化传播；姚静，贵州民族大学传媒学院讲师。

这一过程中发挥着重要作用。在过往研究中，不少学者也是从老漂族社会支持和社会工作介入层面切入来探讨老漂族的社会融入。[2]关系对于老漂族的社会融入具有重要意义，而在数字时代，随着数字媒介技术的飞速发展，社会信息获取及人际交往方式都发生了前所未有的变革。媒介尤其是手机，无论是在关系的建构方面，还是在原关系的维护方面都有着积极作用。因此，本文致力于从老漂族的关系入手，探究老漂族的关系现状及其关系建构与维护中的手机使用情况，探究手机作为一种媒介能否通过帮助老漂族新关系网络的建构或者原关系网络的维护，促进老漂族的社会融入。因此，本次研究所讨论的问题包括以下两个方面：第一，老漂族的关系现状如何？第二，手机媒介在老漂族关系再建立与维护中是否起着作用？如何发挥作用？

## 一　文献述评

从2011年开始学者注意到并开展了对于老漂族的研究。[3]目前学界对老漂族的研究，主要集中于对老漂族的社会现状的探究和影响老漂族社会适应的因素两个方面。

一是社会现状方面。学者们主要通过问卷调查和深度访谈法等研究方法，发现老漂族由于熟悉环境的变化，语言、生活模式和价值观念的差异等因素，大多难以融入新的社会环境。如学者霍海燕与魏婷婷从社会质量理论入手，分析发现老漂族整体生活质量不高，融入城市比较困难，自我身份认同感低。[4]二是影响老漂族社会适应的因素方面。此方面的研究主要涉及老年人社会适应的现状、老年人社会融入的影响因素、促进老年人社会融入的对策等内容。关于老漂族的社会融入问题，学者们多从社会化概念、社会地位和社会行动理论等入手，将社会融入看作一个社会化或第二次社会化的过程。如学者陈成文、孙嘉悦认为，社会融入是处于弱势地位的主体能动地与特定社区中的个体与群体进行反思性、持续性互动的社会行动过程。[5]关于影响老漂族社会融入的因素，学者们通过实证分析、深度访谈和问卷调查等研究方法发现，制度和政策层面的因素，如福利政策转接的缺失和医保异地报销困难等问题[1]，个体或群体特征性因素，如社会支持[6]、同辈群体缺失[7]，以及心理因素，如空间依恋[8]等，共同作用于老漂族的社会融入过程。而关于老漂族社会融入策略的讨论，学界则大体上从政府制度保障、社区和家庭关怀等社会层面[9]，以及孤独感的减少，归属感、认同感的增强等心理层面来展开讨论。[10]

随着数字时代的来临与发展，学者们在越来越注意到数字时代老年人的数字化生存与融入问题的同时，也注意到了数字时代新媒体可能对老年群体产生的积极作用。彭希哲等发现，互联网使用对于老年人主观幸福感的提升具有一定积极作用。[11]学者刘鸣筝与董岳通过实证分析发现，媒介使用会对老年人的主观幸福感产生影响，其中电视和广播的使用都会提高老年人的主观幸福感。[12]宋士杰等的研究表明老年人的互联网使用能够使个体孤独感显著降低。[13]此外，在通信工具快速发展和普及的今天，也有学者注意到手机媒介对于老漂族社会融入的积极作用。如学者王艳发现，微信通过促进老漂族社会关系的修复、重建和形成新的社会交往，提高了老漂族在现代社会中的适应性。[14]

通过梳理发现，上述讨论多集中于对北京、上海、深圳等经济相对发达、城市化程度较高的地区，对欠发达地区的讨论不足，也因此相对忽视了媒介赋能中的地域差异。学者们从市民化视角出发，寄希望于通过老漂族外在环境的改善解决老漂族城市生活面临的问题，并大体上分别在宏观、中观和微观三个层次上提出了相应策略。相较而言，这些研究大多较少关注到老漂族个体本身在其社区融入中的重要作用，也较少从老漂族的关系建构方面着手展开研究。而社会融入本质上是一个关系的再建立与维护的过程，因此，本文旨在通过对手机媒介在老漂族关系建构与维护过程中作用的调查，探讨数媒时代的媒介技术对老漂族社会融入的新价值维度。

## 二　老漂族的关系网络现状

2022 年来，笔者以偶遇抽样、目标抽样的方式对贵州省毕节市七星关区55岁以上的老漂族进行了线上及线下的深度访谈与参与式观察，获取了关于这些漂族老人关系现状、关系建构与维护中的媒介使用等信息作为调查分析资料。

笔者通过长期的田野调查发现，老漂族这一群体是一个丰富多样的群体，他们的人员组成复杂多样，有的是女性老人，有的是男性老人；有的来到毕节市七星关区城区居住的时间才14天（预计居住3年），有的由于工作或其他原因在很年轻时便流动至这里，流动时间已长达约30年；有的来自遥远的东北，有的家乡距离毕节市七星关区城区仅几十公里；有的仅仅58岁，有的则已至80岁（见表1）。

**表1 调查对象基本情况统计**

| 编号 | 性别 | 年龄（岁） | 受教育程度 | 流动时长 | “漂族”类型 | 婚姻状况 | 居住状况 |
|---|---|---|---|---|---|---|---|
| A1 | 女 | 79 | 小学 | 1年 | 城乡 | 丧偶 | 与儿子居住 |
| A2 | 女 | 78 | 小学 | 2年 | 城乡 | 丧偶 | 与儿子居住 |
| A3 | 男 | 70 | 小学 | 12年 | 城乡 | 已婚 | 妻子随漂，与女儿居住 |
| A4 | 女 | 67 | 小学 | 7年 | 城乡 | 已婚 | 丈夫随漂，与儿子居住 |
| A5 | 女 | 75 | 小学 | 12年 | 城乡 | 已婚 | 丈夫随漂，与女儿居住 |
| A6 | 女 | 63 | 小学 | 10年 | 城乡 | 已婚 | 丈夫随漂，与女儿随漂 |
| A7 | 女 | 67 | 小学 | 4年 | 城城 | 已婚 | 独漂，与女儿居住 |
| A8 | 女 | 67 | 小学 | 5年 | 城乡 | 已婚 | 丈夫随漂，与儿子居住 |
| A9 | 女 | 66 | 小学 | 6年 | 城城 | 已婚 | 丈夫随漂，与儿子居住 |
| A10 | 男 | 72 | 小学 | 7年 | 城乡 | 已婚 | 妻子随漂，与儿子居住 |
| A11 | 男 | 68 | 初中 | 7年 | 城乡 | 已婚 | 独漂，与孙子居住 |
| A12 | 女 | 62 | 高中 | 半年 | 城城 | 已婚 | 独漂，与女儿居住 |
| A13 | 女 | 58 | 专科 | 35年 | 城乡 | 已婚 | 随漂，与女儿居住 |
| A14 | 男 | 80 | 小学 | 1年 | 城乡 | 已婚 | 妻子随漂，与儿子居住 |
| A15 | 男 | 73 | 小学 | 2年 | 城乡 | 已婚 | 妻子随漂，与儿子居住 |
| A16 | 女 | 73 | 小学 | 3年 | 城乡 | 已婚 | 丈夫随漂，与儿子居住 |

续表

| 编号 | 性别 | 年龄（岁） | 受教育程度 | 流动时长 | “漂族”类型 | 婚姻状况 | 居住状况 |
|---|---|---|---|---|---|---|---|
| A17 | 女 | 68 | 小学 | 14天（预计3年） | 城乡 | 已婚 | 独漂，与孙子、孙女居住 |
| A18 | 女 | 75 | 无 | 26年 | 城城 | 已婚 | 丈夫随漂，与儿子居住 |
| A19 | 女 | 63 | 小学 | 半年 | 城城 | 已婚 | 独漂，与儿媳居住 |
| A20 | 女 | 75 | 无 | 4年 | 城乡 | 已婚 | 独漂，与孙子租住 |
| A21 | 男 | 70 | 小学 | 半年 | 城乡 | 已婚 | 独漂，与孙子租住 |
| A22 | 男 | 60 | 小学 | 1年 | 城城 | 已婚 | 妻子随漂，与儿子居住 |
| A23 | 女 | 78 | 小学 | 10年 | 城乡 | 已婚 | 妻子随漂，与儿子居住 |
| A24 | 女 | 67 | 小学 | 5年 | 城乡 | 已婚 | 独漂，与儿子居住 |
| A25 | 男 | 78 | 初中 | 8年 | 城乡 | 丧偶 | 独居 |
| A26 | 女 | 68 | 无 | 8年 | 乡城 | 丧偶 | 与女儿居住 |
| A27 | 女 | 58 | 小学 | 6年 | 乡城 | 已婚 | 独漂，与儿子居住 |
| A28 | 男 | 58 | 小学 | 9年 | 乡城 | 已婚 | 妻子随漂，与儿子居住 |

对于这些难以融入城市生活的老漂族来说，“老”和“漂”的现状共同造成了他们的困境。因为“老”，家庭责任一直延续，父母抚育子女、子女赡养父母，使老漂族不得不跟随漂流。因为“老”，代际关系重心下移，其“父代权威”逐渐被“子代权威”所取代，老漂族在家庭中逐步成为最容易被忽视的边缘人。[15]因为“漂”，在语言、生活习惯和文化差异，他们难以融入城市生活。但即使在这样的融入困境下，老漂族仍然在积极创建着独属于自己的文化生活空间。调查结果显示，随着老漂族流动时长的增加和对社区人和事物熟悉程度的提升，老漂族也越来越适应城市生活。关系建构与维护在这一过程中发挥了重要作用。

### （一）老漂族原关系网络的维护

本文所说的老漂族原关系网络主要指老漂族在老家时所建立起来

的关系。如果划分为两个层级，那么相对而言，处于核心的便是由于生育和婚姻事实所发生的社会关系，而较外围的则是地缘和血缘关系的延伸。

1. 老漂族核心关系的再连接与维护

流动到一个新的环境，老漂族所能接触到的核心关系可分为几种。一是居住在一起的家庭成员，二是同样居住在某一城区的亲戚，三是其老家的家庭成员。对于老漂族来说，其日常的交往和互动最多的便是居住在一起的家庭成员。

核心关系的再连接，指的是老漂族与其居住在一起的核心关系成员，如儿女或孙子、孙女的再次熟络。改革开放以来我国城市经济的快速发展、城市生活条件的改善、优质教育资源的集聚以及就业机会的增多，激发了农村人口对提高生活品质、知识素养和劳动报酬的强烈愿望，越来越多的农村青壮年人口借助求学或务工经商等途径涌入城市。因此，对于部分老漂族来说，由于儿女漫长的外出求学或务工经商时间，二者之间的关系由于长时间的分离和生活习惯、观念不同等原因变得生疏、客气，更为极端者，甚至变得淡漠，当然这一情况仅在少数。

老漂族与其居住在一起的核心关系成员的再连接过程，是一个不断相互摩擦和体谅，最终达到平衡的过程。由于过往经历的不同，老年人与儿女在消费观念、育儿观念和方法等方面存在着差异。这两方面的差异也是老漂族与核心关系成员产生摩擦的两个重要原因。如 A28，在对 A28 日常生活的观察中发现，A28 因为消费观念、育儿观念和方法上的差异曾与儿子和儿媳发生矛盾。在 A28 以其传统方式抱孙女时，其儿媳认为其姿势会卡到孙女脖子，因而要其纠正姿势。在这一过程中，由于儿媳的医专教育经历，A28 及其妻子便妥协了。但在以后的一段时间内，在 A28 想要抱孙女时，便会戏称：“来，让爷爷卡一下。”在这样的相互摩擦中，老漂族学习到新的观念改变自己，儿女调节自己的行为抚慰父母，最终达到一个平衡的过程。除此之外，还有另一种平衡的过程，那就是老漂族改变自己适应儿女。

本文中老漂族关系的维护主要是对于后面两种核心关系，即对居住在某一城区的亲戚和居住在老家的家庭成员的关系的维护。传统中国是一个熟人社会，人们世世代代生活在同一个地方。[16]对于老漂族而言，他们生于此，长于此，甚至老于此。因此，这种由血缘或地缘所建立起来的关系，对于老漂族来说也更加珍贵，且双方之间也有着较高的社会信任程度。如 A26，她从 8 年前为了照顾孙子、孙女读书便搬到了毕节的 HN 路租房子住。6 年前，其在老家的妯娌 A27 也搬到了毕节，并居住于 LQ 社区。在这 6 年里，由于 A26 的腿走路不方便，常常是 A27 在周末时带着自己的孙子来到 A26 家玩耍，如果家中没事的话，直到晚上在 A26 家吃完晚饭之后才会返回 LQ 社区。A26 也曾表示，很庆幸 A27 也在毕节城区。此外，这种由血缘或地缘所建立起来的核心关系，即使不常联系和维护，由于其自带的血缘或地缘牵绊，也大多处于一种相对稳定的状态之中。

2. *老漂族外围关系网络的维护*

随着交通条件的改善和通信的便利，尤其是对于流动跨度较小的乡—城老漂族来说，他们每年都会返回老家几次，这几次的返乡机会便是其维护原关系网络中的外围关系的主要方式，而每年返乡的具体次数则取决于“契机”的多少。总的来说，这样的契机源于以下几个方面：第一，孙辈寒暑假；第二，家中亲戚办酒席；第三，回去种植果树或庄稼。如 A27，笔者在毕节刚结识她时，她便是刚刚从乡村回到毕节城区的。据她介绍，她这一次返乡是因为家乡的一位老人去世，因此要回去帮忙和挂礼。葬礼结束之后，其老伴则是暂时留在了乡村，等将乡下的庄稼打理好之后再回来，然后等到庄稼成熟又回去收割。

而对于原本就处于原关系网络边缘的某些节点来说，由于维护渠道的缺失或人情往来等家庭事务的下移，随着流动时间的增加，这些关系则可能会变得淡漠。如关于“那平时和你打电话都有谁?”这一问题，大部分漂族老人表示，他们平时电话联系的都是家庭成员，只有少数手机使用较为熟练的人会联系少数几个玩得好的亲朋好友。大多数漂族老人表示，自己并没有老家许多人的联系方式，许多年龄较大的漂族老人的电话簿中甚至只有少数几个号码。

### （二）老漂族新关系网络的建构与维护

新关系网络是相对于原关系网络而言的，是由老漂族在流动到一个新的环境之后所建立起来的关系组成。调查发现，随着流动时间的增加，通过接送孙辈、打牌、打羽毛球和跳广场舞等日常活动，漂族老人最终都会逐渐地建立起新的关系网络，且这些关系网络也在无形之中帮助他们融入社区。此外，老漂族建立起来的新关系又可分为强关系与弱关系两种。其中，弱关系与老漂族原关系网络中的外围关系相类似，具有高度不稳定性；而强关系则与老漂族原关系网络中由血缘和地缘建立起来的核心关系相类似，具有较强的稳定性，但弱关系是交往双方关系往强关系发展的基础和前提。

#### 1. 老漂族弱关系的建构与维护

从关系着手，中国乡土社会的基层结构是一种差序格局。[16]39-48费孝通先生用石头丢在水面所产生的波纹来形容这样的关系体系，并认为每个人都是他的社会影响所推出去的圈子的中心，被圈子的波纹所推及的就发生联系。[16]42流动到一个新的环境后，除了仍生活在一起的由于生育和婚姻事实所发生的强关系外，老漂族在新环境所建立的新关系大多是弱关系。这样的弱关系是“点头之交”，交往双方进行着或进行过短期的交往，共享并了解互相的基本信息，但是双方及双方家庭无人情往来，也无过多的相互卷入。只有当弱关系交往双方的社会交往活动逐渐固定化，产生持续性的相互影响，弱关系方才逐步地发展和转化为一种强关系，如A5与A6。至今，二者已经相识了六七年。二者最初是在接送孙子上下学时认识的，通过羽毛球活动熟悉，并逐渐开始每天约定下次活动时间，这一约定活动最后发展成了二者的固定活动。

相较于强关系，弱关系具有不稳定性，极其容易断裂。因为这些由各种社交活动所建立起来的弱关系，其交往活动的发生需要时间、地点的契合，因此其能否得到维护和维护方式也具有偶然性，且既使维护其大多也是通过原本的产生途径或媒介来进行的。如对于“那您会互相之间加联系方式，好方便以后约着一起做一些事吗”这一问题，A9表示：“不会，来玩的时候遇上，然后聊一下之后就会约上一起去玩。一般闲暇时候来这里玩的人很多，遇不到这个可以遇到另一个，总会遇到的。”①

而一旦老漂族的居住地点发生变动，这一关系便难以维护，随着时间的推移，通过这一途径所建立起来的关系也大多会渐渐淡漠，直至双方成为再也见不到的老朋友，甚至彼此遗忘。如对于“与以前居住社区的朋友们现在还联系吗?”这一问题，A7表示：“原来带她（外孙女）的时候有的（结交到新朋友）。那时候我们是在GD路那里住，像南关桥那里有好几个会在一起玩的。虽然有，但是现在我们各人走一处，走散了。”②

2. 老漂族强关系的建构与维护

相较于弱关系，强关系的交往双方有过或有着长期的交往，且交往双方及双方家庭有着相互卷入，如有人情往来等。根据已有的调查资料，强关系双方由于情感更加深厚，且双方生活有着相互卷入，即使交往双方不再居住于同一社区，二者仍能保持联系。如调查对象A18，在其20多年的流动时光中，便与原HN社区的一位阿姨建立了一段强关系。她们相识10多年，在这10多年中，二者都曾卷入过对方的家庭生活之中——去对方家走动，对方住院时去医院看望，去对方老家玩耍等。即使后来A18从HN社区搬到BY社区，二者也一直保持着联系，并且由此衍生出了一种固定的交往模式——每天早上约着一起游湖。

强关系的维护方式与弱关系的维护方式也存在不同之处，强关系由于交往双方之间有某些固定活动，且双方在对方生活的卷入程度较高，因此强关系的维护方式更加具有主动性和确定性。如A3，其每次出去拉二胡时，都会与往常参与这些固定活动的交往对象打电话，约定好时间和地点。除此之外，在强关系网络的维护中，除了会打电话进行约定外，也会因偶然的遇见而约定共同活动。如A22表示：“会约着一起出去玩的，怎

---

① 摘自2022年3月1日A9访谈记录。

② 摘自2022年2月27日A7访谈记录。

么约？有的时候是打电话，有的时候下来走的话遇到就一起去，就是在周围这几个小区里边儿逛。”①

值得注意的是，老漂族的原关系网络和新关系网络并非处于完全孤立的状态，在大多数时候，二者可能会相交。如在访谈和观察过程中，有一位访谈对象在与一位新认识的对象交流中，发现二者有共同的熟识者甚至是亲戚。

总的来说，对于老漂族来说，关系的建构对于促进其社区融入具有重要意义。如在访谈过程中，许多访谈对象说过这样一句话：“刚来的时候不适应，后来熟人多点了，慢慢地更好一点。”在流动后的新社区建立起新的关系网络之后，随着老漂族和社区成员之间的相互了解与交往和对社区与生活方式的熟悉，老漂族也逐渐地融入社区生活之中。这些对人的、空间的和生活方式的熟悉感，共同地推动着老漂族的社区生活融入。

如上所言，关系的再建立与维护对于老漂族的社会融入具有重要意义。在通信工具快速发展和普及的今天，老漂族可以凭借便捷的通信工具与老家的亲人保持联系，从而可以在一定程度上缓解思乡之苦，并使自己不从农村老家的熟人关系网络中彻底脱嵌[17]。那么更进一步，手机又能否帮助老漂族再建立与维护关系呢？如果可以，其又是如何发挥效用的呢？为了回答这些问题，需要对老漂族手机媒介使用情况展开调查和探究。

## 三　老漂族关系网络建构与维护中的手机使用

### （一）老漂族的手机媒介使用情况

在本次调查中，28位漂族老人都配备有手机，笔者共获得了22位老人的手机使用情况（见表2）。

---

① 摘自2022年3月5日A22访谈记录。

表 2　调查对象手机使用情况统计

| 编号 | 性别 | 年龄（岁） | 受教育程度 | 手机类型 | 常用软件及功能 |
|---|---|---|---|---|---|
| A1 | 女 | 79 | 小学 | 老人机 | 电话、看时间、照明 |
| A2 | 女 | 78 | 小学 | 老人机 | 电话、看时间、照明 |
| A3 | 男 | 70 | 小学 | 智能机 | 抖音、微信 |
| A4 | 女 | 67 | 小学 | 智能机 | 电话、微信、抖音和快手极速版 |
| A5 | 女 | 75 | 小学 | 老人机 | 电话、看时间、照明 |
| A6 | 女 | 63 | 小学 | 智能机 | 电话、微信、抖音 |
| A7 | 女 | 67 | 小学 | 智能机 | 电话、微信、抖音 |
| A10 | 男 | 72 | 小学 | 老人机 | 电话、看时间、照明 |
| A11 | 男 | 68 | 初中 | 老人机 | 电话、看时间、照明 |
| A12 | 女 | 62 | 高中 | 智能机 | 电话、微信、抖音 |
| A13 | 女 | 58 | 专科 | 智能机 | 电话、微信、抖音、钉钉、淘宝 |
| A14 | 男 | 80 | 小学 | 老人机 | 电话、看时间、照明 |
| A15 | 男 | 73 | 小学 | 智能机 | 电话、QQ、微信、抖音、抖音极速版、单机斗地主 |
| A16 | 女 | 73 | 小学 | 老人机 | 电话、看时间、照明 |
| A17 | 女 | 68 | 小学 | 老人机 | 电话、看时间、照明 |
| A18 | 女 | 75 | 小学 | 智能机 | 电话、微信、抖音 |
| A20 | 女 | 75 | 无 | 老人机 | 电话、看时间、照明 |
| A22 | 男 | 60 | 小学 | 智能机 | 电话、微信、抖音、快手、快手极速版 |
| A23 | 女 | 78 | 小学 | 老人机 | 电话、看时间、照明 |
| A26 | 女 | 68 | 无 | 智能机 | 快手、抖音极速版、拼多多 |
| A27 | 女 | 58 | 小学 | 智能机 | 微信、抖音、快手极速版 |
| A28 | 男 | 58 | 小学 | 智能机 | 微信、抖音极速版、拼多多、钉钉 |

通过调查发现，老漂族的媒介使用类型可以分为老人机和智能机两种。其中，使用手机类型为老人机的老漂族有 10 位，使用手机类型为智能机的则有 12 位。对于手机类型为老人机的漂族老人来说，手机仅仅是作为一种通信工具，且在其生活中所发挥的作用主要是通信、看时间和照明。而对于手机类型为智能机的漂族老人来说，手机则不仅可以发挥上述作用，还可以发挥诸如休闲娱乐和办公工具的作用。

1. 老漂族的老人机使用现状

通过调查发现，使用老人机的老漂族年龄大多在70岁及以上，且手机所发挥的作用除了看时间和照明外，主要是作为一种通信工具。

首先，在老漂族的老人机接触方面。通过调查发现，这部分老漂族的手机大多是在其儿孙的经济支持下所购买，其电话卡也大多被他们的儿女纳入亲情卡网络之中，以方便老年人拨打电话，减轻其通信的经济压力。

其次，在老漂族的老人机使用方面。这部分老漂族的手机使用技能是其儿孙所教。其中，由于许多老漂族的儿子或女儿平时都处于繁忙之中，大多是其孙子、孙女教他们如何使用老人机。但由于老年人记忆力和适应能力的衰退，大多数老漂族对于手机的使用都并不熟练，对于老人机的使用，他们最为熟练的便是如何接电话，且因为大多数老漂族的电话号码是家中小辈帮忙储存，他们自己能拨打的也大多是短号，或者是由家中小辈帮忙设置的紧急联系人（长按某一数字便可以拨打对应人员的电话）。

最后，在老漂族的电话交流方面。这部分老漂族更多的是通过声音或者号码（如亲情短号或电话号码）来判别对象。如在某天晚上，笔者接到了A5的电话，A5在确定了笔者的身份后，说了一句："我记到你的号码不是135吗?"虽然笔者之前替她存过笔者的名字，但当笔者再次对其进行电话回访时，她虽然接通了电话，并接受了笔者的访谈，但其并未想起笔者是谁，其家人提醒她之后，她才重新记起笔者。在这些老漂族中，只有少数几位老人，能够自己进行电话号码储存及命名。此外，由于老人机的价格相对便宜，大多数老人最开始接触的手机便是老人机。而随着年龄的增大，老人的记忆力、适应能力和学习能力都在下降，他们也逐渐放弃了将老人机更换为智能手机的想法。如A16表示："想是想过（换成智能手机），但是我又认不到字，学又学不会，所以还是算了。"①

2. 老漂族的智能手机使用现状

对于使用智能手机的老漂族来说，他们一般年龄相对较小，属于初老

---

① 摘自2022年3月4日A16访谈记录。

群体，同时他们受过一定的教育。

首先，在老漂族的智能手机接触方面，这部分老漂族的手机或是家中小辈淘汰下来的二手手机或是自己购买的。其中，最为常见的便是使用儿孙淘汰下来的二手手机。如 A26，其在一年前开始使用智能手机，最开始所用的手机是她孙女不用了的手机，机型较老，后来其外孙买了新手机后，就将他原来使用的那个手机给了 A26。

其次，在老漂族的智能手机使用方面，与老人机使用群体一样，这些使用智能手机的老漂族的手机使用技能也是其儿孙所教。如 A26，在其将手机更换为智能手机后，其儿孙又逐渐地教她如何接电话、如何打开手机上的抖音，但其打电话一般也是由其孙子们帮她拨打。除此之外，通过表 2 我们可以看出，对于使用的手机类型为智能机的这部分老漂族来说，其所最常使用的软件大多为电话、快手或抖音等。其中，部分年龄相对较小的老漂族由于工作原因，常用软件则相对较多，如电话、微信、抖音极速版、拼多多和钉钉等。

最后，我们可以将他们的智能手机使用功能划分为三个板块：一是作为通信工具；二是作为办公软件；三是作为休闲娱乐工具和购物软件。

对于大多数老漂族来说，智能手机都可以作为一种通信工具。其中，对于年龄相对较小、受教育程度较高的老漂族来说，他们则更能熟练地使用这一通信工具，如自己存电话、打电话和微信群聊等。但是在进行微信群聊时，大部分老漂族会采用手写输入文字或者以直接发语音的形式与他人进行交流。而对于年龄较大的老漂族来说，由于时代影响，他们的受教育程度相对较低，其中许多从未上过学或者在一、二年级便辍学在家。因此，这一类型的老漂族与使用老人机的那部分老漂族一样，他们对于用手机打电话也并不熟练，许多老人拨打电话需要其小辈的家庭成员帮忙。而且，在这一类型的老漂族中，他们也大多没有使用微信，即使安装了微信软件，也大多处于未登录或是由家中小辈帮忙管理的状态之中。

而对于一些年龄相对较小且还在上班的老漂族来说，智能手机不仅用来通信，还用来办公。如 A28，其是一名 SZ 的安保人员，为了方便工作，其手机上装有钉钉、微信等手机软件。其中，微信主要作为一种与同事进行即时沟通的软件。如A28加入了一个SZ的安保群，平时会在里面共享各个出口或建筑的安保情况、接收一些指示信息等。

此外，也有老漂族将智能手机作为一种休闲娱乐工具和购物软件，用于购物、获取信息和打发时间，他们能熟练地通过拼多多、抖音等软件来进行购物。

短视频软件是老漂族手机上安装较多的软件，且大多数老漂族所安装的短视频软件是极速版本。对于短视频软件的使用，年龄较小、受教育程度较高的老漂族能够熟练地使用抖音进行拍摄、观看、关注和点赞等操作；而年龄较大的老漂族则大多只会观看、点赞等。极速版本的软件所占内存较小，功能也进行了削弱。对于部分老年人而言，其使用极速版的原因还在于极速版本软件有看视频赚钱功能。通过调查也发现，相较于快手，大多数老年人更喜欢抖音。如A26表示："我这个上面有快手极速版和抖音极速版。我都是刷抖音，抖音上认识的人要多一点，快手上认识的人要少一点。而且看这个有的时候还可以得钱。"①

### （二）老漂族关系网络建构与维护中的手机使用

在老漂族的关系建构中，手机媒介所发挥的作用很小，这除了受老漂族手机使用功能较为单一、不熟练的影响外，还受其媒介使用习惯以及社交观念的影响。此外，在老漂族关系维护中，由于所建立的关系类型有所不同，其关系维护时手机所发挥的作用也有所不同。上文为讨论新关系的建立对老漂族社会融入的促进作用，对老漂族的关系网络进行了原关系与新建立关系的区分。但从关系着手，中国乡土社会的基层结构作为一种差序格局，关系有强弱及内外围之分。因此，在这一部分的讨论中，仅从关系强弱这一维度出发，分述不同手机使用类型的老漂族在关系建构与维护中的手机使用情况。

#### 1. 老人机在老漂族关系网络建构与维护中的作用

正如前文所言，相较于使用智能手机的老漂族，使用老人机的老漂族

---

① 摘自2022年4月16日A26访谈记录。

大多较为年长，且受教育程度不高。此外，老人机自身功能也较为单一。所以对于老漂族而言，手机所发挥的作用除了确定时间和照明外，主要是作为一种通信工具。总的来说，在老漂族弱关系的建构与维护中，老人机所能发挥的效用较小，仅在强关系的建立与维系中发挥着部分效用。

首先，弱关系的再建立与维系。随着流动时间的增加，通过在社区内、外部参加或发起某些活动，老漂族最终都将逐渐地建立起新的关系网络。如在调查中，当笔者向受访者询问“你搬到这里居住后是否有认识新的朋友”时，22位老人都给出了肯定答案。但正如前文所言，这样的关系网络并不如强关系那样紧密，且相较于使用智能手机的老人，使用老人机的老漂族大多较为年长，受教育程度不高，在手机使用上存在局限。因此，在其弱关系的维系中，也主要是通过上述所说的社区活动进行维系。

其次，强关系的再建立与维系。流动到新环境后的老漂族，除了共同生活的家人外，老人机是其维系其他强关系的重要渠道。通过调查发现，老漂族通过老人机来维护其强关系的方式，主要包括相互联系和获得儿孙对其的精神支持等。许多老漂族表示，用手机主要是为了联系家人，其中，也有极少数老漂族会用手机来联系流动后认识的好朋友。但值得注意的是，对于大多年迈且缺乏手机使用技能的老漂族来说，其与许多相隔两地的强关系成员之间的相互联系大多是在其儿孙的帮助下进行的。此外，手机还可作为一种领悟社会支持的工具，为老漂族异地居住缓解孤独感。如有的老漂族在外读书或务工的孙子、孙女会定期向其打电话聊天、报好，或者在老家的儿子会打电话询问其身体状况，并向其表达想接他去一起居住的意愿等。

2. 智能手机在老漂族关系网络建构与维护中的作用

相较于老人机，使用智能手机的老漂族年龄则相对较小，且智能手机功能更加丰富多样，在老漂族关系建立与维系中的作用也较为突出。

首先，弱关系建立与维护中的智能手机使用。智能手机发挥作用的方式主要有两种：一是活动参与；二是抖音纪念和抖音点赞。在活动参与方面，由于社区存在的稳定性和活动发生场所的固定性，老漂族维护新建立的弱关系的方式主要是活动参与。老漂族更愿意与一些有共同话题、观念的朋友交往。在齐聚老漂族的社区内部，经常可以看到这样一幕——跳舞的聚在一起，打羽毛球的聚在一起，带孙子的聚在一起。因此，当老漂族在日常生活中有固定活动时，他们也会留下一些经常参加这一固定活动的朋友的电话号码，并在下一次去参加这一活动时打电话叫上对方。随着二者之间的活动逐渐变得固定化，其关系也可能会得到强化，这也是新建立的弱关系逐渐向强关系转变的主要方式。

在抖音纪念和抖音点赞方面。通过调查发现，对于抖音使用较为熟练且喜欢拍抖音的老漂族来说，随手一拍已经是其生活习惯。因此，在其日常交往之中，常常也会拍抖音。如 A18，她便能够熟练地使用抖音。在笔者与她聊天期间，她向笔者展示了她以前所拍过的一些抖音作品，其中，部分作品便是在其与新认识的朋友们出去玩时拍摄的。在笔者结识了她之后，她也邀请笔者与她合拍。此外，抖音点赞等方式，也有助于老漂族维护关系网络。由于抖音的大数据推送和同城服务，使用抖音的老漂族可以在抖音上刷到许多同城的用户。通过这样的方式，老漂族也可以了解到原关系网络或新建立的关系网络的许多成员的近况，并通过点赞、评论或关注的形式，向原关系网络或新关系网络中的成员表达自己的“关注”。

其次，强关系建立与维护中的智能手机使用。由于智能手机功能更加丰富，其在老漂族强关系的建立与维系中发挥作用的方式也更加多样。除了上述方式外，通过手机建立与维系老漂族关系的方式还有情感倾诉及人情往来。在情感倾诉方面，手机可以为大部分老漂族提供便利的沟通渠道，帮助其与老家的亲人或新结识的好朋友进行交流和倾诉。如 A18，由于其认识了 20 多年的好朋友的身体问题，二者不再定时约定出去散步，主要通过手机进行关系的维护。A18 表示：“现在就只有想起的时候、心情不好的时候打一下电话。想吹一下牛的时候就打一下电话。”①

在人情往来方面，智能手机也发挥着显著的作用，如红白喜事的信息传递和礼节来往、家庭成员生日时的红包庆祝等。通过手机，在异乡的老漂族可以获知其远在家乡的亲戚或朋友的喜酒期，以使自己可以及

① 摘自 2022 年 3 月 5 日 A18 访谈记录。

时回去；或是将这一消息转告给儿女，让他们决定是否要回去。即使他们由于某一原因无法返乡，也可以通过手机微信转账的方式进行挂礼。与此同时，值得注意的是，这种关系维系方式也在少数使用老人机的老漂族中存在，但由于代际关系的下沉，人情往来作为一种特殊的家庭事务大多已由老漂族儿女替代其进行，所以这一情况仅为少数。此外，调查发现，还有一种特殊的人情往来也在维护着老漂族与留在老家的家庭成员之间的关系，那就是微信群的红包仪式。笔者在对 A28 进行观察的过程中便发现，在其家族群中，每逢某一家庭成员生日时，群里便会发红包。如果过生日的是最年长的家庭成员，则主要由已工作的晚辈来发红包；如果是小辈的生日，则由长辈来发红包。

通过上文可看出，不同手机类型在老漂族不同类型的关系建构与维护中所扮演的角色存在不同。虽然老漂族手机媒介的接入与使用受老漂族个体因素的深刻影响，如老漂族的年龄、受教育程度及经济状况等。但我们仍可以看出，由于智能手机功能的多样性，其在老漂族关系建立与维系中所发挥的效能更加明显。因此，我们虽然不能简单地把智能手机在老漂族关系维护与建构中的作用进一步推论至对其社会融入的影响之中，但我们仍可对手机尤其是智能手机作为一种中介因素在老漂族社会融入中所发挥的作用持积极态度。

## 结语

随着城乡与城城之间人口流动的加速，老漂族的社会融入问题变得越来越重要。关系网络作为影响老漂族社会融入中的一个重要方面，具有重要的研究意义。本研究从老漂族的关系着手，探究了老漂族在流动到新环境之后的关系再建立与维护现状，及其关系再建立与维护中的手机使用情况，有如下发现。

第一，老漂族在流动至一个陌生的环境之后，可能会面临诸如语言不通、生活习惯和社会文化难以适应等方面的困境。但随着流动时间的增加，老漂族对居住环境逐渐熟悉，并通过其在社区内部的许多日常活动建立起新的关系网络后，其最终都会逐渐地融入其中。这样的融入进程或快或慢，主要取决于老漂族自身的性格和身体状况等因素。此外，对于许多老漂族来说，由于多种原因其可能经常性流动，这样的流动不仅仅发生在城城之间、城乡之间，也发生在城市内部。第二，在老漂族流动至一个陌生的环境后，其关系的再建立主要通过社区内部的日常活动，如跳舞、打羽毛球和打牌等。而在其所再建立的关系中，有强关系与弱关系之分，且大多是弱关系。第三，手机可以在老漂族日常交往、人情往来、参与活动和情感倾诉中发挥作用，从而帮助老漂族在流动至一个新的环境时再建立关系与维护关系网络，且不同的手机类型发挥作用的方式存在差异。这有助于老漂族在流动至一个新的社会环境后的社会融入，并且有助于其不至于与原关系网络完全脱嵌。

通过本次调查我们可以看出，社会关系在老漂族的社会融入中确实起着重要作用，而手机媒介也确实可以通过缓解老漂族在新社会环境中的不适应和孤独感，从而促进其社会融入进程。本次调查有较多老漂族参与，但由于地域的局限性，较少地关照到流动跨度较大的老漂族，也较少地访谈到男性漂族老人。因此，对这两类漂族老人生存现状和关系再建立与维护中的媒介使用的研究存在不足。在数字化、智能化和媒介化的浪潮中，我们见证了媒介技术的不断创新和发展，媒介浸润着人类个体生活的方方面面，并不断重构着人类生活。因此，我们需要正视数字技术的变革，不断开发媒介的现实价值维度，回归到以人为本的媒介研究。作为一次探索性研究，在存在不足的同时，本次研究也展示和探讨了手机媒介在突破老漂族社会融入困境中可能发挥的作用。在未来的发展中，我们也应继续深化对人与媒介关系的理解，积极探索和开拓媒介技术对于社会治理和人类发展方面的价值维度，让媒介真正成为连接人与世界、促进人类发展的桥梁。

## 参考文献

[1] 史国君．城市“老漂族”社会融入的困境及路径选择——基于江苏N市的调查与分析［J］．江苏社会科学，2019（6）：83-87.

[2] 刘敏．“老漂族”城市适应问题的社会工作介入策略［D］．西北农林科技大学，2014：1-31.

[3] 王婷．在城市的夹缝中生存——透视“老漂族”的社会状况［C］//贵州省社会科学界联合会．2011 年贵州省社会科学学术年会论文集．贵州大学法学院，2011：4.

[4] 霍海燕，魏婷婷．社会质量视域下“老漂族”生活现状探究——基于郑州市金水区 H 社区的实证分析［J］．学习论坛，2016，32（10）：71-75.

[5] 陈成文，孙嘉悦．社会融入：一个概念的社会学意义［J］．湖南师范大学社会科学学报，2012，41（6）：66-71.

[6] 苏幸子．“老漂族”的社会支持系统探析［J］．青年与社会（下），2015（4）：259-260.

[7] 孙远阳．“老漂族”再社会化情况探究［J］．新西部（理论版），2014（8）：11-12.

[8] 江立华，王寓凡．空间变动与“老漂族”的社会适应［J］．中国特色社会主义研究，2016（5）：68-72.

[9] 王心羽．社会转型期政策视角下“老漂族”幸福指数研究［J］．河北经贸大学学报，2017，38（6）：78-83.

[10] 陈盛淦．随迁老人的城市适应问题研究［J］．南京航空航天大学学报（社会科学版），2014，16（3）：59-62.

[11] 彭希哲，吕明阳，陆蒙华．使用互联网会让老年人感到更幸福吗？——来自 CGSS 数据的实证研究［J］．南京社会科学，2019（10）：57-68.

[12] 刘鸣筝，董岳．老年人的媒介使用与主观幸福感间的关系研究——基于 CGSS2015 的实证分析［J］．东岳论丛，2019，40（7）：40-47.

[13] 宋士杰，宋小康，赵宇翔，等．互联网使用对于老年人孤独感缓解的影响——基于 CHARLS 数据的实证研究［J］．图书与情报，2019（1）：63-69.

[14] 王艳．移动连接与可携带社群：老漂族的微信使用及其社会关系再嵌入［J］．传播与社会学刊，2019（47）：87-133.

[15] 许加明，华学成．流动的老年：“老漂族”的形成机制与多重角色困境［J］．华中农业大学学报（社会科学版），2018（5）：39-48+162.

[16] 费孝通．乡土中国［M］．北京：北京大学出版社，2012：39-48.

[17] 许加明，华学成．乡村“老漂族”的流动机理与生存图景［J］．西北农林科技大学学报（社会科学版），2018，18（4）：78-86.

# 数据要素赋能媒体生产的机制研究*

邓向阳　余　青**

**摘　要**：数据要素成为当前媒体生产的核心要素之一。数据要素的基本特征保证数据要素可以赋能媒体生产。本文通过构建指标体系测算得出变量数值，采用逐步回归、分层回归等方法对数据要素赋能媒体生产的直接效应和中介作用机制进行分析。回归结果显示，数据要素对媒体生产具有直接赋能作用，劳动力要素和资本要素在媒体生产路径中起中介作用，技术要素的中介作用没有通过显著性检验。

**关键词**：数据要素　媒体生产　赋能机制

进入21世纪，数字经济已经成为经济增长的新引擎，数据要素也成为一种新的生产要素受到全球的关注。党的十九届四中全会首次将数据作为新的生产要素，十九届五中全会再次确立了数据要素的市场地位。2020年，中共中央、国务院发布《关于构建更加完善的要素市场化配置体制机制的意见》，明确要求构建数据要素的市场化配置机制。2022年，国务院印发《“十四五”数字经济发展规划》，提出要强化高质量数据要素供给、加快数据要素市场化流通、创新数据要素开发利用机制，加快形成数据要素市场体系、促进数字经济高质量发展。目前，数据要素已成为一种新的生产要素，已渗入许多行业领域之中，而传媒产业是较早使用数据要素，并受益于数据要素投入的最具代表性的产业之一。传媒产业发展现实表明，数据要素的快速投入正在迅速提高媒体生产效率和媒体生产质量。本文试图讨论数据要素对媒体生产产生何种影响，以及通过何种机制来提高媒体生产质量。

---

* 基金项目：本文系国家社科基金重点项目“数据要素驱动出版深度融合发展的机制和实现路径研究”（项目编号：2024AXW014）的阶段性成果。

** 作者简介：邓向阳，湖南大学新闻与传播学院教授，博士生导师；余青，湖南大学新闻与传播学院硕士研究生。

## 一　数据要素赋能媒体生产的作用机理与研究假设

国内外学者对数据要素的内涵、特征等进行了讨论，认为数据要素并非简单等同于作为进位制计算的数字，而是具有生产性、社会化的特征，在经济方面则体现为非排他性、规模经济性、可再生性、强渗透性[1]，以及非竞争性、再用的零边际成本、资源和资产双重属性等[2]。正是由于这些特征，数据要素成为当今世界经济增长的重要内生要素。阿维·戈德法布（Avi Goldfarb）和凯瑟琳·塔克（Catherine Tucker）认为，数字技术降低了五种经济成本——搜寻成本、复制成本、交通成本、追踪成本、证明成本，从而促进了经济效率的提高[3]。国外许多研究尝试将数据要素纳入经济增长函数，琼斯·查尔斯一世（Jones Charles I）和克里斯托弗·托内蒂（Christopher Tonetti）讨论了不同的数据所有权模型对经济增长率的影响[4]，玛丽亚姆·法布迪（Maryam Farboodi）和劳拉·维德坎普（Laura Veldkamp）则在此基础上构建了企业数据积累的经典增长模型，认为企业数据积累可以减少不确定性而提高生产率，但认为由于受到规模收益递减规律的制约，企业在没有生产率提升的情况下单纯聚集数据并不能推动其实现可持续的经济增长[5]。对于制造业，李治国与王杰认为，数据要素优化配置在数字经济发展提升制造业生产率的过程中具有显著的渠道效应[6]。对于其作用机制，蔡跃洲与马文群认为，数据作为新生产要素，具备关键要素低成本、大规模可获得的基本特性和非竞争性、低复制成本、非排他性、外部性、即时性等技术-经济特征。这些基本特性和技术-经济特征是数据要素提升企业生产经营效率、实现价值创造能力倍增、增加消费者剩余和福利、支撑高质量发展的微观基础，但也会衍生出隐私泄露、数据垄断等问题[7]。唐要家与唐春晖则认为，数据要素主要是通过促进企业高质量决策，增进市场有效性、提升多要素合成效率、驱动高效率创新和实现良好公共治理来促进经济高质量增长[2]。

国内新闻传播学学者也在积极探讨数字技术和数据在媒体生产中的应用，但更多地从新闻学和传播学的学科范式和特点出发，重点讨论因利用数据要素而生产出来的数据新闻[8],[9]、大数据和数字技术在媒体生产中的应用，以及应运而生的媒体融合[10]，缺乏将数据作为内生要素，探讨数据要素对媒体生产的增长贡献和作用机制的相关研究。尽管如此，国内学者对大数据和数字技术的广泛研究也论证了一个基本的逻辑——包括大数据在内的数据要素正在渗透和直接参与到整个生产过程，推动媒体生产领域的重大变革，成为推动媒体生产的重要引擎和提升媒体生产质量的重要途径。

据此，本文提出假设 H1：数据要素直接参与媒体生产全过程，并显著提升媒体生产质量。

数据要素具有强流动性、低边际成本、多追踪成本、低复制成本等优势，但是数据要素也具有强渗透性、强协调性和强依赖性。数据要素的这些属性也促使其具有典型的中介效应，能通过与其他要素的融合与协调提高媒体生产效率[11]。在媒体生产过程中，数据要素参与媒体价值的创新，首先，需要与其他要素之间形成强协调性。数据要素只有与现代网络媒体技术、数字化技术等技术要素、资本要素和劳动力要素相互协同，才能更有效率地完成媒体生产。其次，数据要素的价值生产和媒体产品的高质量发展又强烈依赖于其他要素质量和要素禀赋结构。数据要素参与媒体生产，不仅需要有现代媒体技术和资本要素支撑的数字化平台，更需要有高素质的数据挖掘人才、数据分析人才和媒体采编人才等。再次，数据要素的强协调性和强渗透性可以有效地推动媒体产品的创新扩散，提升媒体产品的传播效率和供给质量。最后，数据要素的强渗透性和强协调性还能不断提升媒体劳动力要素质量，并与劳动力要素相结合进一步拓展媒体产品效能，提升媒体生产质量。

据此，本文提出假设 H2：数据要素可以通过劳动力要素、资本要素和技术要素等要素的融合中介作用来提升媒体生产质量。

## 二 研究设计

### （一）数据来源

本文的数据主要来源于国家统计局网站，以及《中国统计年鉴》《中国文化及相关产业统计年鉴》《中国文化文物和旅游统计年鉴》《中国科技统计年鉴》《中国社会统计年鉴》等，包括除港澳台外 31 个省级地区 2015 年至 2020 年的面板数据。有部分省份的部分年份有缺失的数据，本文采用线性插值法予以补齐。

## （二）变量设计与指标定义

由于目前还没有具体的有关数据要素和媒体生产质量的统计数据或评价数据，本文利用已有的数据要素和媒体生产相关的投入与产出的统计数据构建指标体系，为了保证数据的统一性，除控制变量之外，被解释变量、解释变量和中介变量都通过熵值法计算得出的数据作为替代指标。

被解释变量为媒体生产质量（*Qual*）。媒体生产理论上要用效率来进行衡量，但是媒体本身的社会属性又决定不能简单地用产出效率或经济效率来衡量媒体生产，因此本文用媒体生产质量来评价媒体生产。高质量发展是当前理论研究热点，国内许多学者从自身的研究对象出发对生产质量或供给质量构建了不同的评价指标。针对媒体生产质量，本文拟从媒体产品产出规模、产出质量和市场收益这三个方面来构建指标。

解释变量为数据要素（*Data*）。对于数据要素的研究在国内还在起步阶段，缺乏相应的统计数据和可信的评价指标体系。本文拟从 5G 和智能数据、数据服务、软件数据、互联网数据等几个方面来构建评价指标。

中介变量为劳动力要素（*Lab*）、资本要素（*Cap*）和技术要素（*Tech*）。劳动力要素从劳动力规模、劳动力价格和研究人员投入等三个方面构建指标体系。资本要素从资本规模和资本深化两个方面来构建指标。技术要素从创新投入和创新效率两个方面来构建指标。

控制变量包括经济发展水平（*Gdp*）、全要素生产率（*Tfp*）、城镇化水平（*Urba*）、市场发育程度（*Mark*）、市场竞争程度（*Comp*）、政府干预（*Gove*）等。

以上各变量的测算指标体系见表 1。

**表1 变量的测算指标体系**

| 一级指标 | 二级指标 | 指标定义和衡量 |
|---|---|---|
| 媒体生产质量 | 产出规模 | 图书、报纸、期刊出版总量(亿册、份) |
| | | 电子出版物出版数量(万张) |
| | | 音像制品出版数量(万盒) |
| | 产出质量 | 图书、报纸及期刊品种数(种) |
| | | 出版物库存周转率(次) |
| | | 公共广播电视节目数量(套) |
| | | 优秀作品(定性指标,计算分值)① |
| | 市场收益 | 文化及相关产业增加值占GDP比重(亿元) |
| | | 营业利润率(%) |
| 数据要素 | 5G和智能数据 | 计算机、通信和其他电子设备制造业固定资产投资额(万元) |
| | | 电信、广播电视和卫星通信服务固定资产投资额(万元) |
| | | 移动电话基站数(万个) |
| | | 光缆线路长度(公里) |
| | 数据服务 | 科学研究与技术服务业固定资产投资额(万元) |
| | | 企业拥有网站数(个) |
| | 软件数据 | 软件和信息技术服务业固定资产投资额(万元) |
| | | 软件业务收入(万元) |
| | 互联网数据 | 互联网和相关服务固定资产投资额(万元) |
| | | 互联网宽带接入端口数(万个) |
| | | 移动互联网用户数(万个) |
| | | 移动电话普及率(部/百人) |
| 劳动力要素 | 劳动力规模 | 年末从业人员数(人) |
| | 劳动力价格 | 应付职工薪酬(元) |
| | 研究人员投入 | R&D人员全时当量(人年) |
| 资本要素 | 资本规模 | 固定资产原价(万元) |
| | 资本深化 | (固定资产原价-折旧)/年末人数 |

① 以中国新闻奖公布的新闻作品的数据为主。

续表

| 一级指标 | 二级指标 | 指标定义和衡量 |
|---|---|---|
| 技术要素 | 创新投入 | R&D 经费内部支出（万元） |
| | 创新效率 | 技术效率（基于投入与产出数据，采用 DEA 模型计算得出） |
| 控制变量 | 经济发展水平 | 人均 GDP（取自然对数） |
| | 全要素生产率 | TFP（通过 C-D 生产函数计算得出） |
| | 城镇化水平 | 城镇人口占总人口的比例 |
| | 市场发育程度 | 樊钢等人研究的中国分省份市场化指数 |
| | 市场竞争程度 | 营业收入占行业总收入比 |
| | 政府干预 | 文化体育与传媒支出（取自然对数） |

## （三）描述性统计

各研究变量的描述性统计分析见表 2。从表中的统计结果来看，数据没有出现异常值，符合统计学分析的需要，可以进行下一步统计分析。

**表 2 变量的描述性统计分析**

| 名称 | 样本量 | 最小值 | 最大值 | 平均值 | 标准差 | 中位数 |
|---|---|---|---|---|---|---|
| *Qual* | 181 | 0. 019 | 0. 593 | 0. 169 | 0. 134 | 0. 125 |
| *Data* | 181 | 0. 012 | 0. 834 | 0. 222 | 0. 176 | 0. 164 |
| *Lab* | 181 | 0. 01 | 0. 9 | 0. 171 | 0. 217 | 0. 079 |
| *Cap* | 181 | 0. 01 | 0. 827 | 0. 274 | 0. 187 | 0. 216 |
| *Tech* | 181 | 0. 011 | 1. 01 | 0. 21 | 0. 254 | 0. 097 |
| *Gove* | 181 | 3. 043 | 6. 034 | 4. 503 | 0. 586 | 4. 471 |
| *Ubra* | 181 | 5. 53 | 89. 33 | 58. 15 | 13. 263 | 56. 88 |
| *Mark* | 181 | 1 | 9. 97 | 6. 088 | 1. 692 | 6. 21 |
| *Comp* | 181 | 0 | 0. 254 | 0. 032 | 0. 055 | 0. 009 |
| *Tfp* | 181 | 0. 594 | 1. 781 | 0. 99 | 0. 155 | 0. 984 |
| *Gdp* | 181 | 6. 553 | 12. 013 | 9. 978 | 1. 027 | 10. 052 |

## 三　假设检验

### （一）直接效应检验

为了避免数据之间的多重共线性的问题，本文采取逐步回归的方法对基本模型进行回归分析，回归结果见表 3。针对模型的多重共线性进行检验发现，模型中 VIF 值均小于 5，意味着不存在着共线性问题，并且 D-W 值在 2 附近，说明模型不存在自相关性，样本数据之间并没有关联关系，模型较好。从回归结果来看，数据要素、劳动力要素、资本要素和技术要素的回归系数都具有显著性。

**表 3　基本模型逐步回归结果（*n*=181）**

| 变量 | 非标准化系数 | | 标准化系数 | $t$ | $p$ | VIF | $R^2$ | 调整 $R^2$ | F |
|---|---|---|---|---|---|---|---|---|---|
| | $\beta$ | 标准误 | $\beta$ | | | | | | |
| *Data* | 0.349 | 0.048 | 0.44 | 7.34 | 0.000*** | 3 | 0.79 | 0.78 | F (4,176) = 164.355, $p$=0.000 |
| *Lab* | 0.295 | 0.047 | 0.466 | 6.275 | 0.000*** | 4.59 | | | |
| *Cap* | 0.144 | 0.037 | 0.199 | 3.92 | 0.000*** | 2.155 | | | |
| *Tech* | -0.089 | 0.033 | -0.161 | -2.743 | 0.007*** | 2.867 | | | |
| _cons | 0.021 | 0.01 | | 2.18 | 0.031** | | | | |

注：因变量 *Qual*；D-W 值=1.875；** 表示 $p<0.05$，*** 表示 $p<0.01$。

为了考察不同情况下数据要素对媒体生产质量的影响，本文采用分层回归，加入不同变量进行回归。从表 4 的回归结果来看，模型 1 为数据要素单个变量作为自变量的回归结果，回归系数为正值，且具有显著性。模型 3、模型 4 和模型 5 为加入其他变量的情况下的回归模型，回归结果显示数据要素的回归系数仍然为正值，并呈现显著性。因此，假设 H1 得证。

表 4 基本模型分层回归结果

| 变量 | 模型 1 | 模型 2 | 模型 3 | 模型 4 | 模型 5 |
|---|---|---|---|---|---|
| *Data* | 0.431 *** | | 0.359 *** | 0.334 *** | 0.343 *** |
| | -8.234 | | -6.295 | -5.911 | -6.068 |
| *Lab* | | 0.411 *** | 0.177 *** | 0.156 ** | 0.311 *** |
| | | -3.358 | -2.83 | -2.531 | -2.764 |
| *Cap* | | 0.166 *** | | 0.118 *** | 0.134 *** |
| | | -3.644 | | -2.894 | -3.214 |
| *Tech* | | -0.06 | | | -0.092 |
| | | (-0.981) | | | (-1.642) |
| _cons | -0.057 | -0.140 * | -0.024 | -0.022 | -0.021 |
| | (-0.755) | (-1.822) | (-0.325) | (-0.301) | (-0.288) |
| 控制变量 | 控制 | 控制 | 控制 | 控制 | 控制 |
| 样本量 | 181 | 181 | 181 | 181 | 181 |
| $R^2$ | 0.768 | 0.746 | 0.788 | 0.788 | 0.792 |

注：因变量 *Qual*；* 表示 $p<0.1$，** 表示 $p<0.05$，*** 表示 $p<0.01$；括号里面为 $t$ 值。

## （二）中介效应检验

本文参考温忠麟等学者提出的因果逐步回归法的检验步骤进行检验[12]，以媒体生产质量为因变量，数据要素为自变量，资本要素、劳动力要素和技术要素为中介变量，并控制前述的 6 个控制变量，得到中介效应检验结果（见表 5）。回归结果显示，劳动力要素和资本要素的中介效应显著，中介效应占比（中介效应除以总效应）分别为 29.002%和 8.817%。但是，技术要素的中介效应不显著。据此，假设 H2 部分得证。

表 5 中介效应检验结果

| 中介变量 | $c$ 总效应 | $a$ | $b$ | $a\times b$ 中介效应 | $a\times b$ (Boot SE) | $a\times b$ ($z$) | $a\times b$ ($p$) | $a\times b$ (95% Boot CI) | $c'$ 直接效应 | 检验结论 |
|---|---|---|---|---|---|---|---|---|---|---|
| *Lab* | 0.431 *** | 0.402 *** | 0.311 *** | 0.125 | 0.087 | 1.439 | 0.15 | 0.014~0.349 | 0.343 *** | 部分中介 |

续表

| 中介变量 | c | a | b | a×b | a×b | a×b | a×b | a×b | c′ | 检验结论 |
|---|---|---|---|---|---|---|---|---|---|---|
| | 总效应 | | | 中介效应 | (Boot SE) | (z) | (p) | (95% Boot CI) | 直接效应 | |
| *Cap* | 0.431*** | 0.284*** | 0.134*** | 0.038 | 0.027 | 1.401 | 0.161 | 0.000～0.107 | 0.343*** | 部分中介 |
| *Tech* | 0.431*** | 0.824*** | −0.092 | −0.076 | 0.074 | −1.026 | 0.305 | −0.264～0.025 | 0.343*** | 中介效应不显著 |

注：自变量 *Data*；因变量 *Qual*；*** 表示 $p<0.01$。

## （三）稳健性检验

由于本次实证研究的核心变量和中介变量的数值都取自于指标体系的综合评价得分，难以通过改变参数或变量替代数值的方式来进行稳健性检验，因此采取改变回归模型的方式来进行稳健性检验。表6的Tobit模型回归分析结果显示，除技术要素之外，其他中介变量回归系数的显著性和系数值的正负号都与前面保持基本一致。似然比检验时的 $p$ 值为0.000，拒绝原定假设，表明放入的解释变量有效，本次模型构建有意义。综上，本次实证研究结论具有较强的稳健性。

**表6 Tobit模型回归分析结果**

| 变量 | 回归系数 | 变量 | 回归系数 |
|---|---|---|---|
| 截距 | −0.021 | *Gdp* | −0.001 |
| | (−0.297) | | (−0.160) |
| *Data* | 0.343*** | *Gove* | 0.012 |
| | −6.261 | | −0.742 |
| *Lab* | 0.311*** | *Tfp* | −0.012 |
| | −2.852 | | (−0.400) |
| *Cap* | 0.134*** | *Ubra* | 0.001 |
| | −3.316 | | −1.132 |
| *Tech* | −0.092* | *Mark* | −0.004 |
| | (−1.694) | | (−0.768) |

续表

| 变量 | 回归系数 | 变量 | 回归系数 |
|---|---|---|---|
| *Comp* | -0.137 | McFadden $R^2$ | -1.329 |
| | (-0.457) | log（Sigma） | -2.793*** |
| 似然比检验 | $\chi^2$（10）=283.814，$p$=0.000 | | (-53.137) |
| | | 样本量 | 181 |

注：因变量 *Qual*；* 表示 $p$<0.1，*** 表示 $p$<0.01；括号里面为 $z$ 值。

## 四　研究结论与政策建议

### （一）研究结论

本文通过构建指标体系，用熵值法进行综合评价的方式构建面板数据，通过逐步回归和分层回归的方式检验数据要素赋能媒体生产的直接效应和中介效应机制，得到如下结论。

1. *数据要素能直接赋能媒体生产，促进媒体生产质量的提升*

在移动互联网技术和大数据技术融合并行的时代，数据要素已经成为媒体生产的核心资源之一[13]。数据要素的低复制成本、低边际成本、流通的快捷性、再生产的便利性和外溢性等特征使其成为提高媒体生产效率的强劲动力。尤其是在劳动力、资本等要素在媒体生产中的边际报酬递减和缺乏持续增长动力的阶段，数据要素开发和利用的规模收益递增性和强外溢性使其对媒体生产的贡献率逐渐超越劳动力、资本等传统生产要素。媒体生产本身就是一个知识和信息生产、传播和创新的过程，而数据要素的投入、开发和利用也是一个知识和信息不断挖掘、再处理和分析的过程，尤其是当今大数据要素的投入实现了更高效率的知识生产、扩散和共享，从而内生性地推动了媒体生产质量和生产效率的提升。

2. *劳动力要素和资本要素在数据要素赋能媒体生产的路径中起中介作用*

此结论表明，数据要素作为现代生产中的一种“通用”的生产要素，具有比其他要素更强的融合性，同时也具有更强的依赖性。这种融合性和依赖性可以推动数据要素在媒体生产过程中与传统劳动力、资本等要素实现新的组合，提升所有单个要素的边际产出，从而提升媒体生产的全要素生产率。中介效应检验结果表明，劳动力要素的中介效应占比要高于资本要素，意味着数据要素对劳动力要素的拉动作用要大于对资本要素的拉动作用。此结论基本符合媒体生产特征。媒体生产是一种知识创新型生产，劳动力要素始终是媒体生产的核心要素，不像机械制造业和食品纺织业等，可以大量地用资本和技术要素替代劳动力要素。就算是在现代媒体技术和大数据技术的“泛滥”式应用的当下，媒体生产的劳动力要素也不可被替代，甚至对媒体劳动力要素质量提出更高的要求。

3. 技术要素在数据要素赋能媒体生产的路径中没有起中介作用

此结论可能的解释理由有以下几点。第一，数据要素和技术要素在媒体生产过程中还没有得到有效融合。由于数字化技术和移动网络技术能给媒体带来可观的短期“红利”，许多媒体为追求短期利益，大规模地应用现代媒体技术，但是这些现代媒体技术并没有真正地应用到媒体生产的核心和关键环节，没有集中用于数据的挖掘和开发，而是集中用于营销和传播末端，这导致数据要素和技术要素的割裂。第二，媒体生产的特征决定数据要素更多地与内容创新融合。制造业等其他产业的数据要素主要投入至生产设备技术更新、营销创新和管理创新等层面，而媒体产业数据要素投入的核心领域是内容生产（例如数据新闻生产），而并非传播技术层面，但当前许多媒体却热衷于“流量”，将数据要素投入于媒体生产、营销端。

### （二）政策建议

1. 增加数据要素投入，加大数据要素挖掘和开发力度，完善数据要素配置机制

媒体一方面要加强对数据要素的投入，但在媒体生产过程中，加强数据要素投入不是简单地量产数据，其重点应集中于加大数据要素的挖掘和开发力度，包括加强数据要素的收集处理和分析，从而实现数据要素资源的积累。另一方面，要完善媒体组织的要素配置机制，随后进行多种生产尝试，探索数据要素投入生产的有机模式，使数据要素在媒体生产过程中

与其他生产要素实现有机结合，避免数据要素和其他要素的错配，使数据要素发挥对媒体业务的支撑作用，创造生产价值。

2. 合理投入技术要素，提升数据要素和技术要素的融合度

技术要素是推动数据要素作用于媒体生产的重要动力，但在数据要素赋能媒体生产过程中，也要清醒认识到技术要素在媒体生产中的地位，不要过于依赖技术要素所带来的短期增长，而忽视无论是数据还是技术都要为媒体内容生产服务的核心。首先，媒体的技术创新要为内容创新服务，而不应为追逐短期经济利益而丢弃内容创新与生产。其次，需加强媒体技术创新应用与数据要素的融合，将技术创新的重点用于数据要素的挖掘、处理和保护方面。

3. 提升劳动力要素质量和资本要素效率，完善媒体产业数据要素禀赋结构

数据要素的强依赖特性表明，数据要素赋能媒体生产需要生产过程中其他生产要素的协作，又或者，数据要素依赖的劳动力要素和资本要素需进一步适应数据要素投入媒体生产的过程。在劳动力要素方面，无论时代如何变化、技术如何变化，新闻人才始终是发展媒体产业的重中之重，着力培育适应数据要素生产变化的复合型新闻人才，需要学科教育培养模式与人才培养目标的更新变化。在资本要素方面，从短期角度来看，需要推动数据要素参与传媒生产的资本要素配置，实现资本要素效率提升。从长期角度来看，传媒产业需要实现数据资本化的发展。数据资本化是数据资源化更为高级的形态，传媒企业所拥有的数据可作为资本投资于项目，这既需要对数据要素的价值挖掘、分析，也需要关注产权保护与产业安全管理，更需要贯穿其中的数据要素市场的建立和完善。

4. 构建完善的数据要素市场体系，维护传媒产业要素市场秩序

尽管数据要素具有自强化机制，能够自我实现规模递增，产生增长倍增效应[7]，但在数据要素市场主体逐步培育成型之后，数据要素实现可持续发展离不开政府力量的规制，需要政府建立更为完善的市场制度，包括数据要素产权制度、市场交易制度和市场监管制度。建立完善的产权制度，有利于在市场交易中有效实现数据要素价值。建立完善的市场交易制

度，可以有效反制数据要素垄断行为，维护传媒产业数据要素市场秩序。建立完善的市场监管制度对于加强数据安全、防止信息泄露不可或缺。

## 余论

数据要素已经开始在军工、制造业、金融、医疗、地信等领域进行广泛应用，在媒体生产领域的应用也开始普及。不同于已有的研究成果多关注数据要素对制造业等行业的赋能效应，本文试图构建一个数据要素赋能媒体生产的机制模型，希望能引起新闻传播学对数据要素在新闻传播领域的理论关注。当然，正因为是一种对新对象的研究，在数据收集方面还面临一定的困境，本文的数据要素的替代衡量指标覆盖面还较窄，缺乏更新的数据，对新媒体生产质量的衡量也缺乏足够的数据支撑，研究数据的缺陷又在很大程度上限制了研究方法的应用。因此，本文研究结论的一般性还有待后续进一步验证。

### 参考文献

［1］戴双兴．数据要素：主要特征、推动效应及发展路径［J］．马克思主义与现实，2020（6）：171-177.

［2］唐要家，唐春晖．数据要素经济增长倍增机制及治理体系［J］．人文杂志，2020（11）：83-92.

［3］Goldfarb A.，Tucker C. Digital Economics. Journal of Economic Literature［J］．2019，57（1）：3-43.

［4］Charles I J.，Tonetti C. Nonrivealry and the Economics of Data［R］．Stanford Graduate School of Business，2018.

［5］Farboodi M.，Veldkamp L. A Growth Model of the Data Economy［R］．National Bureau of Economic Research，2020.

［6］李治国，王杰．数字经济发展、数据要素配置与制造业生产率提升［J］．经济学家，2021（10）：41-50.

［7］蔡跃洲，马文君．数据要素对高质量发展影响与数据流动制约［J］．数量经济技术经济研究，2021，38（3）：64-83.

［8］文卫华，李冰．大数据时代的数据新闻报道——以英国《卫报》为例［J］．现代传播（中国传媒大学学报），2013，35（5）：139-142.

[9] 方洁，颜冬．全球视野下的“数据新闻”：理念与实践［J］．国际新闻界，2013，35（6）：73-83.

[10] 方兴东，钟祥铭．重估媒体融合——50 年数字技术驱动下的媒体融合演进历程与内在价值观［J］．西北师大学报（社会科学版），2022，59（2）：5-19.

[11] 王德祥．数字经济背景下数据要素对制造业高质量发展的影响研究［J］．宏观经济研究，2022（9）：51-63.

[12] 温忠麟，叶宝娟．中介效应分析：方法和模型发展［J］．心理科学进展，2014，22（5）：731-745.

[13] 彭兰．社会化媒体、移动终端、大数据：影响新闻生产的新技术因素［J］．新闻界，2012（16）：3-8.

·智能传播·【栏目主持人：杨勇】

# 智能传播治理研究现状、趋势与展望（2000~2024年）*

杨 勇 樊田佳 白晶晶 郭 娅**

**摘 要**：本文旨在全面梳理并分析2000~2024年智能传播治理领域的研究现状、发展趋势，揭示智能传播治理研究的核心议题、热点话题、关键节点及演进路径。研究发现，智能传播治理研究从技术偏向向治理偏向转变，研究议题涵盖政策法规、伦理道德、技术革新等多个维度。当前智能传播治理研究存在概念界定不清晰、多学科研究缺乏、研究方法及技术局限、数据获取局限等问题。

**关键词**：智能传播治理 人工智能治理 算法规制 智能新闻治理

## 一 引言

互联网技术的飞速发展，尤其是人工智能技术的崛起，深刻地改变了信息传播的模式，带来了前所未有的机遇和挑战。智能传播以其高效、便捷、个性化的优势，正在重塑信息传播的生态，并对社会治理体系提出了新的要求。近年来，随着互联网技术的普及、大数据浪潮的兴起以及人工智能技术的迅猛推进，人类社会正经历前所未有的数字化加速转型。在“智能化万物互联，数据驱动一切”的宏观背景下，人类社会正以前所未

* 基金项目：本文系2024年河南省哲学社会科学规划年度项目“新型主流媒体智能生产的文化风险问题及治理研究”（项目编号：2024BXW003）、郑州大学新闻与传播学院2024年度学科平台项目“‘两创’背景下智能生成内容的风险及治理研究”（项目编号：24XKJS009）的阶段性成果。

** 作者简介：杨勇，郑州大学新闻与传播学院教师，硕士生导师，郑州大学新媒体研究院研究员，主要研究方向为智能传播、媒介经营与管理；樊田佳，郑州大学新闻与传播学院硕士研究生；白晶晶，郑州大学新闻与传播学院硕士研究生；郭娅，郑州大学新闻与传播学院硕士研究生。

有的速度全面迈向超智能时代，即“Society 5.0”，一个高度集成智能技术、实现全面数字化的社会新形态[1]。

ChatGPT 的问世，象征着人工智能技术实现了从量变向质的飞跃，标志着人工智能从特定领域的专用智能向跨领域的通用智能的重大跨越，这一过程不仅推动了人工智能应用从狭窄的小众圈子中走出，更是触发了其在社会各领域广泛渗透的爆炸性增长点，引领人们迈向一个人工智能全面融入日常生活的大众化新时代[2]。

然而，智能传播也面临着信息茧房、深度造假泛滥、隐私泄露等一系列问题，对社会秩序和国家安全构成潜在威胁。5G、大数据与人工智能技术高度联结，并与传媒领域深度耦合，进一步提升了信息采集、处理、存储、流通的效能，不仅颠覆性地改变了信息传播模式以及新闻生产方式，也强烈冲击到了舆论生态，由此带来网络舆论乱象和社会舆论风险[3]。因此，如何有效治理智能传播，实现信息传播的健康有序发展，成为当前社会关注的焦点，智能传播治理研究正在成为学术界的重要议题。据此，本文拟对国内外智能传播治理的相关研究进行梳理，具体包括以下几方面内容。

一是对国内外关于智能传播治理原因、机制及表现的研究进行总结。

二是梳理当前国内外智能传播治理研究存在的问题，规制当前智能传播治理问题的路径。

三是对当前国内外智能传播治理研究进行总结与展望，归纳当前研究的不足，为后续研究提供借鉴。

## 二 资料来源

本研究的国内文献资料来源于中国知网，检索时使用高级检索，数据采集检索式为 Topic =“智能传播治理 OR 智能传播规制 OR 人工智能治理 OR 人工智能伦理 OR 智能传播伦理 OR 算法伦理 OR 算法规制 OR 智能新闻治理 OR 智能新闻规制”，选择时间为 2000 年 1 月 1 日至 2024 年 5 月 1 日，选择 CSSCI 为检索范围，选择学科为“新闻与传媒”，获取到 291 篇国内文献，之后将文献数据导入 CiteSpace 中，利用该软件的去重功能对所获得的资料进行处理，去重后最终获取到 291 篇国内文献，目标文献无重复现象。

本研究的国外文献资料来源于 Web of Sience（WOS），检索时使用高级检索，数据采集检索式为 Topic = “artificial intelligence OR AI OR automated journalism OR algorithmic journalism OR robot journalism OR robot * OR algorithm * ” AND “regulation OR governance OR ethics * ”，选择 WOS 核心文献为检索范围，选择语言为“English”，选择文献类型为“Article”，选择时间为 2000 年 1 月 1 日至 2024 年 5 月 1 日，再选择“communication”，之后将文献数据导入 CiteSpace 中，利用该软件的去重功能对所获得的资料进行处理，去重后最终获取到 341 篇国外文献，且目标文献无重复现象。

## 三　主要议题分析

### （一）智能传播治理的原因

#### 1. 技术特性带来的复杂性

人工智能存在诸多风险[4]。学者们警告，人工智能可能会传播错误信息，助长偏见和歧视，智能技术还可能会引发隐私问题，技术代替人工也可能会导致失业现象[5]。关于机器学习技术是否会超越人类智能的问题，部分学者对此争论不休。不过，多数学者认为，如果人工智能失去人类的控制，可能会发生难以预料的情况[6]。

学者陈昌凤等曾经指出算法的实施需要经过三重中介：一是设计算法方案的专家；二是作为计算目标的数据主体；三是算法本身。设计算法方案的专家作为算法实施的中介必然会对结果产生主观影响[7]。研究已经证明，在算法设计过程中，设计者的主观认知偏差会不经意间渗透至编程逻辑中，进而在算法执行时引发性别与种族等维度的偏见现象。比如，2019 年 4 月，纽约大学 AI Now 研究所发布报告就指出，由于白人男性可能对女性和其他肤色人群存在偏见，那么过多白人男性参与算法设计就会使得算法更可能出现无意识的性别歧视和肤色偏见[8]。

为了避免人工智能传播偏见，技术人员还可以在具体操作中，通过修改相关权重参数设置，来增加特定信息的推送频率和概率[9]。不过，有学者指出，由于系统内存在众多变量和复杂的算法叠加，即便是经验丰富的技术工程师也难以从整体上理解系统偏向[10]。因此，算法处于“黑箱”之中，随着时间的推移，算法的不透明性会显著增加其与外部力量串联的风险，进而可能严重侵害个人权益与整体正义与公平，造成不容忽视的负面影响[11]。

2. 隐私保护与数据安全

虽然大数据的使用通常被认为对社会有益，但它也引起了人们对安全和隐私问题的担忧[12]。平台有能力控制谁可以访问用户的个人信息，但是未经个人授权，第三方收集或使用的数据会侵犯用户隐私[13]。在当下，算法应用平台利用大数据行使寡头权力，在算法技术隐蔽地监控下侵蚀着用户的隐私权，个人信息泄露、隐私边界消弭、数据资产盗用等乱象丛生[14]。

人工智能产品，包括聊天机器人和虚拟助理等对话系统，数字助理，如 Siri、Alexa 或 Cortana，以及智能手表等可穿戴设备，正在越来越多地捕获和存储大量消费者信息。这些平台、设备能够保存用户的各种信息，不断地从消费者那里收集文本、视频、音频和其他感官数据。然而，多数情况下，客户并不知道他们的个人信息正在被共享。例如，面部识别技术越来越多地被用于不同的环境中，个人可能会使用它们访问网站和社交媒体，甚至通过向银行和金融服务应用程序授权来支付款项，如此，个人的信息就会被相关组织捕获，从而可能引发隐私和安全问题[15]。

隐私泄露还可能由个人展演所导致。伯尼·霍根（Bernie Hogan）认为，社交媒体已经从一种自我呈现的舞台变成一种自我的“展览厅”，每个人都在成为自己社交主页的“策展人”[16]。比如，在当下一部分人使用视频特效拍摄短视频是为了展示自我的美丽形象，也有一部分人则受到“羊群效应”的驱动，即在猎奇心理的作用下产生跟风模仿行为。这种从众行为似乎给用户带来了站在新趋势前沿的乐趣，但是可能存在隐私泄露的风险[17]。

3. 社会伦理与道德责任

伦理道德作为评判人类行为正当性的核心框架，是促进理性决策的基石。然而，随着生成式人工智能技术的飞速发展，其已对传统的智能传播伦理规范构成了显著挑战，由此引发了诸多伦理困境[18]。人工智能技术的部署触发的多维度伦理考量，包括治理机制的构建、数据质量保障、安全风险的防范、标准化需求的满足、个人隐私的尊重以及数据权属界定的复杂性等关键议题[19]。媒体平台的算法技术可在信息采集、特定推送、个性定价三个阶段存在对用户的显性或隐性偏见。如“今日头条”在个性化推荐中存在用户身份偏见，携程、滴滴在差异化定价中存在价格偏见[20]。

在新闻领域，新闻伦理容易受到智能技术的冲击。有学者认为，新闻伦理首先是获取和争夺经济或政治主导地位的手段，所以个体记者只有在这样做可以获得战略利益的情况下才会遵守伦理[21]。在过去，记者们热衷于坚持新闻伦理，然而伴随着人工智能技术的出现，他们在坚持专业精神、客观性和记者荣誉守则中概述的新闻伦理方面面临的挑战越来越大[22]。不过，也有学者发现，出自记者的新闻往往被认为比出自算法的新闻更客观。该学者强调了新闻自动化所带来的伦理风险，特别是在客观性和独立性方面，并指出新闻生产的控制权掌握在科技公司手中，而不是新闻机构手中，算法可能比记者个体存在更多偏见[23]。因此，使用和呈现正确、无偏见和准确的数据是人们在应用智能技术时应遵循的道德要求[24]。

4. 人工智能崛起与国际传播变革

人工智能日益崛起，逐渐成为赛博空间的核心枢纽与超级媒介[25]，其在与政府、资本市场及社会各界的互动中力量持续增强，也催生了一系列新兴风险[26]。这种变革深刻撼动了技术、国家权力与资本间的既有权力架构，促使国际通信架构、运作模式及数字地缘政治版图经历了一场系统性的重构，人工智能正在成为塑造数字地缘政治的结构性力量[27]。

科技巨头已跨越传统业务范畴，悄然转型为国际政治舞台上的新兴力量。它们不仅主导着公共议题的设定，更在某种程度上左右着民众意见与选举动向，深度介入更广泛的国际政治议题与社会挑战之中[28]。ChatGPT等技术的出现，使得决策过程进一步自动化，放大了科技巨头在塑造公众认知与知识评价体系方面的作用。这一趋势预示着技术领先国及拥有结构性优势的跨国科技企业将会有更大的国际话语权[29]。

跨境数据安全问题也应引起重视。尽管技术是中立的，但生成式人工智能可以经过训练而具有极端意识形态或强烈政治偏见，跨境数据安全领域正在面临着生成式人工智能带来的挑战[30]。OpenAl 隐私政策第 9 节指出，使用该服务意味着确认个人数据转移到位于美国的设备和服务器，而 ChatGPT 系统的训练和使用收集了大量用户信息和社会资源，这便为国际用户的跨境数据安全带来巨大风险[31]。

## （二）智能传播治理的机制

### 1. 技术治理机制

智能传播治理的推进，亟需融合新兴科技的力量，需审慎地将智能传播技术融入信息治理的结构之中，深入探索并实践技术如何有效促进治理效率的飞跃，以实现更加高效、公正且可持续的传播治理生态[32]。事实上，人工智能确实可以借助机器学习和自然语言处理等先进技术，快速有效地识别潜在的虚假信息，从而提高新闻审查的效率和准确性。借助人工智能开发事实核查网站和谣言澄清数据库，用户可以快速查询和验证信息的真实性[33]。

在应对虚假信息的治理挑战方面，有研究者创新性地提出了链式检测技术。这种技术巧妙融合了技术自动化与人工审核的优势，不仅能够对数据和内容进行即时监控与管理，还拥有一套甄别虚假数据的技术体系，甚至还可以提炼文本的公共价值理念，并将这些抽象理念转化为可操作的准则。这一过程不仅要求技术层面的精进，更需跨学科知识的融合与应用[32]。

数字水印技术也可以作为一种创新的虚假信息治理技术，这种技术可以将水印嵌入数据之中，从而实现数字水印与原始数字内容的高度融合[34]。在此技术加持下，即便数据传递过程中出现了多重水印叠加，每一层水印仍能保持其独立性与可辨识性，从而清晰展示信息的传播轨迹与状态变化[35]。随着生成式人工智能技术的蓬勃发展，数字水印技术更是被赋予了新的使命，在未来，数字水印技术将为信息传播构建更加安全、更加可信的信息生态提供强有力的技术支持[36]。

2. 法律法规机制

近年来，与数据相关的伦理问题越来越普遍，迫切需要制定一些国际法律，以保护从人工智能中获得的信息的客观性和中立性。国外有学者强调了以适当、客观和准确的方式在新闻业中使用人工智能的重要性，相关法律需要应对与算法有关的伦理挑战，特别是在诽谤和种族主义案件中[20]。有学者强调，社会要维系算法在有限自治与完全自治之间的动态平衡就需要建构一种“算法社会契约”，即“一个由机器调节的各种人类利益相关者之间的契约”[37]。联合国发布的《以人为本的人工智能治理》（Governing AI for Humanity）报告可以作为这种“算法社会契约”。该报告明确指出，评估人工智能全球治理成效要以该技术在多大程度上助力实现可持续发展目标作为核心指标，为人工智能伦理提出准则[38]。

部分欧洲国家的数据保护当局已经开始调查可能违反数据保护法的行为[39]。我国也相继出台了多种相关法律法规来加强对个人信息的保护。但在互联网平台方面，视野始终局限于事故之后的问责与赔偿，还未能建立完善的责任框架与算法规制体系[40]。互联网科技巨头拥有的完善的信息基础设施、海量的用户数据，可以帮助其不断实现自我增强，从而形成“赢者通吃”局面，造成行业垄断[41]。为避免巨头垄断和促进公平，国家要出台相关政策和法规对其形成有力管制[32]。

3. 行业自律机制

企业要实现自律就应该将人工智能与自身的社会责任联系起来，负责任的人工智能背后的核心思想包括预防偏见、保证透明度和公平性。例如，国际标准化组织的《社会责任指南》（ISO 26000）建议企业和组织应对其利益相关者负责并保持透明，尊重法治、尊重国际行为规范、尊重人权[42]。

有学者指出，各平台主体需切实承担其应尽职责，对宣传领域内流通的数据实施严密的审核机制，以有效抵御外部势力借由网络平台在意识形态层面的渗透与干扰[43]。IBM 在行业自律方面做了良好榜样，它专门设立了一个网站，解释其与人工智能应用程序和流程相关的指导价值观和治理原则。IBM 使用技术在 AI/ML 生命周期的每个阶段、数据收集和检测过程中均设立了护栏。它还透明地报告了人工智能活动，以造福不同的利益相关者。微软的人工智能系统为其解决相关问题提供有效方案，其人工智能治理在负责任维度，包括问责制、透明度、可靠性和安全性、隐私和安全性以及公平性和包容性等内容，致力于保护用户的隐私以及减少现有的刻板印象[42]。在新闻领域，新闻工作者也要增强自律，在利用人工智能技术进行新闻生产时，注意避免出现虚假新闻、隐私泄露以及侵犯他人知识产权的情况[44]。

4. 公众参与机制

在智能化媒体时代，公众培养数字素养显得尤为重要。公众不仅需要接受算法素养教育，培养独立对信息的真实性和客观性进行判断的能力[45]，还需要以主体身份参与公共传播，在这个开放场域里与他人以平等的身份展开对话沟通。同时，公众要学会运用法律手段维护自身的名誉权和隐私权，坚定抵御网络谣言的信念，利用法律打击乱象，维护个体在数字社会中的尊严[17]。为此，专业媒体可以尝试为自身搭建与公众对话以及公众与公众之间展开对话的平台，从而推动各方通过对各种观点的探索性思考促进理性发声[46]。相关部门也要加强对公民政治参与意识的宣传教育，提高人们的数字素养，引导公民正确使用互联网[47]。

在使用一些技术时，公众要保持高度警觉，因为公众往往并不知道这些平台会不会侵犯个人隐私。虽然多元化的自我表达本身没有问题，但是由于个人难以全面预见信息具体使用场景，所以应该审慎保护个人隐私。公众需对深度合成技术及其应用有正确认识，积极采取行动从而保护个人的声音、照片等敏感信息，避免自身的人脸、指纹、虹膜等生物识别信息被不法分子利用[17][18]。总而言之，公众需要正视智能传播的伦理失范问题，增强自我审视能力，加强自律，从而促进理性话语表达[48]。

### （三）智能传播治理的表现

1. 技术层面的治理表现

有学者认为，人工智能技术的发展和应用使得人们迅速进入智能传播时代，但技术在为人类获取信息提供便利的同时，也给社会各个领域带来了新的伦理困境[49]。然而与此同时人工智能技术也为其治理提供了新的可能[33]。随着算法及人工智能等技术的发展，核查虚假新闻有了全新的技术手段，智能化系统有助于对虚假新闻展开治理[50]。同时，技术理性可以用来提升智能传播的治理效率[51]，如区块链等技术可以增加新闻的透明度与可信度[52]。另有学者指出，人工智能在推进社会治理模式创新等方面优势明显，大数据与算法的应用，可以让政府更加主动预判、监测可能的风险，把握治理的主动权[53]。在政府决策方面，智能技术能有效整合社会资源，提升治理的民主化、科学化程度[54]。在网络舆情治理方面，人工智能可以发挥内容审核、用户情感识别等作用[53]，如人民网推出的AIGC-X平台，能够将机器生成内容和人工生成内容进行精准识别并区分[55]，并且内容智能审核对于提升信息质量、减少虚假信息传播、促进舆论治理有重要作用[56]。此外，平台企业作为信息传播平台的拥有者，有义务打开“算法黑箱”，尽可能向用户阐明算法运作的过程和原理[10]。针对算法技术带来的信息窄化问题，应倡导算法技术的反向应用，避免算法带来的公共舆论风险，避免其解构社会共识[57]。

2. 政策与法规层面的治理表现

人工智能为国家治理提供了新的工具[58]，美国、欧盟国家等积极抢占制高点和主导地位，形成了“技术赛道”“制度赛道”等多轨并行的格局[59]。

在个人信息保护层面，我国近年来取得了长足的进展[60]，出台了《中华人民共和国数据安全法》等相关法律法规完善对个人信息的保护规定[10]。欧盟在数据保护方面较早地进行了规范与治理，1995年欧盟就发布了《个人数据保护指令》，规定了个人数据保护的最低标准[61]。在算法透明与规制层面，透明性原则对于打开“算法黑箱”至关重要，一些国家和地区的平台和机构被要求建立可被解释的算法模型[49]。欧盟的《数字服务法》规定了数字服务平台有提升算法透明度、行使监督问责等义务[62]。我国颁布的《互联网信息服务算法推荐管理规定》明确了算法推荐技术的信息规范服务和责任，是国际社会上第一个关于算法治理的规范性文件[63]。在人工智能治理层面，欧盟引领了全球人工智能的立法规制，2023年通过的《人工智能法案》是全球首部人工智能规制法律，对其他国家和地区具有借鉴意义[64]。2021年，我国的国家新一代人工智能治理专业委员会发布《新一代人工智能伦理规范》，提出技术发展要体现"以人为本"和"科技向善"的理念[59]。近几年，我国还连续推出《生成式人工智能服务管理暂行办法》等文件，强调人工智能生成内容的真实性、客观性[65]，并提出对其实行包容审慎和分类分级监管的思路和要求[66]。

3. 平台层面的治理表现

有学者指出，互联网企业作为经济实体是治理虚拟领域的主体，应承担起主体责任，结合自身实际，审视算法的合理使用范围[67]。算法背后隐含着使用平台的利益和价值观，因此，对于平台而言，在算法编写过程中，除了考量商业利益外，还应设置伦理道德等指标参数，坚持"公共利益"与"社会责任"，推动技术向善[68]。

一部分行业主体已经开始行动，通过系统优化、增加功能模块等方式减少智能传播中产生的负面效果。比如，苹果、谷歌等技术企业相继推出"数字健康"计划以及修改算法模型等，减少用户的技术沉迷[69]。Facebook针对虚假信息的传播展开了一系列打击行动，包括降低虚假内容在信息推送中的占比、对虚假内容进行标识等[70]。

数字媒体时代，传统媒体"把关人"的角色被淡化，相反各大社交平台及智能技术"把关"权力的扩大[71]。在智能媒体时代，互联网平台作为信息传播的重要渠道，有责任在内容安全问题上层层把关[72]，其可以用人工审核和技术审核相结合的方式，弥补技术运行过程中可能产生的风险和漏洞[73]。如B站、抖音、今日头条等媒体平台先后设置了内容审核编辑职位，旨在对人工智能未能触及的区域进行再审核[74]。

### （四）智能传播治理存在的问题

1. 技术快速发展但监管滞后

人工智能、大数据、区块链等技术的飞速发展，使得智能传播的方式和手段不断更新换代，由此给内容创新、人机交互、新闻传播等各领域都带来了机遇和挑战，但相应的监管技术和法律法规往往滞后于技术发展，导致监管难以跟上步伐[75]。尽管各国政策制定者正在努力跟上智能技术领域不断加速发展的步伐，但关于通用人工智能的监管和治理，事实上已经成为一种事后思考。智能技术的广泛应用也产生了一系列复杂的风险，包括隐私泄露、版权保护、歧视偏见等[76]。但对于智能技术引发的风险的治理往往较为滞后和不完善。有学者指出，在当前世界的隐私法中并没有涉及对推断性隐私（预测性隐私）的保护，但是从海量的匿名化数据与信息中推断出个人隐私已经成为现实情况[77]。

生成式人工智能作为一个快速发展的领域，其技术采用的速度远远超过了人们的监管速度，也导致规范难以固定[78]。因隐私泄露、歧视偏见以及国家安全等问题在不同领域的渗透，创建一套合理有效的监管模式是一项艰巨而复杂的任务。从技术开发者、研究人员到企业和用户的一系列问题仍然处于模糊不清的状态[79]。

2. 法律法规尚未健全

目前，针对智能传播领域的法律法规尚不完善，存在诸多空白和模糊地带。对于深度伪造技术的使用、人工智能生成内容的版权归属以及算法透明度等问题，尚未有明确的法律规定[80]。并且，生成式人工智能搜集数据的来源极为广泛，且容易侵犯个人的隐私权，其来源的不透明性也使得公民的著作权难以得到有效保护[81]。智能传播极大地消解了以往大众传播的内容生产和传播的特点，使信息传播变得更为“不可见”和不透明，现有的法律法规体系面临挑战[82]。

对现有的硬性的法律法规适用性的审视和批判也成为学者研究的重点。有学者指出，我国在数据层面的立法存在不足，相关条例多见于《中华人民共和国民法典》《中华人民共和国个人信息保护法》之中，对于数据保护的条例也过于泛化，因此应进一步加强立法，对数据责任主体的权限进一步规范[70]。另外，传统的“硬法”，即刚性的法律法规难以跟上智能技术的发展速度，而“软法”具有更强的灵活性，能更好地适应快速变革的技术及其风险的需求[83]。近年来，我国发布了《中华人民共和国数据安全法》等硬性的法律法规，但传统的治理模式难以及时防范新兴技术产生的风险[84]。因此，在法律工具的应用上，既要加强“硬法”的建设，也要用“软法”在国家法律制度框架下发挥一定的规范作用[75]。

3. 治理方式不完备

有学者指出，我国当前对人工智能的治理处于政府主导的集中式治理阶段，该治理模式缺乏必要的监管弹性。一方面，其反应速度不足以适应数字技术的快速发展；另一方面，强制性措施可能会影响技术的创新发展[85]。此外，国际层面尚未形成统一的多边治理框架，人工智能治理手段相对有限，主要涉及伦理准则、技术标准和法律法规，缺乏有效的监督和执行机制[86]。由于人工智能技术的发展伴随着一系列复杂且相互交织的风险样态，因此针对算法、数据和平台的分散治理难以适用[75]，一味加强监管也易与其他社会因素产生摩擦[87]。并且，随着人工智能模型的运作方式不断演变，静态风险治理方法可能无法跟上技术的快速发展[55]。为增强治理能力，欧盟确立了事前监管的治理模式，这是对完善智能风险监管手段的有益探索[88]。不过，需要注意的是，由于智能技术风险衍生风险的不确定性、应用的复杂性和广泛性，具有单一性、封闭性特点的风险治理框架难以与之适配，严监管的事前预防治理模式也会有可能阻碍技术与经济的发展[75]。

此外，智能传播的崛起使信息传播更为智能化，增加了缺乏足够技术手段和技术能力的政府部门监管和治理的难度和成本，我们所依赖的基础性的网络综合治理体系也将出现失效和缺位的现象[89]。有学者认为，我国的算法治理模式还存在明显缺陷，比如，治理目标不够准确；多部门未形成治理合力；以行政监管为主，司法救济和技术治理措施尚不完备等[90]。

4. 国际合作不足

智能传播具有跨国界、跨文化的特点，但是当前主权国家的国际合作与协调尚不充分[91]。目前人工智能治理还是以国家治理为主，国际层面的治理还处于起步阶段，既缺乏可以对主权国家颁布限制性文件的国际组织，又缺乏缔约国众多的具体规范性文件[64]。另外，智能技术发展的不确定性、各国文化价值的差异、治理规则主导权的争夺、法律的不协调等都为全球智能传播治理带来了极大的挑战[75]。

还有学者指出，不同国家和地区在法律法规、技术标准、监管模式等方面存在差异，给跨国治理带来了诸多难题[92]。由于各国秉持的理念有所差别，即使是意识形态接近的美国和欧盟国家，在人工智能治理的战略目标上也存在分歧，进而形成了国家公权力介入程度不同的具体措施[93]。2023 年 4 月，美国“人工智能和数字政策中心”要求美国联邦贸易委员会禁止 OpenAI 公司发布最新版的 ChatGPT，并称该应用存在偏见情况，会对隐私和公共安全构成威胁[94]，但美国官方暂未针对生成式人工智能提出明确的举措。欧盟的《人工智能法案》增加了对于生成式人工智能的监管内容，但诸多学者认为该法案对人工智能科技的发展有太多限制，缺少相应的激励机制[95]。美国的消极态度与中欧国家的严格监管形成鲜明对比，也体现出了各国对于智能技术发展和监管措施不同的价值理念[86]。在具体的实践中，各国仍然存在实质性分歧[96]。

### （五）规制当前智能传播治理存在问题的路径

1. 以“智”促“治”

当前，社交媒体的传播生态正从由人主导变成人与机器并重的局面[97]，人们也可以借助技术的力量完成对技术风险的“善治”[89]。技术创新不仅能够解放生产力，而且它也是实现治理智慧化的必由之路，通过现代科技与治理机制的融合，技术创新能够为智能传播治理贡献智慧力量[98]。技术方案的实施能够提升规范在事前阶段的应用效率，并有效减轻对事后规范应用的依赖程度，因此，人工智能参与治理的模式甚至比人为的治理模式更具优势[75]。

不少文献提出利用大数据和人工智能技术辅助治理的路径。比如，可以利用大数据和人工智能等技术对信息环境进行实时监测和分析，来及时发现和处置虚假信息、谣言等违法违规行为，提高治理的效率和准确性[55]；还可以利用机器学习、自然语言处理等技术，开发更加智能的信息审核和过滤系统，减轻人工审核的压力，减少误判率[97]。区块链技术在虚假新闻治理中的应用也受到很多学者的关注。区块链技术正好契合信息传播中的安全需求，其不可篡改性和可追溯性，可以帮助创建更加透明和可信的信息传播环境[57]，提高信息的真实性和可信度[99]。总之，人工智能技术不断发展带来的人机关系的演进，使得智能技术的发展进一步脱离技术工具的视角，可以赋能社会各治理主体优化其治理智能，并将自身塑造成独立主体[53]。

2. 完善法律法规与制度建设

智能传播的持续健康发展离不开健全的法律保障，因此需要加强对智能传播风险的研判和防范，构建一套完善的法律法规体系，为智能传播的发展构建良好的法治环境[100]。有学者认为要构建软法和硬法相结合的复合型治理框架，对技术保持包容审慎的态度；对人类秉持复合管理的方针，细化技术开发方、使用方、监管方等多元主体的权利和义务，厘清其责任界限，做到积极创新和科学管理相结合[101]。不过，在国际硬法不足的情况下，国际软法能够更好地实现国家之间的合作，在推进全球智能传播治理中发挥关键性的作用[102]。

此外，有学者提出在智能技术开发、应用的各个阶段，要逐步建立起科学、规范的制度框架，包括政策制度、标准规范、监督机制等，采取一系列具体的、可操作的管理手段，提升治理效能，保证技术的持续健康发展[89]，以便重新构建用户与新闻从业者之间的信任桥梁[103]。还有学者指出，通过引入道德力量来有效平衡技术持有者与使用者之间的博弈[104]。总之，在智能技术迭代与发展越来越快、规制过程稍显滞后的情况下，国家层面的规制及主导性技术的调适需要提速增力，同时增强精准性和预测、防范能力，使在宏观上解决智能传播风险问题有法可依[69]。

3. 优化治理方式，推动协同共治

为应对新治理难题，智能传播治理应完成治理范式的转变[88]。有学者指出，由于传统治理范式难以有效应对新兴技术及其应用风险的不确定性，当前我们需要构建一套新的治理模式，而敏捷治理的精髓在于其灵活性和适应性，是对传统治理模式的突破与发展，目的在于灵活应对风险[84]。有学者主张以包容性的治理理念更好地应对智能传播的伦理风险，包容性强调以人为本的价值理念，包括治理主体的多元参与、治理过程的互动合作和治理成果的共享。包容性治理强调平等参与与合作共享，是一个综合性的治理框架[75]。也有学者指出，智能技术的治理需要在“先发展，再治理”和“边发展，边治理”之间进行灵活的变通，需要秉持审慎包容的管理思维与逻辑，把握人工智能的技术特性和发展规律，不断健全现有的治理体系[89]。

此外，智能传播治理还需要构建多方参与的治理力量。政府需要扮演更加积极的角色，强化自身监管的技术运用能力和落实能力[54]。公民作为智能传播的主要参与者，可以通过提升自身数字素养、防止技术滥用、参与智能技术使用准则的制定等保护自身在智能时代的主体性[105]。在智能传播的治理主体上，需要探寻多方共促的治理体系，以人的智慧填补技术进步带来的“无规范真空”[14]。

4. 加强国际合作

人工智能技术具有显著的跨国性。首先，用来训练人工智能的数据不仅数量庞大，还来源广泛，遍布世界各个国家和地区；其次，智能技术带来的风险不局限于某些特定领域，而是涉及政治、经济、文化等各个方面[64]。全球智能传播治理的差异化和非等级的性质表明，它是一个极为复杂的系统，如果国家之间不能进行充分的协调和合作，就无法进行良好的监管。对此，有学者建议成立国际性的人工智能治理组织，来避免各国在人工智能领域不同的监管方法冲突[106]。也有学者称建设全球性的高效率的协作机制网络迫在眉睫，要有效应对人机融合的新趋势，必须建立一个开放透明的、完备的多利益相关方治理机制，多利益相关方协作实施多方共治[107]，在共同目标的基础上完善人工智能的全球治理[83]。

智能传播治理关键在于人与人之间的共通以及全球协作机制的建立。有学者建议中国继续参与联合国主导的多边治理实践，通过主动提出倡议，或与美国、欧洲国家联合发表倡议，积极支持国际人工智能治理机构发展，向国际社会展现自身加强国际合作的意愿与担当[91]。任何全球治理中，都需要大国的领导、多国的共同协作以及多利益相关方的贡献，尤其在智能传播治理中，美国、中国、欧盟国家在技术发展、政策制定和国际标准建立中扮演着极其重要的角色，大国之间的政策法律能充分协调，进行有效对话来共同应对智能传播风险挑战、推动全球机构的建立至关重要[108]。

## 四　总结与展望

### （一）智能传播治理研究的进展现状

近年来，智能传播的潜在应用及伴随其产生的机遇与挑战日益成为学术界与业界共同关注的焦点[42]。学者、政策制定者及其他相关利益方纷纷对智能技术可能引发的潜在风险表达深切忧虑，呼吁在积极拥抱技术革新的同时，审慎评估并有效管理其伴随的威胁[109]。

算法在互联网技术、数据流通及意识形态等多维度引发结构性变迁，推动意识形态传播智能化转型，深刻影响个人思维、伦理、价值及行为，但也带来认知局限、社群隔离及技术依赖等问题[40]。算法不透明性所催生非透明操控、偏见性决策以及认知偏见等多重因素的交织作用，构成了推动各类安全事件发生的强大内在驱动力[110]。除此之外，人工智能技术在新闻传媒行业的应用越来越广泛，为谣言的生产和传播提供了新手段[33]，带来内容同质化、虚假信息泛滥、信息茧房限制、隐私与版权保护难和压缩从业者空间等新传播困境[44]。

组织领导者需要严格遵守相关法律法规[111]，以及道德规范、价值观和标准，以治理智能传播生态[112]。构建契合行业发展趋势的规范性法律框架，有利于跨越不同领域的界限，加速社会共识的凝聚进程[113]。政府可以通过制定法律与政策来确立智能传播领域技术、安全及质量等方面的标准，从而规范商业活动[114]。近年来，政府监管手段更灵活、更多元，比如，基于表现的激励机制、利用市场的力量调节以及共同监管和自我监管的方式[115]。除此之外，从业者们的自律也尤为重要。从业者的道德感和责任感也是保障所在组织和整个行业持续健康发展的压舱石，相关从业者应展现出高度的责任感，确保信息的真实性和客观性[116]。

## （二）当前有关智能传播治理研究的不足

### 1. 概念界定不明晰

当前有关智能传播治理的研究存在概念界定不明晰问题，我们可以从多个角度进行详细的探讨。根据现有的研究，智能传播的研究主题主要包括人机关系、传媒业发展、新闻黑箱、受众分析和智能广告等[117]。这些研究主题反映了智能传播领域的多样性和复杂性，但同时也暴露出了概念界定上的模糊性和不一致性。虽然现在已经有研究试图通过技术本质来界定智能传播的概念和应用范围[118]，但在实际操作中，如何准确理解和应用这些定义仍然存在困难，智能传播治理的策略和方法也受到概念界定不清的影响。此外，智能传播治理的研究主题和领域虽然已经有所拓展，但仍需进一步明确和深化[119]。

### 2. 多学科研究缺乏

虽然智能传播治理研究已经涵盖了社会科学、计算机科学、人文科学等多个领域，但这些领域的研究往往是在各自的框架内进行的，缺乏深度的交叉与融合，采用多学科方法的研究很少，这种分割式的研究模式限制了对智能传播复杂现象的全面理解[120]。现有研究往往缺乏有效的跨学科合作，导致多学科研究缺乏的现象。尽管已经有理论上的探索，如《为智能化信息物理系统构建超学科研究：未完成的故事》（Framing Supradisciplinary Research for Intellectualized Cyber-Physical Systems：An Unfinished Story）中提出的多学科研究框架，但在实际操作层面，如何将理论应用于实践仍是一个挑战，目前尚无有效的实践方法论来支持多学科研究项目的实施[121]。

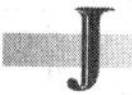

3. 研究方法及技术局限

智能传播的算法治理需要平衡价值观与创新观、技术崇拜与内容供给、技术迭代与法律规制之间的关系，实现伦理、法律、文化等维度的协同治理，现有的研究方法难以充分应对算法带来的复杂伦理和法律问题[122]。智能传播领域的快速发展要求研究者开展持续的观察和长期的研究，然而现有的研究往往是一次性的或短期的，难以形成系统的理论积累和实践指导。例如，智能传播的伦理风险及其治理研究虽然提出了一些解决方案，但缺乏对这些方案长期效果的跟踪和评估[123]。

4. 数据获取局限

智能传播治理研究中的数据获取局限问题涉及技术难题、隐私保护、数据质量、样本代表性等多个方面。智能传播数据库的构建依赖于大量数据的收集和处理，然而这些数据可能存在偏见，这不仅受数据本身的收集过程的影响，而且在算法的设计和应用过程中也可能引入偏见[124]。

## （三）对未来研究的建议

1. 重新明晰概念界定

智能传播治理的概念界定需要进一步明确和细化。鉴于技术日新月异及其应用的不断深入，智能传播的内涵和外延都在不断扩展和深化。因此，未来的研究工作应当聚焦于构建一个更为精确的概念框架，以明确区分智能传播与其他传统及新兴传播形态之间的异同点及其联系[119]，深入剖析其本质特征，以规避可能因路径依赖或技术过度崇拜而产生的概念混淆与理解偏差[107]。

2. 拓宽多学科交叉研究领域

在智能传播治理的研究领域内，应当持续深化现有主题并拓宽探索边界。当前研究呈现多元化态势，涵盖案例分析与深度探讨、流程创新与重构策略、传媒生态格局的演变趋势，以及法治监管体系的建构与完善等多维度议题。为此，应加速推动研究的本土化进程，强调以价值理性为导向，融合人文关怀，运用跨学科的研究范式与多元化方法论，深入剖析智能媒体对象，不断加强智能传播治理领域的多学科交叉研究，以促进该领域研究的全面、系统发展[123]。未来的研究可以进一步探索算法建构的多重关系、人机协同与互动，以及智能媒介环境下人的新存在方式及其影响[119]。这些研究方向的拓展，将为智能传播治理领域带来新的理论突破与实践指导，推动其迈向更加完善与成熟的阶段。

3. 丰富研究方法

为了更全面地理解和应对智能传播带来的挑战，未来的研究需要采用更多元化的研究方法，这包括但不限于案例分析法、利用可视化文献计量软件 CiteSpace 进行的科学知识图谱分析，以及跨学科的研究方法，将信息技术、社会学、心理学等领域的理论和方法融入智能传播治理的研究中[124]，此外，实证研究也是未来数字治理研究的重要方法，未来的研究应更加注重数据收集和分析，以提高研究的准确性和实用性。

4. 增加数据来源

智能传播治理领域的研究应系统性地涵盖算法机制、人机交互模式、商业营销策略以及伦理责任体系等多重视角，数据源的采集需广泛而多元，包括但不限于社交媒体平台数据、新闻门户网站内容、学术界最新研究成果以及官方政府工作报告等，对这些资源的综合应用对于保障研究的全面性和深入性至关重要[119]。为了进一步拓宽数据获取渠道，还可以构建基于权利平衡的数据共享框架[126]。随着大数据和人工智能技术的飞速发展，研究者对大规模数据集的深度挖掘与分析能力将极大增强，推动该领域研究向更深层次迈进。

## 参考文献

[1] 杜泽蒙，王斌．人工智能时代的算法治理：权力膨胀与风险［J］．湖南社会科学，2023（5）：84-93.

[2] 方兴东，钟祥铭，宋珂扬．Sora 与新控制危机——理解智能传播时代风险的新机制、新治理和新逻辑［J］．传媒研究，2024（5）：59-70.

[3] 郑满宁．人工智能技术下的新闻业：嬗变、转向与应对——基于 ChatGPT 带来的新思考［J］．中国编辑，2023（4）：35-40.

[4] Magas M.，Kiritsis D. Industry Commons：An Ecosystem Approach to Horizontal Enablers for Sustainable Cross-Domain Industrial Innovation（a Positioning Paper）［J］. International Journal of Production Research，2022，60（2）：479-492.

［5］ Butcher J.，Beridze I. What Is the State of Artificial Intelligence Governance Globally?［J］. The RUSI Journal，2019，164（5-6）：88-96.

［6］ Huang M. H.，Rust R. T. AI as Customer［J］. Journal of Service Management，2022，33（2）：210-220.

［7］陈昌凤，吕宇翔．算法伦理研究：视角、框架和原则［J］．内蒙古社会科学，2022（3）：121-128.

［8］郭小平，贾瑞欣．“公共善”视域下智能传播的算法规制［J］．学习与实践，2022（9）：121-128.

［9］郭颖．智能传播中的算法偏见：生成逻辑、危害与治理［J］．青年记者，2021（20）：24-25.

［10］匡文波．算法治理：网络空间治理的新挑战［J］．人民论坛，2023（19）：64-68.

［11］谭九生，范晓韵．算法“黑箱”的成因、风险及其治理［J］．湖南科技大学学报（社会科学版），2020，23（6）：92-99.

［12］ Barocas S.，Nissenbaum H. Big Data's End Run around Procedural Privacy Protections［J］. Communications of the ACM，2014，57（11）：31-33.

［13］ Wu W.，Huang T.，Gong K. Ethical Principles and Governance Technology Development of AI in China［J］. Engineering，2020，6（3），302-309.

［14］余林．权利·伦理·话语：算法服务治理的多维边界［J］．传媒论坛，2024，7（3）：35-38.

［15］ Zoubi A. O.，Ahmad N.，Hamid A. N. Artificial Intelligence in Newsrooms：Ethical Challenges Facing Journalists［J］. Studies in Media and Communication，2024，12（1）：401-409.

［16］董晨宇，段采薏．反向自我呈现：分手者在社交媒体中的自我消除行为研究［J］．新闻记者，2020（5）：14-24.

［17］张文娟．以服务之名的驯化：算法推荐对用户信息收受的潜在控制研究［D］．沈阳师范大学，2024：10-24.

［18］ Curchod C.，Patriotta G.，Laurie C.，Neysen N. Working for an Algorithm：Power Asymmetries and Agency in Online Work Settings［J］. Administrative Science Quarterly，2020，65（3）：644-676.

［19］ Zandi D.，Reis A.，Vayena E.，Goodman K. New Ethical Challenges of Digital Technologies，Machine Learning and Artificial Intelligence in Public Health［J］. Bulletin of the World Health Organization，2019，97（1）.

［20］ Diakopoulos N. Towards a Design Orientation on Algorithms and Automation in News Production［J］. Digital Journalism，2019，7（8）：1180-1184.

［21］ Markham T. Journalistic Ethics as Field Strategies：A Particular Case of the Possible［EB/OL］. https：//eprints. lse. ac. uk/23353/1/Journalistic_as_field_strategies_

（LSERO）. pdf.

［22］Waddell T. F. Attribution Practices for the Man-Machine Marriage：How Perceived Human Intervention，Automation Metaphors，and Byline Location Affect the Perceived Bias and Credibility of Purportedly Automated Content［J］. Journalism Practice，2019，13（10）：1255-1272.

［23］Monti M. Automated Journalism and Freedom of Information：Ethical and Juridical Problems Related to AI Field［J］. Opinio Juris in Comparatio，2019（1）：164-178.

［24］温凤鸣，解学芳．短视频推荐算法的运行逻辑与伦理隐忧——基于行动者网络理论视角［J］. 西南民族大学学报（人文社会科学版），2022，43（2）：160-169.

［25］喻国明，苏健威．生成式人工智能浪潮下的传播革命与媒介生态——从ChatGPT到全面智能化时代的未来［J］. 新疆师范大学学报（哲学社会科学版）2023（5）：85.

［26］何天平，蒋贤成．算法介入国际传播：模式重塑、实践思考与治理启示［J］. 对外传播，2022（10）：36.

［27］匡文波，曹萩儿．全球智能传播：国际信息传播新范式［J］. 对外传播，2024（6）：9-12.

［28］Monsees L.，Liebetrau T.，Austin J. L.，et al. Transversal Politics of Big Tech［J］. International Political Sociology，2023，17（1）：16.

［29］部彦君，许开轶．重塑与介入：人工智能技术对国际权力结构的影响作用探析［J］. 世界经济与政治论坛，2023（1）：99.

［30］Lupton D. How Do Data Come to Matter? Living and Becoming with Personal Data［J］. Big Data & Society，2018，5（2）：1-11.

［31］Le C.，Xiuli L. From Principles to Practices：The Intertextual Interaction between AI Ethical and Legal Discourses［J］. International Journal of Legal Discourse，2023，8（1）：31-52.

［32］周妍，沈天健．生成式人工智能视域下虚假信息的层级化运作机理与治理［J］. 编辑之友，2024（8）：75-83.

［33］雷霞．智能传播时代谣言治理的挑战与应对［J］. 人民论坛，2024（12）：71-73.

［34］尹浩，林闯，邱锋，等．数字水印技术综述［J］. 计算机研究与发展，2005（7）：1093-1099.

［35］牛夏牧，赵亮，黄文军，等．利用数字水印技术实现数据库的版权保护［J］. 电子学报，2003（S1）：2050-2053.

［36］张怡梦，陈美欣，胡业飞．区块链、数字水印与全过程阳光：技术赋能下的政府数据开放风险管控体系设计［J/OL］. 情报杂志，https：//kns-cnki-net-s. ra. cass. cn：8118/kcms2/article/abstract? v = At0rObma _ qMVYQ-Xd2izLJN4572kbqRYpTiKYrutsGgZz6VVoet _nn9HkotUba7f3Xiyi5oYQKvwd7rwa9nxGW4Dinry0vQr8trcPsid _ rger55WLhF5nZuSpwa35wTkqX-

Jv9AEip6mntzvS1CMLu-vVvc46uXjiAuVKPkkhnRNdZ40lUOweWBswafs7VNO6&uniplatform = NZKPT&language = CHS.

［37］ Rahwan I. Society-in-the-loop：Programming the Algorithmic Social Contract ［J］. Ethics and Information Technology，2018，20（1）：5-14.

［38］ The United Nations. Interim Report：Governing AI for Humanity ［R/OL］. https：//www. un. org/sites/un2. un. org/files/ai_ advisory_ body_ interim_ report. pdf.

［39］ Arcila B. B. Is It a Platform? Is It a Search Engine? It's ChatGPT! The European Liability Regime for Large Language Models ［EB/OL］. https：//www. journaloffreespeechlaw. org/boteroarcila. pdf.

［40］段家欣，赵瑜．全球人工智能治理的核心议题与规制趋势［J］. 声屏世界，2022（12）：5-8.

［41］ Naudé W.，Nicola D. The Race for an Artificial General Intelligence：Implications for Public Policy ［J］. AI & Society，2020（35）：367-379.

［42］ Camilleri A. M. Artificial Intelligence Governance：Ethical Considerations and Implications for Social Responsibility ［J］. Expert Systems，2023，41（7）.

［43］聂智，傅新皓．算法时代意识形态传播的智能化嬗变：逻辑、风险治理［J］. 思想理论教育导刊，2023（11）：135-141.

［44］张汇典．人工智能浪潮下新闻传播领域的风险及治理思考［J］. 西部广播电视，2024，45（5）：71-74

［45］张争，孙海慧．从算法推荐失序到“人机协同”监管——论短视频平台“新黄色新闻”乱象的成因与治理［J］. 城市党报研究，2024（6）：72-75.

［46］ Ming G，Weichen J. Local Media Image Propagation Algorithm and Its Governance inthe Age of Artificial Intelligence ［J］. Applied Bionics and Biomechanics，2022.

［47］栾海南，高杨．智能传播时代媒体参与社会治理的路径——基于“全程”与“全员”的视角［J］. 海河传媒，2024（2）：20-22.

［48］ Zhao L. Social Governance of Smart Media Communication ［J］. International Journal of Frontiers in Sociology，2022，4（1）.

［49］付欣歌．智能传播时代算法新闻的伦理失范和应对研究［J］. 新闻研究导刊，2023，14（3）：1-4.

［50］胡宏超，谢新洲．人工智能背景下虚假新闻的发展趋势与治理问题［J］. 新闻爱好者，2023（10）：9-15.

［51］陈昌凤，霍婕．以人为本：人工智能技术在新闻传播领域的应用［J］. 新闻与写作，2018（8）：54-59.

［52］王小军．技术纠偏：基于区块链的自媒体平台治理研究［J］. 新闻传播，2023（9）：68-70.

［53］彭新宇．智能传播时代的人机关系结构分析与社会治理逻辑变革［J］. 视听界，2023（6）：32-38.

［54］张彦华，胡正荣．智能媒体嵌入数字政府传播系统的风险样态与治理策略——基于传播政治经济学视角的分析［J］．编辑之友，2024（4）：39-47.

［55］叶蓁蓁．开创研发应用新范式探索“用AI治理AI”［J］．传媒，2023，25（11）：12-13.

［56］刘旸，喻国明．智能互联时代舆论治理的价值重构［J］．传媒观察，2023，40（4）：30-34.

［57］郭小平．智能传播的算法风险及其治理路径［J］．国家治理，2020（22）：40-45.

［58］曾润喜，秦维．人工智能生成内容的认知风险：形成机理与治理［J］．出版发行研究，2023（8）：56-63.

［59］张欣，宋雨鑫．全球人工智能治理的格局、特征与趋势洞察［J］．数字法治，2024（1）：199-212.

［60］帅斌．新媒体环境下移动社交领域个人信息保护现状与对策研究［J］．新闻研究导刊，2023，14（22）：76-79.

［61］杨希．欧盟个人数据保护体系的代际发展及借鉴——内部规制与外部扩展的典范［J］．国际商务（对外经济贸易大学学报），2019（5）：145-156.

［62］展鹏贺，罗小坤．互联网平台分级监管的法理逻辑与路径完善——基于欧盟《数字服务法》的比较观察［J］．湖南大学学报（社会科学版），2023，37（3）：72-79.

［63］陆小华．包容监管与规则博弈：与人工智能如何共生［J］．青年记者，2023（15）：78-81.

［64］马爱芳，胡泳．人工智能的国际治理：理论框架、现实困境与模式探究［J］．新闻与写作，2024（1）：69-80.

［65］陈超，张小可．人工智能治理国际合作：现状、挑战与方向［J］．当代中国与世界，2023（4）：35-46+126.

［66］刘晓春，王洁，石嘉浩．美、欧、中人工智能治理实践盘点［J］．中国对外贸易，2024（3）：34-37.

［67］李晶．算法协同虚拟领域治理的功能、风险及规制——以“抖音”为例［J］．湖北社会科学，2024（5）：66-74.

［68］Patrick M，Elise P. Of Supranodes and Socialwashing：Network Theory and the Responsible Innovation of Social Media Platforms［J］．Cogent Social Sciences，2022，8（1）.

［69］张守信．技术、传播与个体：智能传播的参与风险及调适策略［J］．中国编辑，2021（12）：16-20+26.

［70］薛雅琪．算法时代短视频传播中的数据异化与数据治理研究［J］．声屏世界，2024（7）：11-13.

［71］王鑫钰．智能传播技术应用的新闻伦理问题研究［J］．西部广播电视，

2023，44（19）：37-39+84.

［72］唐艺军，魏婉莹．智能媒体时代互联网平台企业治理路径研究［J］．新闻爱好者，2023（2）：67-69.

［73］Cheng H. T.，Koc L.，Harmsen J.，et al. Wide & Deep Learning for Recommender Systems［C］//Proceedings of the 1st Workshop on Deep Learning for Recommender Systems（DLRS 2016）. New York：Association for Computing Machinery，2016：7-10.

［74］刘欣，蒋雪颖．溯源与突变：生成式人工智能新闻的本体转向与治理路径［J］．大连理工大学学报（社会科学版），2024，45（4）：120-128.

［75］郭小东．生成式人工智能的风险及其包容性法律治理［J］．北京理工大学学报（社会科学版），2023，25（6）：93-105+117.

［76］张文祥，沈天健，孙熙遥．从失序到再序：生成式人工智能下的信息秩序变局与治理［J］．新闻界，2023（10）：41-51.

［77］Muhlhoff R. Predictive Privacy：Towards an Applied Ethics of Data Analytics［J］. Ethics and Information Technology，2021，23（4）：675-690.

［78］崔小燕，张长立．生成式人工智能诱发的风险样态、生成逻辑与智慧治理策略——基于传播政治经济学的分析［J］．宁夏社会科学，2023（4）：188-198.

［79］Colin P. Promoting Responsible AI：A European Perspective on the Governance of Artificial Intelligence in Media and Journalism［J］. Communications，2023，48（3）：370-394.

［80］周茂君，郭斌．生成式人工智能传播中的偏向与规制——以ChatGPT为例［J］．学习与实践，2024（1）：33-41+2.

［81］靖鸣，娄翠．人工智能技术在新闻传播中伦理失范的思考［J］．出版广角，2018（1）：9-13.

［82］Roberts H.，Hine E.，Taddeo M.，et al. Global AI Governance：Barriers and Pathways Forward［J］. International Affairs，2024，100（3）：1275-1286.

［83］封帅，薛世锟，马依若．全球人工智能治理：多元化进程与竞争性图景［J］．战略决策研究，2024，15（3）：87-108+112.

［84］薛澜，赵静．走向敏捷治理：新兴产业发展与监管模式探究［J］．中国行政管理，2019（8）：28-34.

［85］赵梓羽．生成式人工智能数据安全风险及其应对［J］．情报资料工作，2024，45（2）：30-37.

［86］Hine E.，Floridi L. Artificial Intelligence with American Values and Chinese Characteristics：A Comparative Analysis of American and Chinese Governmental AI Policies［J］. AI & Society，2024，39（1）.

［87］Capasso M. Responsible Social Robotics and the Dilemma of Control［J］. International Journal of Social Robotics，2023，15（12）：1981-1991.

［88］Radu R. Steering the Governance of Artificial Intelligence：National Strategies in

Perspective [J]. Policy and Society, 2021, 40 (2): 178-193.

[89] 钟祥铭，方兴东，顾烨烨. ChatGPT的治理挑战与对策研究——智能传播的“科林格里奇困境”与突破路径 [J]. 传媒观察，2023 (3): 25-35.

[90] 曾雄，梁正，张辉. 人工智能软法治理的优化进路：由软法先行到软法与硬法协同 [J]. 电子政务，2024 (6): 96-107.

[91] 赵申洪. 全球人工智能治理的困境与出路 [J]. 现代国际关系，2024 (4): 116-137+140.

[92] Jobin A., Ienca M., Vayena E. The Global Landscape of AI Ethics Guidelines [J]. Nature Machine Intelligence, 2019, 1 (9): 389-399.

[93] 漆晨航. 生成式人工智能的虚假信息风险特征及其治理路径 [J]. 情报理论与实践，2024, 47 (3): 112-120.

[94] Brodkin J. GPT-4 Poses too Many Risks and Releases Should Be Halted, AI Group Tells FTC [EB/OL]. https://arstechnica.com/tech-policy/2023/03/ftc-should-investigate-openai-and-halt-gpt-4-releases-ai-research-group-says/.

[95] Veale M., Matus K., Gorwa R. AI and Global Governance: Modalities, Rationales, Tensions [J]. Annual Review of Law and Social Science, 2023 (19): 258.

[96] 周丽娜. 智媒时代算法推荐对用户自主性的解构与重构——基于规则治理的视角 [J]. 现代传播（中国传媒大学学报），2023, 45 (10): 69-77.

[97] 邵雷，石峰. 生成式人工智能对社交机器人的影响与治理对策 [J]. 情报杂志，2024, 43 (7): 154-163.

[98] 袁子桐，杨馨淏. 舆情智能化的原理解析及治理优化——基于传播政治经济学的视角 [J]. 哈尔滨工业大学学报（社会科学版），2024, 26 (2): 133-141.

[99] 陈小晰. 基于区块链技术的网络内容生态治理 [J]. 中国广播电视学刊，2023 (5): 27-31.

[100] 张佳琪. 智媒体治理：人工智能赋能媒体产业的潜在风险与调适进路 [J]. 东岳论丛，2023, 44 (12): 65-72.

[101] 张文祥，沈天健，孙熙遥. 从失序到再序：生成式人工智能下的信息秩序变局与治理 [J]. 新闻界，2023 (10): 41-51.

[102] 朱明婷，徐崇利. 人工智能伦理的国际软法之治：现状、挑战与对策 [J]. 中国科学院院刊，2023, 38 (7): 1037-1049.

[103] 唐铮，林子璐. 生成式人工智能与新闻业：赋能、风险与前瞻 [J]. 新闻与写作，2023 (11): 97-104.

[104] Kinder T., Stenvall J., Koskimies E., et al. Local Public Services and the Ethical Deployment of Artificial Intelligence [J]. Government Information Quarterly, 2023, 40 (4): 101865.

[105] 彭兰. 智能传播中的伦理关切 [J]. 中国编辑，2023 (11): 22-29.

[106] Kluge N. C., Camila G., William J. S., et al. Worldwide AI Ethics: A Review

of 200 Guidelines and Recommendations for AI Governance［J］. Patterns, 2023, 4（10）: 100857-100857.

［107］方兴东，钟祥铭．智能媒体和智能传播概念辨析——路径依赖和技术迷思双重困境下的传播学范式转变［J］. 现代出版，2022（3）：42-56.

［108］胡正坤，骆卓昱．全球人工智能治理：趋势与特点［J］. 中国科技人才，2023（4）：14-19.

［109］Berente N., Gu B., Recker J., et al. Managing Artificial Intelligence［J］. MIS Quarterly, 2021（45）: 1433-1450.

［110］马海群，张涛．国内外算法风险研究：框架、特征及展望［J］. 情报理论与实践，2025（1）.

［111］Mäntymäki M., Minkkinen M., Birkstedt T., et al. Defining Organizational AI Governance［J］. AI and Ethics, 2022（2）: 603-609.

［112］Koniakou V. From the "Rush to Ethics" to the "Race for Governance" in Artificial Intelligence［J］. Information Systems Frontiers, 2023（25）: 71-102.

［113］雷霞．智能传播时代谣言治理的挑战与应对［J］. 人民论坛，2024（12）：71-73.

［114］Camilleri M. A., Troise C. Live Support by Chatbots with Artificial Intelligence: A Future Research Agenda［J］. Service Business, 2023（17）: 61-80.

［115］Hepburn G. Alternatives to Traditional Regulation［EB/OL］. https://www.oecd.org/gov/regulatorypolicy/42245468.pdf.

［116］Agbese M., Alanen H. K., Antikainen J., et al. Governance in Ethical and Trustworthy AI Systems: Extension of the ECCOLA Method for AI Ethics Governance Using GARP［J］. E-Informatica Software Engineering Journal, 2023（17）: 230.

［117］党东耀，李瑜琪．智能传播研究的演进、主题与发展趋势［J］. 新闻战线，2022（2）：103-106.

［118］吴双．智能传播的伦理风险及其规避对策研究［D］. 华南理工大学，2020.

［119］安孟瑶，彭兰．智能传播研究的当下焦点与未来拓展［J］. 全球传媒学刊，2022，9（1）：41-58.

［120］黄萃，黄施旗，付慧真．学科交叉视角下人工智能治理领域知识流动与研究主题的国际比较研究［J］. 信息资源管理学报，2022，12（6）：98-110.

［121］Horváth I. Framing Supradisciplinary Research for Intellectualized Cyber-Physical Systems: An Unfinished Story［J］. Journal of Computing and Information Science in Engineering, 2023, 23（6）.

［122］许向东，王怡溪．智能传播中算法偏见的成因、影响与对策［J］. 国际新闻界，2020，42（10）：69-85.

［123］彭聪．国内智能传播研究：特点、问题与趋势——基于2013—2019年新闻传播学类核心期刊文献的知识图谱分析［J］. 现代广告，2020（15）：30-39.

[124] 王秋菊，陈彦宇．多维视角下智能传播研究的学术图景与发展脉络——基于 CiteSpace 科学知识图谱的可视化分析［J］．传媒观察，2022（9）：73-81.

[125] 杨旦修．人工智能时代信息传播模式变革与治理研究［J］．传播与版权，2021（1）：55-59.

[126] 杨旦修．人工智能时代信息传播模式变革与治理研究［J］．传播与版权，2021（1）：55-59.

· 健康传播 · 【栏目主持人：谢晨静】

# 社会建构视角下“恐育”情绪的生成机制与传播动力

## ——以豆瓣话题#你为什么不想要孩子?#为例

郑素侠　刘晨阳*

**摘　要**：在居民生育率多年持续下降的当下，“恐育”是社交媒体传播生育议题的常见情绪。从社会建构视角来看，“恐育”情绪经历了一个由私人话题过渡到公共话题的过程。本研究以豆瓣平台话题#你为什么不想要孩子?#下的文本内容作为研究对象，利用社交网络文本分析法进行分析。研究发现，社交媒体“恐育”情绪由多种因素参与建构，它以“新犬儒主义”态度为中介，由社交媒体情境激发，具有深刻的社会文化特征。个体“恐育”情绪在媒介广播动力下扩散，经由传受主体的情绪理解整合成集体情绪，并在情绪启动效应的作用下形成固化态势，最终完成个体情绪社会化的过程。研究认为，要正视“恐育”情绪的社会建构与传播过程，考察“恐育”情绪背后的社会问题与隐藏诉求，进而引导青年群体客观看待生育问题，独立形成理性而非盲从的生育观。

**关键词**：“恐育”情绪　社会建构　传播动力　社交媒体

日前，“我国一孩生育率跌至 0.5”的消息引发广泛关注与讨论，这表明我国能生且愿意生育第一个孩子的家庭数量明显减少。国家统计局发布的数据显示，2023 年我国人口增长率为-1.48‰，是继 2022 年近 61 年以来的首次负增长（-0.6‰）后的继续下降。我国生育政策虽已逐渐放开，各地“鼓励生育”的政策陆续出台，但国民生育意愿仍低迷，新生儿数量未达到预期水平。

与此同时，“恐育”相关的讨论层出不穷。“恐育”是有关生育议题的

* 作者简介：郑素侠，郑州大学学报编辑部主任，教授；刘晨阳，郑州大学新闻与传播学院硕士研究生。

一种常见情绪，已成为青年群体生育观的标签式代名词。从情绪的社会建构视角来看，“恐育”情绪经历了一个由私人话题过渡到公共话题的过程，负载着丰富的社会文化信息。本文以豆瓣话题#你为什么不想要孩子?#为例，采用社交网络文本分析的方法，从社会建构视角出发，探寻社交媒体上“恐育”情绪的生成机制与传播动力，以揭示“恐育”如何在传播动力的推动下完成个体情绪社会化的过程。

## 一　文献综述

### （一）情绪及其传播

情绪是以个体的愿望和需要为中心的一种心理活动，是人对客观事物的态度体验及相应的行为反应[1]。情绪信息可以作为内容被传播，在心理学领域，情绪传播行为被称为“情绪的社会分享”（social sharing of emotion）[2]。随着媒介技术的发达与媒介环境的复杂化，此前被有意遮蔽的情绪在大众传播中的作用日益凸显，情绪传播成为新闻传播研究的新焦点。

赵云泽等对情绪传播的概念、原理及其在新闻传播学研究中的地位进行了梳理，认为情绪传播是个体或群体的情绪及与其伴随信息的表达、感染和分享的行为，与新闻传播相伴而行[3]。从群体传播出发，隋岩等认为情绪具有传染性、积累性、指导性和社会性，在互联网条件下，个体情绪可以通过媒介公开传播，在暗示、感染等机制的作用下，放大为社会的集体情绪[4]。个体的情绪被分享，进入人际传播渠道，便可能沿着社会关系网络快速蔓延和传递[5]。着眼于情绪的社会分享，肯特·哈伯（Kent D. Harber）和多夫·科恩（Dov J. Cohen）曾提出情绪广播理论（emotional broadcaster theory）。该理论认为，传者受到情绪刺激进而会唤起生理情绪反应，这些生理情绪反应会驱动情绪沿着人际网络梯级传播[6]。这一理论对研究个体情绪转向社会化传播具有重要启发意义。

### （二）情绪的“社会文化建构”

情绪的社会建构理论是心理学中情绪研究的常用理论框架。过去人们常常将情绪视为一种个体心理现象，是个体内部的观察与体验。伴随人文社会科学内社会建构主义思潮的兴起，自20世纪80年代开始，人们对于情绪的探讨超越了个体心理的范畴，情绪成为一种“社会文化建构”现象，即“情绪是由我们所处的文化脉络塑造而成的，文化特征深刻地渗透在情绪的每一个组成过程之中”[7]，情绪的体验内容和表达方式是在社会文化系统中获得的[1]。

情绪的社会建构理论在新闻传播学研究领域也有一席之地。情绪的社会建构理论认为，情绪是人际交往中话语建构的产物，“不能脱离其所经历、体验和表达的社会文化意义而存在”[8]。语言是社会文化的重要部分，罗姆·哈瑞（Rom Harré）甚至直言情绪是“某一文化中行之有效的语言游戏”[9]。隋岩和李燕认为，语言是情绪建构中的重要一环[4]。隋岩和李燕还探讨了网络语言对个体情绪社会化传播的作用，认为网络语言是建构情绪和表达情绪的重要载体，个体情绪在社会网络间的传播实质是一场以情绪理解为内核的群体情感互动仪式[5]。从社会建构理论切入，赵永华、窦书棋基于中美贸易争端议题的计算传播分析，考察了海外社交媒体国际话语空间的公众情绪，发现公众在情绪氛围的影响下容易出现情绪的“固化”和“极化”[10]。作为一种心理学视角，情绪的社会建构理论是在新闻传播领域考察情绪生成的有力视角。

### （三）社交媒体与“恐育”情绪的传播

影响居民生育意愿的因素多元复杂，互联网与社交媒体使用是其中之一。国内有研究发现，上网社交与娱乐对生育意愿产生显著的负向影响[11]。国外也有研究表明，社交媒体使用和女性生育意愿之间存在着显著的负面关联[12]。

目前，“恐育”情绪尚无学术上的严格定义，通常指未育女性对于生育与抚养孩子的恐惧、焦虑、拒绝与抵触心理。与“恐育”相关的概念是埃杰顿（Mary E. Egerton）提出的“分娩恐惧”，即孕妇对生产产生的负面情绪[13]，国外关于生育恐惧（birth fear）的研究多集中于此。国内研究者高荣认为，“恐育”情绪隐含着零生育意愿下的三种细分情绪：“不育”，对生育行为持中性态度，但持有不生育的生育观念，如“丁克”；“恐育”，对生育行为持有担忧、恐惧心理；“反育”，对生育行为持有抵制心理[14]。本文也将这三种细分情绪纳入所研究的“恐育”情绪范畴。刘娟、宋亭亭从风险感知着手，认为社交媒体放大了女性的生育风险感知，“恐育”情绪成为一种在社交媒体上“被渲染的焦虑”[15]。刘璐指出，社交媒体环境下应激心理对女性“恐育”传播行为有显著影响[16]。沈升以参与知乎恐育相关话题社群的群体为研究对象，采用扎根理论的研究路径，探索知乎平台上生育恐惧话语体系的呈现方式，以及女性主体在此话语体系中的自我建构[17]。

既往研究初步呈现了“恐育”的话语体系，展现了女性群体产生生育恐惧的原因，探讨了心理因素对“恐育”行为的影响，初步探讨了“恐育”情绪的传播模式与效果。但是，相关研究对“恐育”情绪的情绪本位关注不足，聚焦于“恐育”话语言说而非情绪本体，缺乏对于情绪生成过程与机制的探讨；在情绪传播方面，缺乏从传播动力的角度，解析个体“恐育”情绪社会化的关键节点。因此，本文引入情绪的社会建构理论，探讨“恐育”情绪的生成机制，分析“恐育”情绪的传播动力，揭示“恐育”情绪经由个体情绪走向社会化传播的过程。

## 二　研究设计

### （一）研究样本

豆瓣平台不同话题之间具有明显边界，同一话题下通常用户的讨论主题鲜明。因此，研究者选用豆瓣平台，爬取话题#你为什么不想要孩子?#下的文本内容。该话题与“恐育”情绪高度关联，截至2024年2月10日，共有1897篇内容、860.8万次浏览、8110人关注，话题样本具有广度、深度与代表性。经过人工数据清洗与处理，最终保留与“恐育”情绪相关的文本共计1537条。

### （二）研究问题

本文的研究问题是：社交媒体如何建构了“恐育”情绪？“恐育”情绪如何经由个体情绪走向社会化传播？

### （三）研究方法

针对研究样本进行社交网络文本分析。分析过程中，采用武汉大学ROST虚拟学习团队开发的内容挖掘软件ROST Content Mining 6，以词为单位，分析词出现的频率，以及不同词之间共现的频率。首先，利用ROST Content Mining 6软件对人工处理后的文本内容进行分词处理和高频特征词分析，剔除无实际意义词，同时对部分同义词进行合并，例如“穷”对应“没钱”等。其次，根据文本的词语共现，生成#你为什么不想要孩子?#话题回答文本内容的语义网络图，即“恐育”语义网络图。

## 三 “恐育”情绪的生成机制

情绪的社会建构理论认为，情绪的建构深受社会文化的影响，而社会文化对情绪的建构，实质上是通过将意义内隐于语言来完成的[4]。因此，笔者拟通过对豆瓣话题#你为什么不想要孩子?#的内容进行文本分析，获取社交媒体“恐育”情绪的文本特征，进而根据文本特征探索建构“恐育”情绪的生成因素，解释青年人因何“恐育”，再结合情绪的社会建构理论，分析“恐育”情绪在社交媒体上的生成过程。

### （一）“恐育”情绪的文本特征

#你为什么不想要孩子?#话题文本内容是社交媒体“恐育”情绪的言语呈现。表1为过滤无意义词后按照出现频率由高到低排序的高频特征词。在文本中，出现频率前十的词语是“孩子”“小孩”“父母”“人生”“教育”“时间”“生命”“问题”“自私”“社会”。

表1 “恐育”文本高频特征词

单位：次

| 排名 | 高频词 | 词频 | 排名 | 高频词 | 词频 |
|---|---|---|---|---|---|
| 1 | 孩子 | 2659 | 31 | 关系 | 79 |
| 2 | 小孩 | 419 | 32 | 讨厌 | 79 |
| 3 | 父母 | 366 | 33 | 小孩子 | 79 |
| 4 | 人生 | 256 | 34 | 身体 | 78 |
| 5 | 教育 | 222 | 35 | 经历 | 78 |
| 6 | 时间 | 196 | 36 | 出生 | 71 |
| 7 | 生命 | 181 | 37 | 影响 | 71 |
| 8 | 问题 | 173 | 38 | 经济 | 70 |
| 9 | 自私 | 172 | 39 | 压力 | 69 |
| 10 | 社会 | 163 | 40 | 承担 | 68 |
| 11 | 家庭 | 162 | 41 | 丁克 | 65 |
| 12 | 选择 | 161 | 42 | 美好 | 65 |
| 13 | 妈妈 | 148 | 43 | 可爱 | 65 |
| 14 | 痛苦 | 137 | 44 | 一生 | 64 |
| 15 | 结婚 | 135 | 45 | 健康 | 63 |
| 16 | 害怕 | 123 | 46 | 未来 | 61 |
| 17 | 能力 | 123 | 47 | 养育 | 60 |
| 18 | 没钱 | 105 | 48 | 努力 | 57 |
| 19 | 快乐 | 102 | 49 | 面对 | 57 |
| 20 | 生育 | 102 | 50 | 家里 | 57 |
| 21 | 环境 | 94 | 51 | 女性 | 56 |
| 22 | 照顾 | 93 | 52 | 付出 | 56 |
| 23 | 成长 | 91 | 53 | 自我 | 56 |
| 24 | 朋友 | 87 | 54 | 基因 | 56 |
| 25 | 自由 | 87 | 55 | 人类 | 56 |
| 26 | 长大 | 87 | 56 | 理解 | 55 |
| 27 | 幸福 | 86 | 57 | 条件 | 54 |
| 28 | 母亲 | 84 | 58 | 爸爸 | 53 |
| 29 | 婚姻 | 81 | 59 | 原生家庭 | 53 |
| 30 | 精力 | 80 | 60 | 心理 | 53 |

图 1 为最终生成的“恐育”语义网络图。图中方块代表词语节点，箭头线代表节点间的共现联系，线条越粗代表节点之间的联系越紧密。由于“孩子”是该话题的中心讨论词，出现频率极高，在文本中共出现 2659 次，若将该词保留，所有箭头均指向该节点，其他关系则被掩盖，因此将“孩子”一词剔除。可以发现，“恐育”话题文本内容围绕“小孩”，突出“父母”“家庭”“教育”“人生”等几个中心关键词，发散出“经济”“时间”“能力”“环境”“选择”等几个副中心关键词，这些中心关键词与副中心关键词与其他关键词勾连成网。

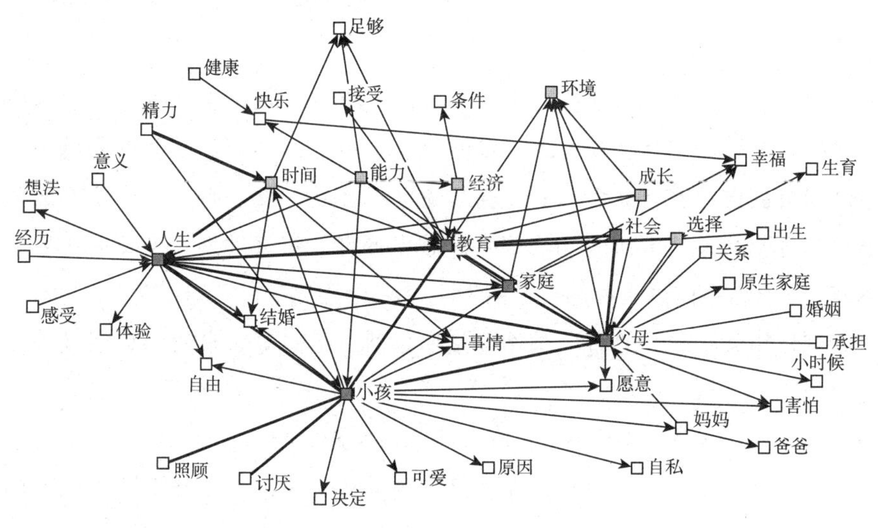


**图 1 “恐育”语义网络**

## （二）因何“恐育”：“恐育”情绪的生成因素

### 1. “我不会成为好的父母”：原生家庭创伤

研究文本中，“父母”以 366 次的高频成为除“孩子”与“小孩”外被提及最多的关键词。此外，在语义网络图中，“家庭”“原生家庭”“教育”与“父母”共现关系密切。其中，“原生家庭”共出现 53 次，与“父母”共同出现 16 次。

在豆瓣话题#你为什么不想要孩子?#下，“恐育”情绪表达中包含着大量原生家庭所带来的创伤情绪。例如，“是不是所有铁了心不想要孩子的人都有点原生家庭的痛呢?”“我和所有离异家庭的朋友都很讨厌小孩，也不打算生，我觉得不如讨论一下原生家庭的重要性”。

通常意义上，我们把一个人从小长大的那个家庭称为原生家庭，原生家庭是个体最初成长和学习的环境，与个体的情感表达、行为模式、依恋风格以及亲密关系等有着密不可分的联系[18]。美国心理学家默里·鲍恩（Murray Bowen）的家庭系统理论认为，个体原生家庭中父母的关系模式会影响他未来的人际关系甚至是亲密关系，原生家庭的家庭教养方式也会对亲子关系产生影响[19]，这为“恐育”情绪包含原生家庭创伤提供了依据。

原生家庭所导致的创伤情绪，反映在“恐育”情绪上，则是原生家庭创伤导致个体对于自己成为成功父母的信心不足（“原生家庭的问题，我自己消极沮丧，控制欲强，不会表达爱也不会爱，没信心把孩子培养成坚强勇敢有爱的人”）或是担心因自己难以处理好家庭关系，导致后代家庭不幸（“不想让他以后说起自己的原生家庭让他觉得自己不幸”）。与原生家庭创伤相关联的“恐育”情绪直接而强烈，指向对未来的明显消极的态度倾向。

2. “我怕教育不好孩子”：教育失职的想象

教育焦虑体现为人们因教育过程及教育结果带来的不确定性所产生的紧张、不安、忧虑、烦恼等复杂的情绪状态[20]。“教育”在研究文本中共出现222次，成为语义网络图中的关键节点之一。公众对高质量教育的追求与优质教育资源短缺之间的矛盾，使家长面临择校、获取校外教育资源及学生教育竞争激烈化的压力，教育焦虑不断增大[21]。在豆瓣话题#你为什么不想要孩子?#下，与“恐育”相关的教育焦虑可分为教养焦虑与教育公平焦虑。

一方面，教育焦虑表现为个体对子女形成健全人格信心的缺乏，即觉得自己“养不好”，本文将之概括为“教养焦虑”。在该话题下，教养焦虑被频频提及，“教育出一个人渣来还不如不生”“有了娃，不能只生不养，养育之后还要管教，以免变成熊孩子让社会去管”。媒介在社会风险中起着“放大镜”的作用，社交媒体上的“熊孩子”近年来愈发引起网友的关注，并引发公众尤其是年轻群体的反感。对德育问题的重视与教育问题的放大，使得部分青年群体对孩子的教养处于“前瞻性焦虑”状态。

另一方面，教育焦虑表现为对于教育公平的焦虑。教育具有影响社会分层的力量，这使得教育间接拥有对其他社会资源进行分配的能力，由此人们对社会资源的争夺转入教育领域。罗伯特·默顿（Robert Merton）认为，由于“参照群体”的存在，有时从绝对利益的角度来看，某人不应该感到不满，但其经过与同一群体中的其他人比较，会产生相对的不满情绪[22]。投射至教育领域，社交媒体放大了教育不公平问题，在受教育机会方面，中下阶层家长的子女处于劣势地位，“总体性精英阶层”有更便利的途径获得优质教育资源[20]。高风险社会下，教育问题与阶层差距将青年群体的教育焦虑与社会问题勾连，成为“恐育”情绪的建构力量。

3. “真的养不起”：生育成本的担忧

在研究文本中，“没钱”出现 105 次，“经济”出现 70 次，与经济相关的回答占比极高，经济担忧成为建构“恐育”情绪的显性力量，“没钱”“穷人不配有孩子”“主要还是养不起”“因为还没有月入十万”……根据 2022 年版《中国生育成本报告》，全国家庭 0~17 岁孩子的养育成本平均为 48.5 万元；0 岁至大学本科毕业的养育成本平均为 62.7 万元。其中，“生育成本”包括“生的成本”与“育的成本”，且“育的成本”占据绝大部分。

一方面，年轻人担心生育后无法给子女理想的物质生活(“没有那么多的钱培养他成为一个优秀的人”)。另一方面，对于年轻人而言，生育不再是按部就班的必然选择，而是收入约束条件下，权衡生育、其他消费成本与收益后的效用最大化选择（“我个人来说，我在计算养育下一代的成本与回报”)。哈维·莱本施泰因（Harvey Leibenstein）最早运用成本效用理论研究家庭生育数量决策问题，他认为家庭生育与否、生育数量及性别偏好主要是基于对生育成本与效用的理性核算[23]，生育是个体在考虑成本和收益之后做出的理性选择。较多年轻人摒弃“养儿防老”观念，对生育后自己与子女生活的进行想象与审视，做出“不育”的选择。对生育成本的担忧，成为“恐育”情绪的建构因素之一。

### (三)“恐育”情绪的生成过程

1. “恐育”的生成以态度为中介

社会建构理论认为，情绪感受主要由情绪性态度所构成，情绪性态度是可后天习得的态度。如果社会文化因素可以决定情绪性态度，那么这些因素进而也能决定由这些态度所构成的情绪感受。例如，“羞愧感受”是社会所建构的，这是因为“构成这一感受的态度可以解释为当事人对所属文化群体的信念和价值的内化”[24]。本文认为，“恐育”情绪正是以情绪性态度为中介，由社会文化因素建构的。

但情绪中的信念、评价和态度是具有认知性的，它们取决于当事人的知识和他进行判断与比较的能力[25]。当经历某种情绪体验时，个体必须先进行认知评价（cognitive appraisal）。就“恐育”情绪而言，个体对于“生育”行为产生“恐惧”“焦虑”等情绪，首先需要对生育产生认知，相信个人需要对“生育”行为负责。在此阶段，个体主动向外界获取信息，建构生育想象。社交媒体放大生育风险，使得生育风险信息更易到达受众，并进一步放大受众对于风险的感知与反应。由此，个体经由个人的经验思考与社交媒体的信息汇流后，便会建立起“生育是有风险的”这一信念。

然而，信念不足以使个体产生特定的情绪，同一信念可能诱发不同的情绪。例如，“生育是有风险的”信念既可能激起个体对于生育行为的回避，也可能激起个体在生育过程中采取行动、化解和降低风险，其中关键性的区别因素在于个体所持有的评估性态度。而就社交媒体“恐育”情绪而言，诱发该情绪的评估性态度是当下以“躺平文化”为代表的“新犬儒主义”。

在研究文本中，“社会”作为中心词出现频率高达163次，与之相关联的态度呈现出明显的消极倾向。“这个世界别来看了”“活在无法改变、控制的社会结构下，作为一茬长势不那么旺盛的韭菜，拒绝繁殖是最有效也是唯一的方式了吧”……我国社会正在高速现代化进程中，现代性问题与社会阶层流动性降低的碰撞，消解了部分青年通过努力解决问题、实现阶层跃升的热情，造成“新犬儒主义”的抬头，“躺平”“佛系”等一系列网络流行语突破亚文化圈层，进入大众视野。一方面，拒绝“让我的孩子受苦”是一种面对社会问题无可奈何的逃避，是消极“出世”的被迫选择；另一方面，通过犬儒式的拒绝生育态度，青年群体宣泄不满，质疑现存固有的社会秩序、观念、习俗，并以“出世”态度表达对消费主义、资本逻辑、道德危机等社会乱序的抗议与愤懑，是一种沉默的抵抗。

个体在社会化的同时，也形成了有关现实世界的态度体系。这种态度体系决定着个体对自身与各种环境刺激之间关系的评价，进而决定着个体的情绪生活[24]。以“躺平文化”为代表的“新犬儒主义”是后天习得的情绪性态度，取决于训练和社会习俗的引入，在性质上具有强烈的社会文化性。秉持“新犬儒主义”的态度，“生育是有风险的”信念激起个体对于生育行为的回避，建构出以恐惧、焦虑、拒绝与抵触心理为代表的“恐育”情绪，这也是青年群体对其文化群体的信念和价值的内化。

2. “恐育”情绪由情境所激发

情绪包含着特定的社会文化态度，适用于特定的社会文化情境，和该情境具有一种规定的功能性关系[24]。社交媒体“恐育”情绪是公众情绪在社交媒体情境下的表达，它脱胎于现实情境却在社交媒体情境中迅速传播。可以说，“恐育”情绪是在社交媒体环境下激发与生成，并经由个人情绪转化为社会化情绪的。

“恐育”情绪在现实环境中常常被视为非正向情绪，对于生育行为的回避既与传统“结婚生子”“多子多福”的话语相违背，也与鼓励生育的政策相违背。社会建构理论认为，情绪感受存在着公开表达与隐匿两种类型。在现实情境中，公开表达的“恐育”情绪易遭到抵抗，在现实关系中产生冲突。情绪反应不是偶然发生、个体无法控制的，而是个体按照自身意愿建构的，其朝向特定的社会与个人目标。现实情境中，“恐育”情绪若没有朝向特定目标，便会被隐匿于个体外显情绪之后，具有含糊的特点。

在社交媒体情境下，“恐育”情绪趋向公开表达，因为此情境的社会文化环境与塑造“恐育”情绪的社会文化相契合，“恐育”情绪与该情境具有一种规定的功能性关系。情绪由文化所解释，它不仅被情境所认可，而且被一个团体的人们视为一种应然的反应，能够展现出当事人对那个情境所体现的文化价值的认同[25]。在个人的生活和道德经验中，社群起着重要的塑造作用[26]。“恐育”情绪、新犬儒主义、沉默式抵抗的态度与青年社交媒体情境的多元化、独特性、抵抗性和批判性的文化环境达成合意。情绪反应可以调节个体的人际关系，反映其对所属文化团体中的认同情况。现实情境中的叛逆的“恐育”情绪转化为社交媒体上青年群体有关生育话题的“应然”反应，“恐育”情绪表达的是个体对于青年群体文化价值的认同，由此“恐育”成为彰显青年群体社会文化特征的标志之一。

“恐育”情绪被青年群体文化定义了特定功能，社交媒体情境为“恐育”情绪设置了场合。“恐育”情绪是一种社会现象，而非单纯的个体心理，它是在社交媒体情境下，由社会文化与个体心理交织建构的产物。

## 四　“恐育”情绪的传播动力

情绪是一种特殊的传播信息，社会建构理论强调将情绪置于交流情境中考察。“恐育”情绪由社交媒体情境激发，也在社交媒体情境中传播。推动“恐育”情绪从个体扩展到他人，并建构成社会情绪的动力有哪些？本文以情绪的社会建构理论为框架，结合情绪广播理论，分析“恐育”情绪的传播动力，探讨社交媒体“恐育”情绪产生、发展并固化为群体情绪的深层影响因素。

### （一）媒介动力：情绪广播促进情绪扩散

“恐育”情绪构成复杂，突出的情绪有愤怒（对社会不公的愤懑、对父母的不满等）、恐惧（恐惧生育过程、恐惧生活压力等）、厌恶（厌恶社会规则、厌恶小孩等）等。美国心理学家詹姆斯·罗素（James A. Russell）提出的 A-V（arousal-valence）情感模型[27]（见图 2）是心理学广泛应用的情感模型之一，arousal 代表唤醒度，valence 代表效价，纵坐标越靠上，代表该情绪唤醒度越高。可以看出，与“恐育”相关的负面情绪构成多处于高唤醒度象限。同时，情绪易感性存在效价强度效应，即对负性情绪事件的效价强度具有特殊敏感性，而对正性事件的效价强度相对不敏感[28]。综合来看，“恐育”情绪易对个体造成情绪刺激。

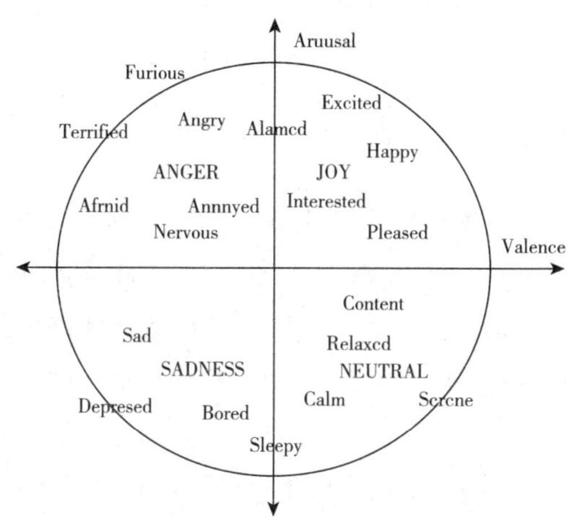


**图 2　A-V 情感模型**

“恐育”情绪一旦由个体进入社交平台，便脱离传播主体的控制而进一步扩散。根据情绪社会分享学说（social sharing of emotion），当情绪事件发生后，个体倾向自愿向他人分享自己的情绪体验，激发次级分享行为。情绪在社会分享过程中产生情绪诱导（emotion-inducing）效应，促使聆听者进一步向他人分享其所知晓的情绪事件，形成情绪的链式传播，即情绪的再次社会分享（secondary social sharing of emotion）[4]。

在高唤醒度的易感负面情绪下，用户倾向于分享自身的相关负面情绪体验。“恐育”情绪在网状社交媒体下形成一条条传播链，依托传者个人的社交网络体系，像新闻故事一样从一个出发点通过各个关联节点形成的网络来进行逐级扩散，这个过程可被概括为情绪广播[3]。社交网络正符合情绪广播理论的逐级扩散模型，节点式的网状结构实际上是高效的情绪传播通道，“恐育”情绪在相关话题下层级传播。

“好事不出门，坏事传千里”，这实际上具有心理学上的依据：消极情绪比积极情绪更能激发人们的分享欲望，情绪激烈程度越高，再次分享意愿也越强烈；出于寻求情感支持和社会同情的需要，人们更容易大肆分享高度负面的情绪[29]。作为负面情绪的“恐育”经由个体分享进入社交平台，在情绪诱导效应下，通过传播链条逐级扩散、层级放大，在立体传播场景中以文字、图片、视频等形式对受者进行多感官、全方位刺激，形成广播式情绪扩散。

### （二）主体动力：“感同身受”推动情绪整合

语言是建构和表达情绪的重要载体，个人“恐育”情绪通过符号化表达进入社交媒体场景、完成情绪扩散，经由群体互动促进情绪理解（emotion understanding），进而实现个体情绪向集体情绪的转变。这种情绪理解下的“感同身受”，是“恐育”由个人情绪整合成为社会化情绪的主体动力。

在社交媒体生育议题下，个人讲述自身的情感故事与情感体验，个体“恐育”情绪得以释放，评论与回复机制为意见表达与情绪交流提供了渠道，也促进了不同个体间的情绪理解。情绪理解是某一个人进入另一人的经验领域，亲身体验与另一人同样或相似经历的主体间过程，情绪主体间性（emotional intersubjectivity）能够将不同个体的情绪经验凝合成共享情绪体验，为人际情绪理解提供可能[30]。在豆瓣话题#你为什么不想要孩子?#下，个体借助符号化语言表达，不亲身参与他人经历的情绪事件，也可与他人“感同身受”。经过个人社会化表达与群体参与后，“恐育”情绪不断进行着再造，在广度与深度上都更进一步，由此整合成集体情绪。

与公众意见“沉默的螺旋”现象类似，情绪传播同样存在“情绪的螺旋”现象，“人们通过观察主导性情绪，单向度的情绪传播越来越快，且情绪链的形成与扩展速度亦逐渐加快”[31]，这种情绪的扩散和传播是双向、

互向的反馈传递，彼此的情绪会呈螺旋式上升趋势[32]。在情绪理解与“情绪的螺旋”机制下，“恐育”情绪整合成社会成员的共同情绪，在社交媒体情境中循环、放大，而与生育议题相关的其他情绪则逐渐隐匿。

### （三）本体动力：情绪启动加剧情绪固化

从历时性来看，在豆瓣话题#你为什么不想要孩子?#下，第一条回应内容的发布时间为2019年6月10日，此后一个月内，共有232条相关内容发布，占据话题下总内容的12.7%，话题活跃度较高。本文爬取话题发布后第一个月的文本内容，分词处理后进行高频特征词分析，与上述话题总体高频词进行对比（见表2）。对比发现，前10名高频词中有9个重复，重复率极高。语义网络图也呈现出高度相似性。由此可见，在该话题发布于豆瓣平台的第一个月，公众情绪便已初步形成，在社交媒体中形成一定的情绪氛围，并持续出现在此后的相关内容中，呈现固化态势。

**表2 “恐育”文本高频词对比**

单位：次

| 话题总体高频词 | | | 话题第一个月高频词 | | |
|---|---|---|---|---|---|
| 排名 | 高频词 | 词频 | 排名 | 高频词 | 词频 |
| 1 | 孩子 | 2659 | 1 | 孩子 | 698 |
| 2 | 小孩 | 419 | 2 | 小孩 | 102 |
| 3 | 父母 | 366 | 3 | 父母 | 90 |
| 4 | 人生 | 256 | 4 | 教育 | 74 |
| 5 | 教育 | 222 | 5 | 时间 | 66 |
| 6 | 时间 | 196 | 6 | 自私 | 62 |
| 7 | 生命 | 181 | 7 | 家庭 | 56 |
| 8 | 问题 | 173 | 8 | 生命 | 56 |
| 9 | 自私 | 172 | 9 | 社会 | 50 |
| 10 | 社会 | 163 | 10 | 人生 | 46 |

心理学中的“情绪启动”效应是指个体先行加工具有一定情绪效价的刺激后，后继加工也易蒙上相应的情绪色彩。这种加工是无意识的，被称为“阈下情绪启动”(subliminal affective priming)[33]。有实验表明，阈下呈现网络表情图片对被试的认知偏向具有显著影响，在正性情绪启动后被试倾向于将中性靶刺激判断为正性，在负性情绪启动后被试倾向于将中性靶刺激判断为负性[34]。

情绪固有的启动效应成为“恐育”情绪固化的本体动力。#你为什么不想要孩子?#这一豆瓣话题本身便暗示与生育相关的负面情绪，“恐育”个体情绪在经过社会分享与整合后，既已成为一种相对稳定的集体情绪。情绪解读、生成与其前置的媒介讯息之间效价关联紧密，受者后续的感知和意义认知等并非独立的理性情绪，而受到先前所接收讯息的前置情绪影响[35]。用户在讨论相关信息时，接收了生育话题的恐惧诉求信息，形成消极的前置情绪。在前置情绪暗示下，个体对消极信息拥有更高的敏感度与接受度，对生育话题的感知趋向消极。

“恐育”情绪在传播者和接收者之间相互作用、不断循环，在对话交流中形成“滚雪球”态势，形成“情绪循环效应”，直至达成情绪和认知的趋同。“恐育”情绪在社交媒体上固化，完成个体情绪社会化的最后一步。

## 结语

本文以社交媒体文本为基础，从情绪建构的角度分析“恐育”情绪的生成过程与传播动力，为理解“恐育”情绪及其传播提供新视角。“恐育”情绪的生成与传播之间并非“先生成、再传播”的线性递进关系，从个体“恐育”情绪的生成到群体“恐育”情绪的扩散，在这个过程中二者是相辅相成、不可分离的。

“恐育”情绪以“躺平文化”为代表的“新犬儒主义”态度为中介，在社交媒体情境下得以自由表达，在其生成的过程中，传播动力也发挥着推动作用。“新犬儒主义”态度凭借较高的唤醒度在社交媒体圈层成势，使青年主体产生“感同身受”的体验，进而其与青年社交媒体情境的文化环境达成合意，“恐育”话语得以表达。“恐育”情绪从点状个体向外扩散，并由个体情绪向集体情绪整合，在传播中逐渐复杂、丰满并进一步固化。

综合来看，“恐育”情绪的媒介、主体与本体三种传播动力并非将已形成的、固定的情绪向外传递，而是将情绪话语与表达沿着传播链扩散至更多的个体。个体在主体情绪体验的过程中将话语进一步加工，“恐育”情绪在情绪启动效应下逐渐形成相对稳定的话语表达，拥有固定的情绪内涵并逐渐在社交媒体形成固化态势，成为生育话题的主要情绪之一。

“恐育”情绪并非单纯的生理恐惧情绪。从微观上看，它由多种因素参与建构，是在特定的社会文化环境下，个体综合社会多因素对生育问题进行利弊权衡后的结果。从宏观上看，它由社交媒体情境激发，带有强烈的社会文化属性，是青年群体对其文化群体的信念和价值的内化表现。在情绪的传播上，个体“恐育”情绪在媒介广播动力下扩散，经由传受主体的情绪理解整合成集体情绪，并在情绪启动效应的作用下形成固化态势，勾连成社交媒体“恐育”图景。“恐育”情绪由社会文化建构，在传播动力的推动下最终完成个体情绪社会化的过程。

“恐育”情绪虽整体具有消极色彩，但其内含青年群体的文化、信念和价值，对于特定情境和特定群体的适恰性，使其可能具有功能性的角色，不能以二元对立的视角一概而论。要正视“恐育”情绪的存在，探寻“恐育”情绪的传播动力与机制，关注情绪背后的社会问题与隐藏诉求，引导青年群体客观看待生育问题，形成理性而非盲从的生育观。

## 参考文献


［1］乔建中．情绪的社会建构理论［J］．心理科学进展，2003（5）：541-544.

［2］Rimé B. Emotion Elicits the Social Sharing of Emotion：Theory and Empirical Review［J］. Emotion Review，2009，1（1）：60-85.

［3］赵云泽，刘珍．情绪传播：概念、原理及在新闻传播学研究中的地位思考［J］．编辑之友，2020（1）：51-57.

［4］隋岩，李燕．论群体传播时代个人情绪的社会化传播［J］．现代传播（中国

传媒大学学报），2012，34（12）：10-15.

［5］隋岩，李燕．论网络语言对个体情绪社会化传播的作用［J］．国际新闻界，2020，42（1）：79-98.

［6］Harber K. D.，Cohen D. J. The Emotional Broadcaster Theory of Social Sharing［J］．Journal of Language and Social Psychology，2005（24）：382-400.

［7］尹弘飚．情绪的社会学解读［J］．当代教育与文化，2013，5（4）：108-114.

［8］McCarthy E. D. The Social Construction of Emotions：New Directions from Culture Theory［J］．Social Perspectives on Emotion，1990（2）：267-299.

［9］Harré R. An Outline of the Social Constructionist Viewpoint［C］．The Social Construction of Emotion. Oxford：Basil Blackwell，1986：8-11.

［10］赵永华，窦书棋．社会建构论视角下海外社交媒体国际话语空间的公众情绪研究——基于中美贸易争端议题的计算传播分析［J］．新闻爱好者，2022（5）：14-19.

［11］邱磊菊，冯宜强，史宇鹏，等．互联网使用会影响居民生育意愿吗？［J］．人口研究，2022，46（3）：3-15.

［12］Chen P. L.，Saman T. N. A New Model for Evaluating the Influence of Social Networks，Social Learning，and Supportive Policies on the Desire of Women for Fertility［J］．Human Systems Management，2020（6）：1-14.

［13］Egerton M. E. Fear and Pain in Childbirth［J］．British Medical Journal，1948，1（4557）：903-903.

［14］高荣．生育想象：新浪微博"恐育"情绪话语研究［C］//北京大学新闻与传播学院．北京论坛·健康传播分论坛丨医疗、人文、媒介——"健康中国"与健康传播2020国际学术研讨会论文集．北京：北京大学新闻与传播学院，2020：9.

［15］刘娟，宋亭亭．"被渲染的焦虑"：社交媒体使用与女性生育风险感知［J］．传媒观察，2022（6）：79-86.

［16］刘璐．生育风险应激：社交媒体环境下的女性"恐育"行为研究［D］．辽宁大学，2022.

［17］沈升．女性恐育话语体系在网络平台中的建构——以"知乎"为例［D］．华南理工大学，2022.

［18］卢婧，曹莉莉．混沌理论视角下原生家庭影响力探析［J］．齐齐哈尔大学学报（哲学社会科学版），2011（1）：71-74.

［19］吴雨薇．论原生家庭对个体发展的影响——从家庭系统理论出发［J］．泉州师范学院学报，2017，35（3）：88-92.

［20］陈华仔，肖维．中国家长"教育焦虑症"现象解读［J］．国家教育行政学院学报，2014（2）：18-23.

［21］丁亚东，薛海平．家长教育焦虑的现状、特征及影响因素——基于35162名家长的实证研究［J］．首都师范大学学报（社会科学版），2022（5）：145-156+188.

［22］罗伯特·K. 默顿．社会理论和社会结构［M］．唐少杰，齐心，等译．南京：译林出版社，2006：387-399.

［23］Leibenstein H. Socio-economic Fertility Theories and Their Relevance to Population Policy［J］．International Labour Review，1974，109（5-6）：443-457.

［24］孔庆杰．情绪的社会建构论及其对嫉妒情绪的研究［D］．南京师范大学，2008.

［25］Jones C. A. The Social Construction of Emotions［M］．London，Oxford：Basil Blackwell，1986：42.

［26］王文博．社群与媒介：媒介事件的社会功能与“人—群”关系［J］．新媒体公共传播，2021（1）：45-54.

［27］Russel J. A. A Circumplex Model of Affect［J］．Journal of Personality & Social Psychology，1980，39（6）：1161-1178.

［28］袁加锦，李红．人类对情绪事件效价强度的易感性及神经机制［J］．心理科学进展，2012，20（1）：10-18.

［29］Christophe V.，Delelis G.，Antoine P.，et al. Motives for Secondary Social Sharing of Emotions［J］．Psychological Reports，2008，103（1）：11-22.

［30］Denzin N. K. On Understanding Emotion［M］．San Francisco：Jossey-Bass，1984：48.

［31］李春雷，雷少杰．突发群体性事件后情绪传播机制研究［J］．现代传播（中国传媒大学学报），2016，38（6）：61-66.

［32］Bosse T.，Duell R.，Menon Z. R.，et al. A Multi-agent Model for Emotion Contagion Spirals Integrated within a Supporting Ambient Agent Model［C］．Principles of Practice in Multi-agent Systems. Berlin：Springer，2009：48-67.

［33］Murphy S. T.，Zajonc R. B. Affect，Cognition，and Awareness：Affective Priming with Optimal and Suboptimal Stimulus Exposures［J］．Journal of Personality and Social Psychology，1993，64（5）：723-739.

［34］秦敏辉，周卓钊，钟毅平．网络表情图片阈下情绪启动对认知偏向的影响［J］．心理研究，2015，8（3）：46-50.

［35］徐翔．从“议程设置”到“情绪设置”：媒介传播“情绪设置”效果与机理［J］．暨南学报（哲学社会科学版），2018，40（3）：82-89.

# “用故事科普医学”：社交媒体中“网红医生”的叙事策略及公共参与[*]

彭华新　李海敏[**]

**摘　要**：随着社交媒体的兴起，越来越多的临床医生通过在社交媒体平台传播医学科普而走红。医学知识专业性强，内容相对严肃枯燥，具有一定的理解门槛，而“网红医生”创新性采用讲故事的方式传播医学知识，打破了专业壁垒。在此过程中，创作者通过叙事选题故事化、叙事方式悬念化、叙事细节生动化、叙事语言形象化，创建了一种故事化叙事的科普方式；借助医生身份的自我呈现、符号身份的自我建构、多主体共建阐释场，建构了一个可信赖的传播者形象；凭借公共性的科普话题、公开的讨论场域、共通的情感体验、共同的价值观念与受众进行社交，吸引受众参与互动。用故事传播医学知识，使知识传播不局限于病理层面的阐释，而是更注重人的主体性、情感性和社会性，赋予了医学科普人本主义色彩。

**关键词**：医学科普　社交媒体　网红医生　故事化叙事　人本主义

健康素养是指个人获取、理解健康信息，以保障、推进自身健康建设的能力[1]。从定义可以看出，健康素养是影响健康的重要因素，全民健康素养的提升离不开健康知识的传播和普及。随着社会经济水平的提高，人们的健康意识逐步增强，对健康知识的需求量逐渐增多。社交媒体凭借海量的用户群体、丰富的多媒体属性、便捷的社交特点以及深度的互动性逐渐成为人们获取信息的重要渠道，也因此成为健康传播的重要平台。社交

---

*　基金项目：本文系广东省哲学社会科学规划项目“健康传播视角下疫情防控的媒介语言伦理研究”（项目编号：GD22CXW03）的研究成果之一。

**　作者简介：彭华新，深圳大学传播学院教授，博士生导师，深圳大学传媒与社会发展研究中心研究员，研究方向为媒介社会学、新闻理论；李海敏，深圳大学传播学院博士研究生，研究方向为媒介社会学。

媒体的去中心化传播机制为社会各个阶层参与健康传播提供了可能。技术赋权使得越来越多热爱科普的医生群体，在工作之余利用社交媒体传播医学知识，加入科普队伍之中，很多医生因此走红。

医学科普专业性强，内容相对枯燥乏味，具有一定的理解门槛。如何将医学研究成果转化为大众的健康知识，并以受众乐于接受的方式进行传播，是科普工作者一直思考的问题。视频化是移动新媒介发展的趋势，短视频社交热进一步革新了新媒介生态，未来短视频或将成为全社会基础性架构与媒介语言[2]。作为交往中介的媒介本身重建了信息传播主体之间的关系，社会成员通过媒介活动实现具有“主观性”的人际交往，而兼具参与性、互动性、共享性等诸多特征的短视频为其提供了一个自我表达和交换意见的交往场所[3]。短视频也为多样化的科普阐释提供了丰富的想象与创作空间，有利于降低科普知识的理解门槛，扩大受众覆盖面。尤其对于医疗条件和科普宣传相对落后的农村地区，短视频能够让更多的基层受众接触和学习专业的健康知识，有助于提升农村居民的健康素养，同时弥补城乡之间科普知识鸿沟。我们正生活在一个“叙事转向”的时代，叙事被当作“至尊话语”[4]。故事作为集文学性、可读性、趣味性、灵活性于一体的叙事方式，在碎片化阅读时代，容易激起人们的阅读兴趣，提升信息接受度。一些医务工作者抓住了短视频风口，凭借积累的丰富医疗案例，在社交媒体平台用讲故事的方式传播科普，获得了较高的关注度，成为科普界的“网红”。因此，本文聚焦社交媒体平台的“网红医生”，分析其是如何运用故事来传播医学科普，以及如何通过故事与受众进行交往互动，吸引公众参与讨论与分享的。

## 一　文献综述

### （一）医学科普研究现状

关于医学科普的研究，从议题来看，主要涉及科普工作者、科普传播方式及其创新研究。有学者将医学科普作者划分为“专家型”“论文型”

“跨类型”“全能型”“网红型”五大类型，通过分析不同类型作者的优缺点，提出有效对策，使其扬长避短，促进医学科普工作更上一层楼[5]。郭艺芳认为现阶段我国居民的防病治病知识严重缺乏，加之各类虚假宣传、伪科学知识严重泛滥，对人们树立正确的疾病健康观与疾病防治理念产生了不利影响，各级医院的临床医生在引导广大民众科学防治疾病方面具有很大优势，应承担起医学科普的重任[6]。周宁指出医学科普编辑需要有人文关怀，应遵循“有利”“无伤”“尊重”“公正”四大生命伦理原则，以读者为中心进行编辑决策，注重医学科普的人文特质[7]。科普传播载体较为丰富，包括报纸、图书、期刊、网站、电视节目、短视频等。有学者以国内观察式医疗真人秀节目《急诊室故事》为例，分析了医疗电视真人秀在医疗科普中的创新革命[8]。袁潇提出将虚拟现实技术与科普出版相结合，通过沉浸式传播契合场景化的传播形式，为读者提供虚拟与现实相结合的科学体验，帮助读者建构知识体系，丰富想象空间，提升科普工作的效能与品质[9]。张国伟等以科普纪录片为研究对象，从话题营销视角切入，讨论了新媒介技术、平台思维和用户参与等综合因素作用下的注意力分配及变革新趋势，总结了科普纪录片在话题营销导向下的传播创新趋向[10]。有学者认为科普短视频已成为高质量科普供给的重要载体和形式，并指出科普选题要捕捉社会热点，回应受众关切；科普内容要通俗易懂、生动有趣；要传播完整准确的科学知识等创作策略[11]。刘夏楠也认为科普短视频为科学传播注入新的生机与活力，同时指出科普短视频作为理性科学和感性娱乐的结合体，容易出现科学与娱乐失衡的状况，从而导致科普内容失去人文关怀，不利于科普短视频的持续发展[12]。本文的研究对象，利用短视频以讲故事的方式科普医学，将医学知识与真实的疾病故事进行融合，不仅关注理性的疾病知识，更关注人的主体性、情感性和社会性，体现了科普创作中的人文关怀。

### （二）“科普网红”研究现状

“网红”一般指通过网络平台积聚起个人影响力，在各自领域内受到粉丝追捧的一类群体[13]。知识型网红是新媒体中以网络媒介为平台，以自媒体为渠道，在专业领域有杰出表现且拥有一定影响力的个人或群体[14]。匡文波等认为"知识网红"的出现与兴起，不但进一步拓展了"网红"的概念，更是打破了人们对"网红"娱乐化、媚俗化的既有印象，将原本严肃、遥远的专业知识分子拉到幕前，成为人们可触可感的对象，使受众不仅可以接收专业性的知识，还能在心理上近距离感受他们作为"人"的鲜活个性[15]。"科普网红"因传播科学知识而走红，属于知识型网红。有学者分析了自媒体时代"网红科学家"参与科学传播的行为动机和参与机制，以及新媒体对这种行为机制的影响，并提出一些针对性的建议[16]。杨洋通过对中国科学院物理研究所抖音科普"网红"之路的分析，探讨了短视频生态下"冷科学"传播的突破创新，提出"冷科学"传播的新理念、新范式、新模式，为社交媒体时代的科学传播提供了借鉴[17]。孙凤分析了"科普网红"走红背后的文化品味，他认为科普型网红对专业知识系统性、通俗化的讲解，能够有效缓解人们的知识焦虑[18]。费吟梅等认为"网红医生"有助于消解、平衡和重构传统的医患关系舆论场，缓解医患矛盾，重建医患信任[19]。

### （三）故事化叙事研究现状

叙事是指通过语言或其他媒介来再现发生在特定时间和空间里的事件[20]，其本质就是"讲故事"[21]。故事作为文学的民间艺术形式，是人们生活中基本且不可替代的需求之一，体现了一种大众化要求[22]。因此，故事化叙事被广泛运用于各个领域，如国际传播、新闻报道、电视节目等。有学者指出在对外传播中，故事化作为一种重要的跨文化传播策略，能够有效降低目标受众的说教感、陌生感、距离感[23]。刘涛等立足数字叙事理论，探讨了在国际传播语境中，中国叙事体系建构的数字方案与实践，提出通过打造融通中外的新文本、新语言、新生态来建构"讲好中国故事"的数字叙事体系[24]。新闻报道领域也常采用故事化叙事策略。有学者指出新闻的故事化叙事已成为一种普遍的传媒现象[25]。杨晓军分析了数据新闻故事化叙事的可能性，他认为受阅读方式、数据呈现与新闻叙述的三重驱动，数据新闻可通过"可视化"、

“相关性”和“看图说事”的思维路径展开故事化叙事[26]。罗迎迎总结了故事化新闻的叙事技巧，提出通过历历如绘的情景再现、悬念迭起的叙事、生动的环境气氛描写、妙趣横生的语言增强新闻的客观性和可读性，提升新闻报道的趣味性和人情味[27]。本文聚焦社交媒体平台医学科普领域的故事化叙事，分析其叙事策略，以期为医学科普知识的创新传播提供借鉴。

## 二　研究对象与研究问题

### （一）研究对象的选取及特点描述

据笔者观察，抖音平台有很多临床医生因做科普而走红，如“妇产科牛诤医生”（粉丝量857万）、“安贞郝鹏医生”（粉丝量426万）、“乳腺科宋庆珍”（粉丝量83万）等。综合考虑平台账号粉丝量、传播内容的丰富性、传播方式的创新性、社会影响力等因素，选取“医路向前巍子”（以下简称“@医”）为本文的研究对象。

“@医”是公立医院的一名急诊科医生，十几年的临床工作经验使“@医”积累了丰富的疾病知识和急救技能。2017年10月“@医”创立了“医路向前巍子”自媒体账号，在工作之余为公众科普疾病知识和急救技能。在“@医”的采访自述中，他提到一开始他的科普方式也很刻板，就是抄书，文章阅读量很低，后来改为用故事科普后，账号内容的阅读量迅速提升。

目前“@医”在社交媒体平台全网粉丝量已超4000万。“@医”的抖音账号粉丝量高达2484万（2023年8月数据），作品总量1500多个，作品总点赞数达3.5亿，账号定位为“健康科普知识创作者”，科普理念为“做有情怀的医生，写有温度的科普”。通过对“@医”的分析（见表1），我们可以了解临床医生这一科普群体在社交媒体平台的科普实践，也为更多想要从事科普工作的医务工作者或专家学者提供借鉴参考，促进健康中国政策的落地，助力健康中国事业的发展。

**表 1　“@医”抖音平台科普内容类别、具体内容举例、拍摄场景、内容形式及讲解方式**

| 内容类别 | 具体内容举例 | 拍摄场景 | 内容形式 | 讲解方式 |
| --- | --- | --- | --- | --- |
| 急救知识 | 异物卡喉、脑卒中、脑出血、心肺复苏、烧伤、烫伤、外伤、踩踏等急救知识及技能 | 医院休息室<br>医院更衣室<br>医院卫生室<br>上下班路上<br>救护车上<br>家里书房<br>家里卧室<br>家里客厅<br>中小学校<br>幼儿园<br>游泳馆<br>舞蹈室<br>社区活动室<br>乡村广场<br>建筑工地<br>企业会议室<br>机关单位<br>讲座现场<br>活动现场<br>电视节目<br>现场等 | 口播<br>口播+文字提示<br>口播+图片展示<br>口播+视频展示<br>口播+真人演示<br>口播+工具演示 | 知识讲解<br>病例讲解<br>（接诊病例、朋友病例、自身病例、医院同行分享或推荐的病例） |
| 新冠疫情 | 感染症状、用药、消毒、后遗症、嗓子疼、咳嗽、发烧、过敏等知识的讲解及应对 | | | |
| 常见疾病 | 脚气、落枕、便秘、鸡皮肤、甲沟炎、中暑、食物中毒等疾病知识的介绍及治疗 | | | |
| 儿童健康 | 儿童发烧、异食癖、长高、溺水、用药、挑食、急救、烧伤、疾病预防及治疗等 | | | |
| 女性健康 | 防癌体检、常见疾病、常规体检、宫颈癌、盆腔炎、宫颈糜烂、九价 HPV 等知识 | | | |
| 饮食健康 | 饮食注意、隔夜菜、食物烹饪、饮酒、饮食习惯、吃木耳中毒、吃凉皮中毒等知识 | | | |
| 生活妙招 | 吃火龙果通便、蚊子咬后用肥皂水快速止痒、如何正确使用眼药水等 | | | |
| 用药安全 | 儿童用药、老人用药、慢性病用药、不同药物功效、药物混用等知识的讲解 | | | |
| 辟谣知识 | 防癌针、输液预防心脑血管疾病、喝白酒预防新冠、喝骨头汤补钙、贴肚脐治痔疮等 | | | |
| 评论答疑 | 外伤出血可以用止血药粉吗？如何缓解颈椎不适？脑梗会复发吗？ | | | |
| 联合共创 | 联合专业科室医生，回答相关专业问题。什么是溶栓？脑溶栓的黄金时间？ | | | |
| 日常记录 | 急诊室工作日常，对参与科普下乡、公益急救培训、电视节目等的记录 | | | |

本文的研究对象“@医”自 2018 年 4 月入驻抖音平台至 2023 年 8 月已发表短视频 1500 余条。笔者收集了“@医”自 2022 年 8 月至 2023 年 8 月近一年内共 382 篇科普视频文本，其中有 152 篇属于本文研究的“用故

事科普医学”文本。通过对收集到的内容进行提炼和概括，发现“@医”科普内容类别较为多元，包括急救知识、新冠疫情、常见疾病、儿童健康、日常记录等十多个类别。从具体内容可以看出，“@医”的科普知识贴近百姓现实生活，实用性较强，且注重与受众互动。从拍摄场景来看，“@医”并没有专业的设备、场地和团队，而是就地取材，用一部手机随时随地向受众传播科普知识。从表1中可以看出，“@医”的科普走进了各个场景，既有线下的学校、企业、乡村、机关单位，也有线上公开传播的活动现场、电视节目等。短视频的优势在于它的富媒体性，文案、声音、画面、人物、道具都能成为内容表达的工具。“@医”采用口播或口播加文字、图片、视频、真人及工具展示的方式，生动形象地讲解科普知识及急救技能，帮助受众更好地理解和运用相关知识及技能。从收集的材料来看，“@医”的科普方式除单纯的知识讲解外，更多的是利用病例进行科普。

从人本主义角度来看，诊治疾病不仅仅要考虑疾病本身，还要考虑人的因素，如患者的思想、情感、意愿、需求，以及家庭情况与社会背景，患者所患的疾病名称一样但症状却不尽相同，所谓“同一种病，一个人一个样”[28]。而面对同一种疾病，不同患者或家属会根据具体情况选择不同的治疗方案。疾病也并不都是可量化的外在实体，同样包含了生、老、病、死等情感化的、可叙述的生命故事。

### （二）问题的提出

结合文献梳理与研究对象分析，科普也应注重人文关怀。从人本主义角度看，疾病的发生与诊疗不仅涉及生物学层面，还涉及复杂的个体与社会因素，每一位患者都有其独特性，同一种疾病也因不同的个体有不同的症状，患病个体家庭情况也会影响其对诊疗方案的选择。去隐喻化的疾病知识磨灭了个体的独特性，使人看上去像一个待修的机器，在不同科室里进行程序化维修，人的主体性、社会性、情感性等意义被抛弃了。本文的研究对象“@医”创新性地采用讲故事的方式科普医学，注重人的主体性、情感性和社会性，赋予了科普人文主义色彩，实现了从一名普通的急

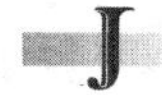

诊科医生到“网红医生”的转变。

医学知识是客观的、理性的、严谨的，而故事则具备一定的主观性、情感性、变动性。理性的知识与情感化的故事如何结合？感性的故事是否会影响人们对理性知识的理解？受众是否接受用讲故事的方式传播医学知识？受众的反馈如何？基于以上疑问，本文想要探究以下三个层面的问题。第一，如何用故事科普医学？理性的医学知识如何与情感化的故事进行融合？故事元素对科普有什么阐释力？这是文本层面的问题。第二，科学性是医学科普的底色，文本制作者以何种身份传播科普故事？文本制作者如何建立与受众之间的信任？这是主体身份层面的问题。第三，传播是一种交往活动，文本制作者用故事科普医学的过程中如何与受众沟通？在这个过程中其是否建构了公共讨论场域？传播效果如何？这是社交结构层面的问题。

## 三　文本：一种故事化叙事的科普方式

医学知识专业性强，传统说教式科普方式严肃刻板，不易引起受众兴趣。科普应充分把握受众观看兴趣和求知心理，探索适宜的传播方式，以达到寓教于乐的效果。古往今来，听故事、讲故事是一种比较个体化的、情感化的体验，人类通过口传心授的故事来感知世界、洞悉自身，了解过去与现在[29]。故事化的科普叙事，兼具悬念、冲突、情节、人物等元素，对受众来说更具吸引力。本文的研究对象“@医”将医学知识与疾病故事相结合，创新了科普传播方式，增加了科普的趣味性。

### （一）叙事选题故事化

如前文所述，叙事的本质就是讲故事。讲好一个故事，选题是关键。从收集的材料来看，“@医”主要从趣味性、曲折性、典型性、知识性四个维度选择科普故事。趣味性指选题的故事性和吸引力，故事性可以中和科普知识的严肃性。曲折性是指故事的矛盾性和冲突性。典型性是指案例的代表性。知识性是指案例涉及的科普知识。以“@医”讲述的《70多岁老人病危，家属放弃手术治疗，病房总能揭露人性》故事为例，故事开始“@医”介绍了患者基本情况及高血压发病的详细症状，并给出基本的病情判断。伴随着故事发展，“@医”介绍了紧急情况下脑出血的治疗方案及具体情况，以及家人在抉择方案时的矛盾和利益冲突。故事结尾，“@医”再次强调高血压的日常控制、并发症以及注意事项。这则故事吸引人的关键点在于患者家属选择医疗方案时的矛盾和冲突，现实中很多人会面临这样的抉择。对于一种疾病，如何治疗、如何抉择方案，不仅仅取决于疾病种类、医学上的最佳治疗方案等因素，还更多地取决于患者家属的经济状况、治疗意愿、利益冲突以及各种社会现实因素。“@医”以故事性为抓手，将医疗场景与科普知识相结合，使医学知识的传播鲜活、丰满、贴近现实。

### （二）叙事方式悬念化

悬念是故事化叙事的重要元素。悬念的主要作用是引起受众对事物及人物处境发展、变化、结果产生期待和关切的心理。如果说冲突和矛盾搭建了事件的叙事框架，让事件的讲述充满了戏剧性，那么悬念则是这个框架中一个又一个的关节点，使叙事的过程妙趣横生、柳暗花明[30]。悬念的揭开过程也是不断满足受众好奇心的过程。从收集到的原始资料来看，“@医”常通过以下几种方式设置悬念。其一，标题设置悬念。标题能够在第一时间吸引受众注意力，激发受众的猎奇心理。其二，故事的开篇设置悬念。把故事高潮或最具悬念的部分置于开篇，直接引起受众的观看欲望。其三，故事讲述过程中设置悬念。根据事件发生的因果顺序，在故事讲述过程中有意设置一些不合常理的问题或冲突，从而制造出悬念。如在一则《医生，我想让我老公死》的故事中，“@医”引用故事中人物的原话“大夫我不想我老公再这样活着了，我想让他死”作为标题和开篇，吸引受众注意力，在讲述过程中，连续设置了“她为什么不想她老公活着？”“她老公得了什么病？”“为什么她请求医生让她老公快一点死？”“她遇到了什么困难？”等悬念，激发受众的了解欲望。“@医”利用悬念把握叙事节奏，持续吸引受众注意力，不断满足受众好奇心，有利于提升科普知识传播的完整性，促进受众对知识的理解和吸收。

### （三）叙事细节生动化

故事能够吸引人，细节能够打动人。细节是表现真实的有力工具，真实、直观的现场和人物，能产生丰富的感染力，引起受众的强烈共鸣[31]。细节是被放大了的小故事，在关键时刻能够引发情感爆点，推动故事走向高潮。在塑造人物时，对特定时刻细节动作的抓取，可以展示人物刹那间的心理状态和情感，使人物形象更加生动鲜活。在表现人物内心世界时，细节不仅可以传其形、传其声，而且可以传其神，人物的内心情感的变化通常体现在一些细微动作中[32]。在本文梳理的材料中，“@医”常通过场景细节和人物细节丰满故事情节，增加故事的真实性、生动性。如“@医”在讲述一个酒驾导致的车祸急救故事时，对车祸现场、驾驶员和副驾驶的受伤情况及初步诊断进行了细致描述，还原了事故发生现场，营造了真实的画面感。在另一起父亲疏忽导致的单方车祸事故中，一家四口全部受伤，四岁孩子当场死亡，“@医”通过对孩子父母外貌、动作、语言、神态、心理等的细致描绘，真实呈现了父母失去孩子后的悔恨与崩溃。叙事的功能并非“表现”，而是建构场景[33]。细节是故事的灵魂，是建构场景的关键。“@医”通过对特定场景及人物的细致描绘，真实还原了故事发生现场，提升了故事的饱满度，增加了受众的代入感，容易激发人们的情感共鸣。

### （四）叙事语言形象化

医学科普常涉及一些专业词汇，对受众来说具有一定的理解门槛。通俗化的语言贴近受众日常，容易与受众建立连接，降低内容理解门槛，提升知识接受度。将深奥的医学知识及原理转化为通俗的语言，修辞是很重要的转译工具，恰当的修辞可以化繁为简，将深奥的原理变得生动形象、具体可感。从收集的原始材料来看，“@医”常借用生动的比喻解释一些专业术语，使抽象的原理变得具体形象、通俗易懂。如“@医”在普及儿童异物卡喉的急救方法时，用人们熟悉的剪刀、石头、布的手势作比喻来解释异物卡喉梗阻窒息的急救原理。此外，“@医”用战争隐喻来解释感染新冠后人体免疫系统与病毒的抗衡过程。“@医”将人体防御系统的白细胞和巨噬细胞比喻成两个卫士，视频中提到，在与病毒打仗的过程中巨噬细胞会释放出炎性细胞因子来调节免疫细胞，此时会出现血管扩张、血流加速，大量的免疫细胞从血管中渗透出来，以增强被感染区的战斗力，这时我们的嗓子会出现充血、肿胀和疼痛，有战争就有伤亡，死亡的战士和一些病毒就会变成鼻涕还有痰液……比喻的特点是用一事物替代、理解、想象另一事物，借助“喻体”来认识“本体”。“@医”借助比喻将“陌生化”的医学原理进行“熟知化”处理，降低了科普知识的理解门槛，增强了内容的可读性。

## 四 主体身份：文本制作者如何建构可信赖的传播者形象

健康传播涉及人的生命安全，对内容的科学性要求较高。传播者的权威性及内容的科学性在获取受众信任方面发挥着重要作用，因为“健康传播的合法性、对话的价值首先来自其科学性”[34]。从信源的“可信性效果”来看，良好的信誉和专业的权威性是传播者争取受众信任的重要条件。本文的研究对象“@医”通过医生身份的自我呈现、符号身份的自我建构以及多主题共建阐释场的方式树立自身的信誉和权威性，建构可信赖的传播者形象，获取受众信任。

### （一）医生身份的自我呈现

科普对知识的科学性要求较高，医生具有专业的学科背景，在科普方面具有一定的优势。

从搜集到的材料观察到，“@医”身份的自我呈现主要有以下三种方式。第一，自我身份信息的主动呈现。“@医”一开始就以医生的身份进行科普，并在科普中展示自己的工作及日常。视频中“@医”经常身穿白大褂出现在医院、救护车上以及家里的书房（背景是装满医学书籍的书柜）等场景中，内容常以“我是魏子，急诊科医生……”开场。在“@

医"的自述视频中，他介绍了自己的从医经历。第二，通过第三方视角来呈现自我。"@医"因具有较高的人气受邀参加了一些电视节目的录制，电视节目的采访或纪录片的拍摄从他者视角呈现了"@医"作为一名职业医生的工作及日常。第三，借助分享的医患故事间接呈现自我。"@医"讲述的疾病故事大都发生在自己和接诊患者之间。在"@医"分享的疾病故事中，除了有医学知识的输出，更重要的是传递了一名医生对待患者、生命的价值观。从大量的评论如"特别信任巍子医生""有医德的好医生""善良负责，真正为患者考虑的好医生""严谨、有良心的医生"来看，"@医"的专业身份及美好的品德赢得了受众的信任和认可。

### （二）符号身份的自我建构

人一旦面对他人表达意义，或对他人表达的符号进行解释，就不得不把自己演展为某一种相对应的身份。身份是任何自我发送符号意义或解释符号意义时必须采用的一个"角色"，是与对方、与符号文本相关的一个人际角色或社会角色[35]。不同于发出者的人格身份，文本身份是相对独立的[36]353，伴随文本隐藏于文本之中，参与文本意义的构成，影响意义的解释，背后存在一种社会性身份的暗示。从收集的原始材料来看，无论在线上还是线下，"@医"这种公开式的、一对多的、意见领袖式的医学知识传播活动，建构了一种具备专业知识和传播技巧的科普工作者身份。赵毅衡认为，任何符号表意都存在身份相应的问题，身份不是孤立存在的，它必须得到交流双方的认可，如果无法做到这一点，表意活动就会失败[37]337。从传播效果来看，在受众层面，视频评论区出现大量诸如"基层就需要这样的宣传""您的科普救了我孩子的命""您的科普让我们普通人都能听得懂"等评价；在社会层面，"@医"因出色的科普荣获了"全国科普工作先进工作者""医疗下乡科普作家""青爱工程传播大使"等荣誉称号。由此看来，"@医"通过文本符号建构的专业科普工作者身份，获得了网民及社会的肯定和认可，并以此为中介与网民建立了联系。

### （三）多主体共建阐释场

"@医"有十几年的临床经验，积累了丰富的疾病知识和急救技能，传播内容较为多元，吸引了大量受众关注。在科普过程中，为保证内容的科学性和严谨性，“@医”在科普自己不擅长的领域知识时会提前向同行专家请教。随着“@医”科普影响力的不断扩大，受众想要了解的知识也更加多元，“@医”开创了医者共创板块，邀请专业领域的医生对受众提出的相关问题进行解答。如“@医”邀请上海交通大学医学院附属同仁医院妇产科主治医师孙旖（抖音账号“Jojo医生”），回答网友提出的一些妇科问题；特邀首都医科大学附属北京安贞医院神经疾病中心副主任霍晓川（抖音账号“安贞晓川大夫”），讲解脑梗、脑出血的相关知识。在共创内容讲解中，“@医”采用受众视角，通过问答和总结的方式呈现科普内容，增进受众对知识的理解。众多专业医生的加入，一方面提升了“@医”科普内容的权威性，另一方面解答了受众多元化的科普问题。从传播效果来看，医者共创获得了受众的点赞认可。评论区出现如“巍子医生很伟大，在自己不是很专业的情况下，找专业的医生为我们科普”等评价。“@医”利用多主体参与的形式增强了信源的可信性，建构了专业权威的阐释场。从社会意义层面来看，“@医”这一举措可以增加更多科普工作者的可见性和曝光度，吸引更多的医务工作者加入科普队伍中，促进中国健康传播事业的发展。

## 五　社交结构：故事化叙事中的公共参与

### （一）公共性的科普话题

从实践来看，“@医”通过公共性的话题来聚焦受众注意力，吸引受众参与讨论，扩大信息传播范围。如何建构科普话题的公共性？“@医”通过以下几个方面进行。第一，聚焦日常话题。“@医”传播的内容涉及急救知识、常见疾病、饮食健康、生活妙招、用药安全等十多个类别，话题具有一定的日常性和公共性。第二，关注公共卫生事件。在新冠疫情期间，“@医”重点对新冠疫情进行了科普，对大众迫切关心的诸如新冠感染症状、新冠用药、居家消毒、咳嗽、发烧、过敏等问题进行了详细解

答，一定程度上缓解了受众的焦虑和恐惧。第三，借助舆论热点。热点新闻具有一定的公共性和讨论热度，可以聚焦受众注意力，有效提升信息传播广度。如“@医”借用李玟去世的新闻普及阳光型抑郁症，利用演员陆树铭去世的新闻普及突发心梗的相关知识。第四，总结高发接诊病例。由于“@医”在急诊室工作，掌握着接诊的第一手资料，所以其经常对一些近期高发性、紧急性、突发性案例进行总结，提醒大家预防此类情况的出现。第五，创建答疑互动。为了更好地解决受众遇到的问题，科普受众想听的内容，“@医”开辟了“巍你答疑”栏目，对评论区呼声较高且比较典型的问题进行公开解答。也就是说，“@医”的科普话题部分来自与受众的讨论和互动，受众具有一定的参与、决定传播话题的权利。公共性的科普话题可以吸引更大范围的受众关注，提升信息的传播效果。

### （二）公开的讨论场域

社交媒体为人们参与科普传播提供了便利，越来越成为公众参与科普议题讨论的全新场域。以短视频为中介的社会交往中，每个用户都是媒介主体。在这一过程中，公众不仅仅是科学知识的接受者，还同科普工作者、专业人士一样，是社会智力的贡献者[38]。“@医”通过建构公共性的科普话题吸引受众注意力，这种一对多的公开传播加上平台的社交属性，为公众提供了一个公开讨论的场域。从收集的原始资料观察到，“@医”科普视频评论区吸纳了多元主体参与讨论与分享。如“@医”分享了两例动脉夹层病例，提醒高血压患者，尤其是年轻人一定要定期复查、按时吃药、调控好血压。这一话题在评论区引发了网友们的讨论，有网友积极解答别人提出的相关疑惑，有人主动分享自己动脉夹层的手术经历，有专业医生补充动脉夹层的概念及症状，有患者分享自己的康复过程，等等。此外，也有网友对“@医”提及的相关概念进行二次阐释，如“最有关系的就是血压，动脉夹层破裂就好比水管压力太大，破口了”，帮助他人理解相关知识点。可以看出，“@医”的科普具有建构公共讨论场域的功能，在该场域中公众可以针对某一话题展开讨论、相互答疑解惑、进行知识补充、分享自己的经历等，贡献自己的智力。通过浏览评论区，受众能了解到很多病例和知识。“@医”建构的这一公共讨论场域不仅有利于知识的共享、补充和延伸，呈现的丰富知识及多样病例也为人们解决类似问题提供了借鉴和参考。

### （三）共通的情感体验

情感是把人类联合在一起的“黏合剂”，人类的独有特征之一就是在形成社会纽带和建构复杂社会时对情感的依赖[39]。情感可以连接公众，塑造彼此之间的关系和认同。“@医”把人类共通的情感注入科普故事中，让受众在情感的体验、想象、共鸣中自觉接受科普知识，从而与受众建立一种持续的、长久的情感关系。情感体验是被表达唤醒的，表达组织了人们的体验，情感表达对于情感唤醒具有不可忽视的意义[40]。情感表达可通过语言符号和非语言符号来呈现。非语言符号包括语言符号的伴生符（如声音的高低、语速的快慢、语气的和蔼生硬等），体态符号（如动作、手势、表情等），以及物化、活动化、程式化、仪式化的符号[41]。“@医”在讲述科普故事的过程中，善于运用细腻的情感语言来描绘人物的状态以及自己的感受。如使用诸如“她含着眼泪一直说感谢”“救了一条命，我真的很开心”“我们医生也很无奈”“眼泪啪嗒啪嗒往下掉，真的特别痛心”等此类描述，来呈现故事中人物及自己的情感状态。非语言符号如眼神变化、手势动作、声音哽咽、语言停顿等，使具体的情感如开心、难过、悲伤等变得可感可视。在“@医”科普故事的评论区，经常看到“故事很感人，有医德的医生”“看哭了，有良知的医生”等评价。可以看出，“@医”的情感表达引发了受众的情感共鸣。“@医”在与受众沟通过程中，除人为架构的浅层符号体系外，源于人类天性本能的普遍情感也成为重要的沟通介质。

### （四）共同的价值观念

“网红医生”作为网络意见领袖，其“领袖价值”不仅体现在对公共诉求知识的个性化表达上，同时也展现了信息选择、综合表达、个人魅力、价值判断等方面的主流价值标准，其传递的价值观会对社会价值生态产生一定影响。在医疗领域，由于医患双方不信任而产生的医疗纠纷致使医患关系紧张。医患视域差异是当前造成医疗纠纷频发的主要原因之一，医患知识结构差异、疾病认识差异以及对病痛感知差异是医患视域差异的主要表现[42]。当患者和医生对疾病及诊疗的理解达到一定深度，形成对诊疗知识的同理性认知时，医患之间才能产生真正的信任，从而建立和谐的医患关系。也正如"@医"所说，"科普不仅可以自救、救他，同时可以连接医患之间的关系，让大家了解医生、信任医生"。不仅如此，"@医"常常呼吁医生能够多站在患者角度去思考问题，诊疗过程中应多一些体查、多一些询问病史、多一些感同身受。"@医"曾提到，"患者来到医院，本身因为疾病的疼痛身体难受，对疾病的未知又充满恐惧，这时候我们医生护士的一个问候、一个笑语、一个亲切的举动，真的可以感动他们，帮助他们更好地治愈疾病"。"@医"传播的不仅是科普知识，还有促进医患和谐的正向价值观。从受众的反馈层面来看，"@医"赢得了受众对其专业性及医德的认可。作为一种信息传播活动，"@医"的创造与分享对社会价值有着正向的引导和重塑作用，促进了社会价值的实现与共荣[43]。

## 结语

随着社交媒体的兴起，越来越多的临床医生通过社交媒体传播医学科普而走红。"网红医生"作为具有专业医学背景、掌握互联网传播技巧的科普群体，在保障传播内容专业性、提升知识接受度方面具有一定优势。故事作为一种文学叙事形式，具有一定的情感色彩，而医学科普作为科学知识，又充满了理性主义。本文的研究对象"@医"将感性的故事与理性的知识进行融合，用故事科普医学知识，从而成为科普界的"网红医生"。"@医"在文本层面，通过叙事选题故事化、叙事方式悬念化、叙事细节生动化、叙事语言形象化创建了一种故事化叙事的科普方式；在主体身份层面，借助医生身份的自我呈现、符号身份的自我建构、多主体共建阐释场建构了一个可信赖的传播者形象；在社交结构层面，凭借公共性的科普话题、公开的讨论场域、共通的情感体验、共同的价值观念与受众进行沟通互动。“网红医生”的影响力大、信息传播范围广，社交媒体的受众基数大、覆盖面广，尤其对科普宣传比较落后的地区，人们也能接收到专业的疾病知识及诊疗知识。“网红医生”的科普不仅有助于填补医患之间的知识鸿沟，促进和谐医患关系的建立，还有助于弥合城乡之间的科普知识鸿沟，助推全民健康素养的提升。

叙事医学是医学与文学的结合，是指具有叙事能力的临床医生，通过吸收、解释、回应患者的疾病故事和困境，为患者提供充满尊重、共情和生机的医疗照护[44]。叙事医学不局限于生理学层面，而是从更高维度的人文层面去思考医学的本质与方向。用故事传播医学科普知识，临床医生将患者的疾病故事以科普的形式进行传播，是叙事医学在科普领域的灵活运用。叙事医学用故事传播医学科普知识，不仅仅把人看作生物层面的个体，注重病理学层面的干预与治疗，而且更是把人看作社会层面的个体，关注人的思想、情感、需求与社会背景，这种以人为中心的疗法或以人为中心的科普，注重人的主体性、情感性与社会性，是人本主义对医学领域的一种渗透。

## 参考文献

[1] Ad Hoc Committee on Health Literacy for the Council on Scientific Affairs, American Medical Association. Health Literacy-Report of the Council on Scientific Affairs [J]. Journal of the American Medical Association, 1999, 281 (6): 552-557.

[2] 李淼 . 数字“新视界”：移动短视频的社交化生产与融媒传播 [J]. 中国编辑，2019 (3): 82-86.

[3] 蒲信竹 . 自媒体科普短视频的内容生产与公众解读——兼议对话规则的建立 [J]. 中国编辑，2021 (3): 33-37.

[4] 陈伟：科学文化故事化叙事的学理逻辑、旨意与价值 [J]. 河南师范大学学报（哲学社会科学版），2023，50 (4): 72-77.

[5] 熊萍 . 浅析医学科普作者类型分析与对策 [J]. 科技与出版，2016 (8): 70-72.

[6] 郭艺芳 . 临床医生应承担起医学知识科普的重任 [J]. 中华高血压杂志，2022，30 (12): 1120-1121.

[7] 周宁 . 新时代医学科普编辑的人文胜任力 [J]. 中国编辑，2020 (5):

54-58.

[8] 王韬，曾荣，朱建辉，等．《急诊室故事》医疗电视真人秀与传统方式在医学科普中的作用比较研究［J］. 科普研究，2015（6）：40-44.

[9] 袁潇．沉浸式传播视域下“虚拟现实+”科普出版的创新路径［J］. 当代传播，2023（4）：101-104.

[10] 张国伟，邵建东．话题营销视角下的国产科普纪录片传播创新研究［J］. 科普研究，2023（1）：26-33.

[11] 刘记强．科普短视频选题创作策略探析［J］. 新闻爱好者，2023（4）：89-91.

[12] 刘夏楠．科学传播视域下科普短视频的传播策略分析［J］. 传媒，2023（13）：62-64.

[13] 敖鹏．网红为什么这样红？——基于网红现象的解读和思考［J］. 当代传播，2016（4）：40-44.

[14] 庄婉喆，刘迅．论全媒体时代知识网红与网络意见领袖之博弈［J］. 出版广角，2019（8）：42-44.

[15] 匡文波，刘建萍．“知识网红”与“网红”社会价值转变［J］. 人民论坛，2019（27）：74-75.

[16] 王大鹏，贾鹤鹏，吴欧，等．网络自媒体时代的科学传播新动能——以“网红”科学家为例［J］. 新闻记者，2018（10）：47-56.

[17] 杨洋．短视频引爆“冷科学”传播——中科院物理所的抖音科普“网红”之路［J］. 传媒，2020（10）：57-59.

[18] 孙凤．科普型网红走红背后的文化品味［J］. 人民论坛，2021（36）：110-113.

[19] 费吟梅，高星．从“网红医生”现象看短视频对舆论场的重构［J］. 新闻前哨，2021（9）：101-102.

[20] 申丹，王丽亚．西方叙事学：经典与后经典［M］. 北京：北京大学出版社，2010：3.

[21] 傅修延．从西方叙事学到中国叙事学［J］. 中国比较文学，2014（4）：1-24.

[22] 陈伟．科学文化故事化叙事的学理逻辑、旨意与价值［J］. 河南师范大学学报（哲学社会科学版），2023，50（4）：72-77.

[23] 梁国杰，赵新利．中国故事・中国话语・中国形象［J］. 青年记者，2014（4）：93-94.

[24] 刘涛，刘倩欣．新文本 新语言 新生态“讲好中国故事”的数字叙事体系构建［J］. 新闻与写作，2022（10）：54-56.

[25] 赵改荣．新闻报道故事化的叙事学研究［J］. 新闻爱好者，2021（11）：89-91.

［26］杨晓军．数据新闻故事化叙事的可能性及思维路径［J］．编辑学刊，2016（1）：114-118.

［27］罗迎迎．故事化新闻的叙事技巧［J］．青年记者，2013（17）：60.

［28］杨燕，罗燕，张雪芹，等．人本主义心理学视角下的叙事医学［J］．叙事医学，2022（6）：400-406.

［29］彭靖．谈电视科普片故事化创作［J］．当代电视，2007（12）：70-71.

［30］束辉．故事化是一把双刃剑［J］．新闻爱好者，2011（5）：84-85.

［31］郭飞．挖掘细节 精选同期声 讲好故事 人物报道三件宝［J］．新闻与写作，2014（7）：104-105.

［32］罗焕章．真实 细节 故事——纪录片创作的关键［J］．中国广播电视学刊，2014（1）：75-77.

［33］杰拉德·普林斯．叙事学：叙事的形式与功能［M］．徐强，译，北京：中国人民大学出版社，2013：45.

［34］胡百精．健康传播观念创新与范式转换——兼论新媒体时代公共传播的困境与解决方案［J］．国际新闻界，2012（6）：6-10.

［35］赵毅衡．身份与文本身份，自我与符号自我［J］．外国文学评论，2010（2）：5-17.

［36］赵毅衡．符号学原理与推演［M］．南京：南京大学出版社，2011：353.

［37］赵毅衡．符号学原理与推演［M］．南京：南京大学出版社，2011：337.

［38］蒲信竹．自媒体科普短视频的内容生产与公众解读——兼议对话规则的建立［J］．中国编辑，2021（3）：33-37.

［39］乔纳森·特纳，简·斯戴兹．情感社会学［M］．孙俊才，文军，译．上海：上海人民出版社，2007：1.

［40］袁光锋．情的力量：公共生活中的情感政治［M］．南京：江苏人民出版社，2022：119.

［41］郭庆光．传播学教程（第二版）［M］．北京：中国人民大学出版社，2011：37.

［42］张言，薛文俊，任晶晶，等．基于叙事的医患视域差异融合的机制探讨［J］．医学与哲学，2019（18）：45-47.

［43］匡文波，刘建萍．“知识网红”与“网红”社会价值转变［J］．人民论坛，2019（27）：74-75.

［44］杨燕，罗燕，张雪芹，等．人本主义心理学视角下的叙事医学［J］．叙事医学，2022（6）：400-406.

# Table of Contents & Abstracts

## *Focus on New Media*



**Abstract**: The rise of network society makes the connection and interlocking of real and virtual space closer, and the game element penetrates into real life like air. The communication mechanism of gamification gradually goes from implicit to explicit, and under the driving force of the concept of "human-centred", it characterises and shapes the whole new media communication ecology and even the process of social development, and depicts a brand-new survival pattern- "gamified survival" . It depicts a new kind of survival pattern- "gamified survival" . With the advent of the gamified society, we may be moving from fun to "trap", and it has become more difficult to distinguish whether "people play games" or "games play people" . Based on this, this paper combines the intertwining mechanism of "game" and "medium", extracts the four representational dimensions of "gamified existence", and tries to provide an explanation for "gamified existence" . This paper extracts the four dimensions of "gamified existence", and tries to find a way to solve the problem of "gamified existence" brought about by alienation and disorder.

**Keywords**: Network society; "Gamified survival"; Media; Gamification



**Abstract**: Under the auspices of digital technology, the media communication among college students showcases a novel pattern. Taking the Summer platform as the research subject, this paper investigates the media logic and human-media game in the construction of online intimate relationships among college students by means of participation observation and in-depth interviews. Through the research, it is discovered that the Summer platform, dominated by media logic, offers an efficient, fluid, and rapid communication experience for college students and also provides a set of action guidelines and behavioral norms for practicing intimate relationships. Nevertheless, there exist numerous problems in the algorithm-based intimate relationships: In the course of attempting to develop intimate relationships with others, users can sense the omnipresent disciplinary power of the platform, forming a double inequality of visibility power and hierarchical structure; Simultaneously, users will adopt some covert strategies to cope with and resist the platform discipline, such as limited self-disclosure to present their true selves as much as possible. Hence, the interactive game between the platform and users jointly molds the complex trend of the intimate relationship in the digital age.

**Keywords**: Intimate relationship; College student group; Summer platform; Discipline; Resistance; Human-media game



**Abstract**: As an emerging form of media, short video has developed rapidly, which has revolutionized the presentation and consumption of information. However, not all users are open to short videos, and there is no shortage of resistors in the short video wave. The purpose of this paper is to comprehensively discuss the media resistance behavior of short video users. Based on Python crawler technology and grounded theory, 3533 pieces of text data collected on the RED were encoded, and the media resistance behavior model of short video users was constructed. The results show that media factors, user experience and risk perception give rise to the media resistance behavior of short video users, and show a variety of behavioral representations. Media resistance behavior will bring benefits to users, and the result of alienation is the interruption of alternative media use and resistance.

**Keywords**: Media resistance; Short video media; Grounded theory

## *Urban Communication*



**Abstract**: Mediatization deals with the relationship between media and society at all levels of 'co-evolution', advocating a holistic and ephemeral exploration of the fundamental impact of media on the multifaceted development of society and culture. This paper considers bicycle sharing as a technological medium and explores the process of social change in the mediatization of bicycle sharing. Through a textual analysis of 136 in-depth reports, four processes of technological mediatization of bike-sharing from 2016 to 2020 are explained from an ephemeral perspective: extending legs, eyes and arms, replacing traditional short-distance transport, integrating mobile communication technologies and internet capital, and following network logic. The paper also draws on Winner's technological autonomy to examine uncontrolled governance as a fifth process, examining the ways in which official institutions draw on the guiding ideas of comprehensibility, formability and low dependency to achieve technological governance of bike-sharing.

**Keywords**: Bike-sharing; Urban transport; Mediatization; Autonomous technologies; Runaway governance

## *Political Communication*



**Abstract**: Government microblogs is the main media of crisis communication, and image has become a regular element of crisis communication. The focus of this study is how government microblogs present crisis and how to restore or rebuild the collapse of order and value caused by the crisis through images. Taking 363 images of government microblogs in the earthquake event that happened in Jishishan as research samples, the thesis uses the content analysis method, analyzes the image issues, image forms, image elements, and the relationship between image and text to sort out the image strategy of government microblogs in the crisis communication. The study concludes that government microblogs present crises and guide public opinion through three main paths including explaining core issues with image linkage, focusing on children and auditory symbols for emotional mobilization, and constructing a trust-centered discourse framework.

**Keywords**: Natural disaster events; Government microblog; Image communication



**Abstract**: Educational network public opinion is the barometer and alarm of the public opinion ecology in the field of education. Research on itstriggering factors and mechanisms can help to improve the effectiveness of monitoring and governance of educational network public opinion. Based on the actor-network theory, a qualitative comparative analysis was conducted on 56 educational public opinion events, and the study found: social media exposure is a sufficient condition for igniting educational network public opinion. Government intervention and cumulative effects can easily trigger high popularity education network public opinion, forming a pressure type and complex triggering mechanism. The type tendency of hot educational public opinion requires differentiated and precise monitoring and analysis for different types of educational public opinion events. Establish a systematic education public opinion response mechanism based on whole process thinking.

**Keywords**: Educational net work public opinion; Public opinion heat; Triggering factors

***Cultural Communication***

**Digital Civilisation and Social Order**
**—Interview with Professor Michael Keane** Michael Keane; Chen Guo; Ying Niu / 94

**Abstract**: Digital civilisation is a new reality. It has changed the way people communicate. The transition from material civilisation to digital civilization poses challenges to social order. In this special interview, we invite Professor Michael Keane, who is from Queensland University of Technology, to explore the topic of digital civilization and social order. This interview focused on these valuable questions: Firstly, what kind of digital civilization are we experiencing? Secondly, how should humans maintain creativity in the era of digital intelligence? Thirdly, what changes has digital civilization brought to the brain's "pattern memory" and spatio-temporal consciousness? Fourthly, how does the Chinese digital civilization develop?

**Keywords**: Digital civilisation; Social order; Modernization

**The Emotional Mobilization of "Proximity": The Digital Labor of Virtual Anchor A-SOUL Fan Group** Cunling Gao; Zhuo Peng / 104

**Abstract**: A-SOUL is the most influential virtual anchor group in China. Five group members, such as Diana, are controlled by five "people in the middle" through motion capture equipment, presenting an idol form of blending reality with fiction. In the growth process of A-SOUL, its fans have made significant contributions to A-SOUL's influence through "collective labor" forms such as canvassing, active attraction, and "individual labor" forms such as live streaming slicing and comic secondary creation. The idol form that blends reality with reality, the idol character design of Dream Chasing Girls, and the live group chat performance style have created a "closeness" emotional experience for fans towards A-SOUL, which in turn drives them to participate in free labor.

**Keywords**: Virtual anchor; Emotional labor; A-SOUL; Fan community



**Abstract**: Under the audiovisual communication mode with the Internet as the core, audiovisual symbols have become an important means of constructing the national image, conveying a political concept and values. New audiovisual communication methods have enriched the level of communication, but at the same time brought new challenges and problems. In order to adapt to the development of the new media era, the society's demand for new audiovisual communication talents has undergone new changes, and while the traditional radio and television talents are saturated, Internet thinking has also put forward new requirements for the ability structure of audiovisual communication talents.

**Keywords**: Audiovisual communication; Promotion based on short videos; Media integration; Fine traditional Chinese culture



**Abstract**: In recent years, reaction videos on the theme of "overseas bloggers viewing Chinese culture" on the Bilibili platform have received considerable attention from netizens and gradually become an important media carrier in cross-cultural communication. Therefore, this paper attempts to explore how reaction videos make users' achieve identity construction, emotional resonance and cultural identification in cross-cultural communication from the perspective of gaze theory. The study found that there are four layers of gaze structure in the viewing behavior of reaction videos. This kind of gaze interaction can not only help foreign bloggers achieve cultural correction, but also deepen Chinese netizens' confident identification with national culture. Reaction videos provide a new extended space for the implementation of the external communication strategy and have important enlightening value for cross-cultural communication practice.

**Keywords**: Reaction videos; Cross-cultural communication; Gazing; Emotional interaction; Cultural identification

**Rural Sports Culture as "Memory Industry": Connotation, Production Logic and Practice Path —Taking "Village Chao" in Guizhou Province as an Example** Pu Zhang / 136

**Abstract**: "Memory industry" refers to Stigler's criticism of modern memory technology industry for mass production of industrial memory goods, which leads to the invasion of industrial memory into the field of people's consciousness and participation in the construction of people's consciousness, resulting in the homogenization of individual consciousness and the loss of self-consciousness. From the theoretical perspective of "memory industry", this paper combs the connotation, production logic and practice path of "village super", which is a rural sports culture phenomenon of "memory industry". Its production logic first precisely inputs or encodes the content meaning that "village Chao" wants to produce, and then uses media technology to extensively copy and output various elements containing the meaning of "village Chao", so that each subject decoded in the media mirror and accepted and recognized without thinking. Its practice path is the excellent layout of the official organization and the good service of the happy "village super" cultural atmosphere; Mobilize the masses to actively help, happy "village super", and participate in the whole people; Precisely enable the cultural meaning of "village super" and give play to the mysterious and colorful culture.

**Keywords**: Memory industry; Cun Chao; Rural sports culture

***International Communication***

**Change, Empowerment, Game: International Communication Ecological Landscape from the Perspective of AIGC** Qiong Dang; Lei Liu / 149

**Abstract**: In the era of intelligent communication, generative artificial intelligence (AI) represented by AIGC is becoming an important variable in changing the ecological pattern of international communication, and AIGC has the potential to reshape the way of international communication and interaction due to its powerful computational capability and multimodal content production method to improve the efficiency of the production of international news, as well as its potential to build immersive scenarios and accurate recommendations. However, while empowering international communication, AIGC is also bringing risks at various levels. Problems such as false information, algorithmic discrimination, and intelligence divide under the logic of technology further constitute the hegemony of AI in different countries, impacting the construction of international communication discourse order. This paper argues that researchers should look at the opportunities and challenges brought by AIGC for international communication in a more rational and prudent manner, and reach a consensus in the synergistic dialogue of multiple subjects, so as to promote the renewal of the mode and upgrading of the effectiveness of international communication.

**Keywords**: AIGC; Generative artificial intelligence; International communication



**Abstract**: With the deep embedding of new media technology in people's daily life, the elderly, who used to be "digital refugees", have gradually touched the Internet and become "netizens" . By analyzing the short video content of silver-haired netizens on TikTok, we explore the self-expression and communication strategy of silver-haired netizens based on the use of symbols. The study found that silver-haired netroots use "speech and behavior" to build social intimacy, "dialect music" to reflect regional identity, "status and comments" to show social approval, and "materialized symbols" to show social approval. The "materialized symbol" realizes cultural coordination, forming its own unique symbolic symbol dissemination system. The online performance of the silver-haired group is a positive response to "successful aging", but the subjectivity of the elderly group in this process, as well as their concessions and compromises to the consumer culture, are worth pondering.

**Keywords**: Silver-haired netizens; Symbolic performance; Successful aging; Elderly subjectivity



**Abstract**: With the accelerating and deepening of China's urbanization process and population aging, the scale of the 'old drifters' group has expanded, and their living conditions and social integration have gradually become a hot topic of government attention and academic research. The purpose of this study is to explore the role of mobile phone use in the re-establishment and maintenance of the relationship among the old drifters in Guizhou. The study found that relationship is not only an important factor affecting the social integration of the old drifters, but also a way to help the old drifters adapt to urban life. In the process of establishing and maintaining the relationship of the old drifters, mobile phones can play a role in daily communication, human relations, activity participation and emotional talk, but they play a limited role in establishing the relationship when helping them enter the new environment of mobility, which is mainly limited by their media habits, skills and social concepts.

**Keywords**: Old drifters; Social integration; Media using; Community integration

*Strategic Communication*

**Research on the Mechanism of Data Elements Empowering Media Production**

Xiangyang Deng; Qing Yu / 196

**Abstract**: Data elements have emerged as one of the core elements in contemporary media production. The fundamental characteristics of data elements guarantee their capacity to empower media production. This paper analyzes the direct effects and intermediary mechanisms of data elements empowering media production by employing methods such as stepwise regression and hierarchical regression, based on variable values calculated through constructing an indicator system. The regression results indicate that data elements positively empower media production, with labor and capital elements playing intermediary roles in the influence pathway. However, the intermediary role of technological elements fails to pass the significance test.

**Keywords**: Data elements; Media production; Empowering mechanism

*Intelligent Communication*

**Research Status, Trends and Prospects of Intelligent Communication Governance** (2000-2024)

Yong Yang; Tianjia Fan; Jingjing Bai; Ya Guo / 210

**Abstract**: This paper aims to comprehensively review and analyze the research status, development trends, and future prospects in the field of intelligent communication governance from 2000 to 2024, systematically examines the relevant literature during this period, revealing the core issues, hot topics, key nodes, and evolution paths in intelligent communication governance research. The study finds that research in intelligent communication governance has shifted from a technical focus to governance, with research topics covering multiple dimensions such as policies and regulations, ethics, and technological innovations. Simultaneously, the study identifies current deficiencies in intelligent communication governance and suggests directions for future development. The current research on intelligent communication governance has given rise to problems such as unclear definition of concepts, lack of multidisciplinary research, limitations in research methodology and technology, and limitations in data acquisition.

**Keywords**: Intelligent communication governance; AI governance; Algorithmic regulation; Intelligent news governance

## *Health Communication*

### Study on the Generation Mechanism and Communication Dynamics of "Fear of Childbearing" Emotions from the Perspective of Social Construction —Using the Douban Topic #Why Don't You Want Kids? #as an Example

Suxia Zheng; Chenyang Liu / 237

**Abstract**: "Fear of childbearing" is a common sentiment in social media communication on fertility issues in the face of years of declining fertility rates in the population. From the perspective of social construction, the emotion of "fear of childbearing" is a process of transitioning from a private topic to a public topic. In this study, we used Douban platform to crawl the text content under the topic #Why don't you want to have children? The study found that the social media sentiment of "fear of childbearing" is constructed by a variety of factors, which is mediated by the attitude of new Cynicism, stimulated by the social media context, and has profound socio-cultural characteristics. Individual emotions spread under the momentum of media broadcasting, and are integrated into collective emotions through the emotional understanding of the transmitter and receiver subjects, and form a solidified situation under the effect of emotional activation, finally completing the process of individual emotional socialization. The study concludes that only by facing up to the social construction and dissemination process of the emotion of "fear of childbearing" and examining the social problems and hidden demands behind the emotion of "fear of childbearing" can we guide young people to look at the issue of childbearing objectively, and to independently form a rational rather than blindly obedient view of childbearing.

**Keywords**: "Fear of childbearing" emotion; Social construction; Communicating dynamism; Social media

### "Popularizing Medicine Science with Stories": The Narrative Strategy of "Internet Celebrity Doctors" on Social Media and Public Participation

Huaxin Peng; Haimin Li / 256

**Abstract**: With the social media springing up, more and more clinicians have become popular by popularizing medicine science on social media. Medical knowledge is strong in speciality and serious and dull in content, so it is difficult to understand to some extent. However, "Internet celebrity doctors" can popularize medicine knowledge creatively by telling stories, breaking the barriers among different majors. In this process, through storytelling narrations and topic selections, suspensive narrative methods, touching narrative details and vivid narrative expressions, creators have found a popularizing method of storytelling narration. By presenting their position of a doctor, building their symbolic identities, and jointly building explaining platforms in a multi-agent manner, they themselves have forged every individual of them as a reliable spreader. With popular science topics, public discussing platforms, mutual emotional experiences, and the same values, the creators can make social contacts with audiences and attract them to take part in the interactions. Spreading medicine knowledge by telling stories and making knowledge spreading different from the interpretation merely from pathological level demonstrate that creators pay more attention to people's subjectivity, emotionality, and sociality. All those efforts help to add humanism into medicine science popularization.

**Keywords**: Medicine science popularization; Social media; Internet celebrity doctors; Storytelling narration; Humanism

# 《新媒体公共传播》征稿启事

《新媒体公共传播》是因应新媒体环境下大众传播向公共传播转向的现实，以公共领域中的新现象、新问题、新趋向等为研究对象，以公共治理、公共事务、公共事件、公共人物等具体议题为研究切入，以新媒体技术发展应用与公共传播为内容特色，致力于推进新媒体研究与公共传播研究的不断深入和高质量成果的不断产出，并以此助力社会发展，增进学术研究的公益性和建设性，以公共传播理论建设和实践创新推进新闻传播学的学科发展为自觉使命的学术集刊。集刊创刊于 2019 年，由郑州大学新媒体研究院、郑州大学新闻与传播学院主办，社会科学文献出版社出版，面向社会公开发行，为中国人文社会科学综合评价 AMI 入库集刊、中国知网 CNKI 检索学术集刊。

本刊常设有“嵩山论剑”“回眸网年”“学界前沿”“个案研究”“人物访谈”等栏目，并围绕“新媒体公共传播”开设“乡村传播”“城市传播”“环境传播”“政治传播”“文化传播”“国际传播”“性别传播”“发展传播”“智能传播”“策略传播”“健康传播”“危机传播”“聚焦新媒体”等专栏。“嵩山论剑”围绕新媒体公共传播热点话题进行圆桌讨论和专题研究；“回眸网年”专注于公共传播研究的年度综述和年度重要事件、重要政策、重大研究成果的记录和介绍；“新媒体公共传播”各专栏的开设旨在聚焦公共治理、公共利益、公共领域和公共关系等维度的新现象和新问题，关注技术应用和技术理论的发展前沿和具体场景应用，就公共传播中的丰富议题展开讨论；“学界前沿”“个案研究”“人物访谈”等是依托于具体的人物、事件、学术成果、学术活动的思想对话和研究摘要，具有“窗口展示”和“成果集纳”的价值和意义。

现面向各大高校、科研院所、各学术团体的研究人员和社会各界人士，公开征集《新媒体公共传播》稿件，编辑部将对选题新颖、内容原创性强、研究方法科学、有独特的观察视角和独到研究发现的优秀论文，给予一定额度的稿费报酬。

**投稿须知：**

（1）稿件系作者原创，投稿请保证作品的完全著作权（版权），并保证该作品没有侵犯他人权益；谢绝第三方投稿。

（2）投稿明确标示本稿件“专投《新媒体公共传播》”，切勿一稿多投，并附“中国知网”查重证明，要求复制比在 10%以内。

（3）来稿格式规范参看本刊体例规范。

（4）稿件应为尚未公开发表的原创论文。与“新媒体与公共传播”相关研究即可，篇幅建议 6000~15000 字。

（5）投稿论文必须包含以下内容模块：标题、作者简介、摘要、关键词、正文、注释。其中，标题、姓名、摘要、关键词须附英语译文（附于文后）。全国、省部级及重要基金项目需注明项目名称、项目编号。

投稿前，请确保行文通畅、逻辑清晰、体例规范、引文准确、数据无误。

网络系统投稿网址：www. iedol. cn。

投稿注意事项：注册完毕后，新建稿件时请在“学科分类”中选“文化传媒”，在“拟投集刊”中选“新媒体公共传播”，在“投稿类型”中选“自由来稿”。不再接收邮箱投稿。

请在稿件文末注明作者邮箱、手机号等联系方式。

如有疑问，可拨打本刊编辑部联系电话：0371－67780085，或邮件咨询：xmtggcb@ 126. com。

《新媒体公共传播》编辑部

2024 年 8 月

# 《新媒体公共传播》体例规范

## 一　论文标题、作者、摘要、关键词、分类号等规范

（一）中文部分

1. 题目：正文标题，宋体，三号居中，加粗。

2. 基金：标号使用上角标“*”标注在中文题目后，内容采用当页脚注、每页单独编号置于本页下；五号，宋体，左对齐，悬挂缩进 2 字符，1.5 倍行距；形式为：本文系 XXXX 基金项目“XXXX”（项目编号：XXXX）的研究成果之一。

3. 作者姓名：宋体，四号，居中，加粗；与正文标题隔一行（多作者姓名之间加一个汉字的空格）。

4. 作者简介：标号采用上角标“**”标注在姓名后，内容采用当页脚注、每页单独编号置于本页下；五号，宋体，左对齐，悬挂缩进 2 字符，1.5 倍行距；形式为：姓名，单位，职称，研究方向等。

5. 摘要：首行缩进两字符，“摘要”二字加粗，两字间空一字符，空格，五号，宋体，两端对齐；字数为 300 字左右，采用结构化摘要写法，简明扼要地陈述研究目的、方法和结论。

6. 关键词：首行缩进两字符，关键词三字加粗，与“摘要”二字对齐，空格，五号，宋体；3~5 个词条，用空格隔开。

（二）英文部分

1. 题目：三号，Times New Roman，加粗，居中，每个实词首字母大写。

2. 作者：四号，Times New Roman，居中；名在前，姓在后，首字母大写，多个作者之间用英文逗号隔开。

3. Abstract：与中文摘要对应，五号，Times New Roman。

4. Keywords：五号，Times New Roman；每个实词首字母大写；关键词之间用分号隔开。

## 二　正文、图、表、公式等规范

（一）正文标题

1. 一级标题：居中，宋体、无标点、加粗、四号，例："一 标题"。

2. 二级标题：居左，缩进两格，宋体、小四、加粗，例："（一）标题"。

3. 三级标题：首行缩进两格，宋体、五号、加粗，例"1."。

4. 四级标题：楷体、五号，例"（1）标题"。

原则上不超过三级标题。

注意：一级、二级标题在标题和文章之间空一行；三级标题与文章之间不空行。

（二）正文内容

正文内容，五号，宋体，1.5倍行间距；英文用Times News Roman字体，五号，1.5倍行间距。

（三）图表规范

1. 图表标题需注明图序和表序；图表标题中需加单位；图标题放在图的下方，表标题放在表的上方。

2. 注意图表数据和文中数据的统一。

3. 全文图表数据，原则上统一保留小数点后一位。

4. 图表形状的选择：当图表中百分比大于100%，需注明是多选题或造成该结果的原因，同时建议使用柱状图，而非饼状图。

5. 自动生成图表数据，可能会造成数据总量的出入，需慎用，或使用后手动检查。

6. 图表采用能够区分的黑白显示，若图表在Word文档中显示不清晰，投稿时请以附件形式提供原始图表。

7. 图表需在必不可少的情况下使用，引用图表前作者须自行解决版权许可。

（四）英文书籍或作者

论文中出现的外文作者或书籍、报刊等名称需翻译成中文，并在第一次出现时将英文（外文）置于括号内。例如：乌尔里希·贝克（Ulrich Beck）。

（五）公式

公式：五号、宋体。公式居中，靠右加序号，序号统一为小括号。

对公式的解释要求换行顶格，字体为五号、宋体。

## 三 参考文献及注释规范

（一）参考文献体例及标注位置

文章中引用的相关文献信息需要在文末列出，包括引文出处及具体页码。（请参照 GB 7714-2015《信息与文献参考文献著录规则》著录）

征引他人观点与材料，须将文献按正文中出现的先后次序列于文后。序号用［1］，［2］，［3］……标示，五号，宋体，1.5 倍行距，文本前缩进 2 个汉字，悬挂缩进 2 个汉字。文中编号采用上角标，全文统一排序。正文中的参考文献序号统一置于包含引文的句子（有时也可能是词或词组）或段落标点符号之后的右上角（请勿使用 word 自带的“引用-尾注”，而是通过“字体-上标”的方式进行修改）。

多次引用同一著者的同一文献时，在正文中标注首次引用的文献序号，并在序号的“［ ］”外标注引文页码。

同一处引用多篇文献时，只需将各篇文献的序号在方括号内全部列出，各序号间用“,”分隔，如遇连续序号，可标注起讫序号。参考文献的主要责任者超过三个时，只著录前三个，其后加“，等”（英文文献加“，et al”）来标示。

英文文献：作者姓名，姓在前名在后，字母全部大写，名可用首字母缩写，缩写名后省略缩写点“.”，多个作者之间用逗号隔开；文章名称和出版物名称只需要第一个单词的第一个字母大写，其他都用小写；期刊名称后面格式为“年，卷（期）：页码”，如无卷序号，则为“年（期）：页码”。其他文献参照英文文献格式。

注意：文中遇到特殊情况需要单列说明时，需采用当页脚注，注释序号以圈码形式（如①）标注在相应内容的右上角，每页单独编号。

（二）参考文献标注格式

文献类型标识：普通图书：M；期刊：J；学位论文：D；报告：R；会议录：C；汇编：G；报纸：N；标准：S；专利：P；数据库：DB；计算机程序：CP；电子公告：EB/OL。

英文文献单词首字母大写。

1. 专著

含各种载体形式出版的普通图书、古籍、学位论文、会议文集、汇编、丛书等。

标法：［序号］主要责任者．题名：其他题名信息［文献类型标志］．其他责任者．版本项．出版地：出版者，出版年：引用页码.

例：［1］姚端正，梁家宝．数学物理方法（第2版）［M］．武汉：武汉大学出版社，1997：105-112.

［2］Crawfprd W.，Gorman M. Future Libraries：Dreams，Madness，& Reality［M］．Chicago：American Library Association，1995：56-57.

2. 专著中的析出文献

标法：［序号］析出文献主要责任者．析出文献题名［文献类型标志］专著主要责任者．专著题名：其他题名信息．版本项．出版地：出版者，出版年：析出文献起止页码。

例：［1］卞葆．编辑体制改革中的质量管理工作［C］//田胜立．出版转制与编辑工作——中国编辑学会第九届年会论文集．北京：中国大百科全书出版社，2005：67-70.

3. 期刊中的析出文献

标法：［序号］主要责任者．文献题名［J］．刊名，年（期）：起止页码.

例：[1] 李炳穆. 理想的图书馆员和信息专家的素质与形象 [J]. 图书情报工作，2000 (2)：5-8.

[2] Caplan P. Cataloging Internet Resources [J]. The Public Access Computer Systems Review, 1993, 4 (2): 61-66.

4. 报纸中的析出文献

标法：[序号] 主要责任者. 文献题名 [N]. 报纸名，出版日期.

例：[1] 丁文祥. 数字革命与竞争国际化 [N]. 中国青年报，2000-11-20.

5. 电子文献

标法：[序号] 主要责任者. 题名：其他题名信息 [文献类型标志/文献载体标志]. 出版地：出版者，出版年/获取和访问路径.

例：[1] 王明亮. 关于中国学术期刊标准化数据库系统工程的进展 [EB/OL]. http://www.cajcd.cn/pud/wml.txt/9808 10-2.html.

6. 学位论文

标法：[序号] 主要责任者. 题名：其他题名信息 [文献类型标志]. 学校，出版年：引用页码.

例：[1] 汤莉萍. 视听媒体新变革 [D]. 四川大学，2008：22-24.

本刊论文模板：

# 中文题目*

作者姓名　作者姓名**

**摘　要：** XXXXXXXXXXXXXXXXXXXXXXXXXXXXXXX
XXXXXXXXXXXXXXXXXXXXXXXXXXXXXXXXXXXXX
XXXXXXXXXXXXXXXXXXXXXXXXXXXXXXXXXXXXX
XXXXXXXXXXXXXXXXXXXXXXXXXXXXXXXXXXXXX
XXXXXXXXXXXXXXXXXX

**关键词：** XXXX　XXX　XXX

## 一　一级标题

XXXXXXXXXXXXXXXXXXXXXXXXXXXXXXX
XXXXXXXXXXXXXXXXXXXXXXXXXXXXXXXXX
XXXXXXXXXXXXXXXXXXXXXXXXXXXXXXXXX
XXXXXXXXXXXXXXXXXXXXXXXXXXXXXXXXX
XXXXXXXXXXXXXXXXXXXXXXXXXXXX

## 二　一级标题

XXXXXXXXXXXXXXXX[1]XXXXXXXXXXXXX

* 基金项目：本文系XX项目“XXXXXXXXX”（项目编号：XXX）的研究成果。
** 作者简介：XXX，XX大学XX学院，职称；XXX，XX大学XX学院，职称。

XXXXXXXXXXXXXXXXXXXXXXXXXXXXXXXXXXXXXXXXXXXXXXXXXXXXXXXXXXXXXXXXXXXXXXXXXXXXXXXXXX

### （一）二级标题

XXXXXXXXXXXXXXXXXXXXXXXXXXXXXX X[2] XXXXXXXXXXXXXXXXXXXXXXXXXXXXXXXXXXXXXXXXXXXXXXXXXXXXXXXXXXXXXXXXXXXXXXXXXXXXXXXXX

#### 1. 三级标题

XXXXXXXXXXXXXXXXXXXXXXXXXXXXXXXXXXXXXXXXXXXXXXXXXXXXXXXXXX

#### 2. 三级标题

XXXXXXXXXXXXXXXXXXXXXXXXXXXXXXXXXXXXXXXXXXXXXXXXXXXXXXXXXX[3]

## 三　一级标题

XXXXXXXXXXXXXXXXXXXXXXXXXXXXXXXXXXXXXXXXXXXXXXXXXXXXXXXXXXXXXXXXXXXXXXXXXXXXXXXXXXXXXXXXXXXXXXXXXXXXXXXXXXXXXXX[4]

### 参考文献

[1] 丁文祥．数字革命与竞争国际化［N］．中国青年报，2000-11-20.

[2] 李炳穆．理想的图书馆员和信息专家的素质与形象［J］．图书情报工作，2000（2）：5-8.

[3]［加］麦克卢汉．理解媒介：论人的延伸［M］．何道宽，译．南京：译林出版社，2019：7.

[4] Caplan P. Cataloging Internet Resources［J］. The Public Access Computer Systems

Review, 1993, 4 (2): 61-66.

**Title**

Xxxx Qxxx, Lxxxx Wxxx /

**Abstract**: XXXX XXX XXXXXXXX XXX XXXXXXXX XXX XXXXXX XXXXXXXX XXXX XXX XXXXXXXX XXX XXXXXXXXXX XXXX XXX XXX XXXXXXXX XXX XXXXXXXX XX

**Keywords**: Keyword 1; Keyword 2; Keyword 3（关键词词组首字母大写）

**图书在版编目(CIP)数据**

新媒体公共传播. 第 10 辑 / 张淑华, 邓元兵主编; 秦静, 秦艺轩副主编. --北京: 社会科学文献出版社, 2025. 6. --ISBN 978-7-5228-5441-0

Ⅰ. G206. 2

中国国家版本馆 CIP 数据核字第 2025KF1385 号

新媒体公共传播(第 10 辑)

主　　编 / 张淑华　邓元兵
副 主 编 / 秦　静　秦艺轩

出 版 人 / 冀祥德
责任编辑 / 张建中
文稿编辑 / 尚莉丽
责任印制 / 岳　阳

出　　版 / 社会科学文献出版社 · 文化传媒分社 (010) 59367156
地址: 北京市北三环中路甲 29 号院华龙大厦　邮编: 100029
网址: www. ssap. com. cn
发　　行 / 社会科学文献出版社 (010) 59367028
印　　装 / 三河市尚艺印装有限公司

规　　格 / 开　本: 787mm × 1092mm　1/16
印　张: 18. 75　字　数: 297 千字
版　　次 / 2025 年 6 月第 1 版　2025 年 6 月第 1 次印刷
书　　号 / ISBN 978-7-5228-5441-0
定　　价 / 109. 00 元

读者服务电话: 4008918866